# 信息安全
# 技术与应用

主 编 丁 华

副主编 周林斌

北京希望电子出版社
Beijing Hope Electronic Press
www.bhp.com.cn

## 内容简介

本书针对信息安全面临的各种威胁、信息安全技术、信息保护方法等方面进行了讲解。本书共分为9章，内容包括信息安全技术概述、数据加密技术、身份认证技术、网络模型中的安全体系、网络信息的主要威胁及应对方法、防火墙技术与入侵检测技术、基于存储的信息安全技术、无线局域网的安全管理以及操作系统的安全管理。

本书适合作为计算机类相关专业的教材，也可作为信息安全技术培训教材。


图书在版编目（CIP）数据

信息安全技术与应用 / 丁华主编.－北京：北京希望电子出版社，2023.9（2025.6 重印）

ISBN 978-7-83002-857-2

Ⅰ. ①信… Ⅱ. ①丁… Ⅲ. ①信息安全－安全技术Ⅳ. ①TP309

中国国家版本馆 CIP 数据核字(2023)第 156363 号

出版：北京希望电子出版社

地址：北京市海淀区中关村大街 22 号
中科大厦 A 座 10 层

邮编：100190

网址：www.bhp.com.cn

电话：010-82620818（总机）转发行部
010-82626237（邮购）

传真：010-62543892

经销：各地新华书店

封面：黄燕美

编辑：全　卫

校对：付寒冰

开本：787mm×1092mm　1/16

印张：15.5

字数：368 千字

印刷：三河市骏杰印刷有限公司

版次：2025 年 6 月 1 版 3 次印刷

定价：49.90 元

# 前言 PREFACE

随着信息技术与网络技术的发展，利用信息技术推动社会进步已经成为时代主旋律，极大方便了人们的生产生活。但在此过程中，也出现了信息泄漏、信息被篡改、伪造等威胁信息安全的情况。如何保障信息在存储、传输和使用过程中的安全，已经成为社会关注的热点。本书全面落实党的二十大精神，贯彻实施科教兴国战略、人才强国战略、创新驱动发展战略，秉承立德树人的教学理念，以能力和素质培养为核心，从信息安全的实际应用出发，重点介绍了信息的加密技术、身份认证技术、网络安全体系、信息安全威胁的主要应对手段等。

本书致力于打造易学易用的知识体系，遵循理论与应用相结合的指导思想，系统地介绍数据信息安全的基础理论知识和应用。每章后都附有针对性的习题，以帮助读者巩固所学知识，掌握本章重点难点。

本书特色总结如下：

**1．概念清晰，通俗易懂**

从基础理论知识着手，通过通俗易懂的语言将概念和知识点呈现给读者。

**2．系统全面，紧跟时代**

本书的逻辑体系清晰，讲述内容采用了最新的技术、系统和软件，做到新颖全面、与当前实际紧密结合、不脱节，紧跟时代。

**3．学以致用，培养能力**

通过实际应用，快速掌握知识点，将信息安全知识的学习与职业能力的培养和职业素质的提升相结合。

全书共9章，主要内容简介如下：

| 章节 | 内容概述 |
| --- | --- |
| 第1～3章 | 信息安全的基础知识、信息安全面临的威胁、信息安全模型、信息安全等级保护、数据加密技术原理、对称加密与非对称加密、加密算法、数据完整性保护、数据解密技术、身份认证技术、数字签名技术、数字证书技术、PKI基础、访问控制技术 |
| 第4～6章 | 网络安全体系、数据链路层安全协议、网络层安全协议、传输层安全协议、应用层安全协议、网络信息的主要威胁、安全漏洞的威胁与应对、网络诱骗、防火墙技术、入侵检测技术 |
| 第7～9章 | 数据存储的威胁、数据的备份技术、磁盘容错技术、服务器集群技术、数据容灾技术、无线局域网的安全管理、无线密码的安全、操作系统的主要威胁形式、Windows系统安全管理、提高Windows系统安全性、Android系统安全应用 |

本书由陕西交通职业技术学院丁华任主编，广西安全工程职业技术学院周林斌任副主编，编写分工如下：第1～4章由丁华编写，第5～9章由周林斌编写。本书在编写过程中力求严谨细致，但疏漏之处仍在所难免，诚望广大读者批评指正。

编　者

2023年8月

# 目录 CONTENTS

## 第1章 信息安全技术概述



## 第2章 数据加密技术

## 第3章 身份认证技术



## 第4章 网络模型中的安全体系

## 第5章 网络信息的主要威胁及应对方法



## 第6章 防火墙技术与入侵检测技术



## 第7章 基于存储的信息安全技术

## 第8章 无线局域网的安全管理



## 第9章 操作系统的安全管理



## 附录



## 参考文献

# 第1章 信息安全技术概述

## 内容概要

21世纪是信息“大爆炸”的时代，得益于互联网的高速发展，网络上的各种信息呈几何级数扩展和传播。与此同时，信息安全形势也日益严峻。本章介绍信息与信息安全的基础知识。

## 知识要点

信息与信息安全。

信息安全面临的威胁。

信息安全模型。

信息安全等级保护的划分及含义。

# 1.1 信息安全简介

信息安全是传统通信保密的延续和发展，信息的涵盖面非常广，本书介绍的信息安全主要在计算机领域。

## 1.1.1 信息的基本概念

人们通常把消息、信号、数据、情报和知识等都看作信息。信息本身是无形的，通常可借助多种介质形式存在或传播，介质可包括计算机硬盘、纸张、网络等。信息的特性如下：

- **依附性：** 用“符号”表示，依附于一定的物理介质。
- **动态性：** 信息只有及时更新才有价值。
- **可处理性：** 内容可以识别，形式可以转换或变换。
- **共享性：** 信息可无限扩散。
- **可传递性：** 在时间和空间上都具有传播性。
- **异步性：** 以存储方式接收，可在任何时间使用。
- **可交换性：** 可在两个主体间实现信息的交换。
- **可伪性：** 信息是可以伪造的。

国际标准化组织（International Organization for Standardization，ISO）认为：“信息是通过施加于数据上的某些约定而赋予这些数据的特定含义。”对于信息来说，主要的处理方法包括：

- **创建：** 通过记录或者自身的统计创建出信息。
- **存储：** 信息被记录在计算机硬盘、纸张或者以其他形式存储在介质中。
- **传递：** 通过载体或渠道，将信息分发出去，分享给其他使用者。
- **使用：** 通过使用达成某种需求的目标。
- **更改：** 可以对信息进行修改，以完善信息达到使用者的目的。
- **销毁：** 将信息彻底清除，不使用或不传播。

依托于互联网这一新的载体，信息有了更大的展示空间和更多的传播渠道。

## 1.1.2 信息安全概述

ISO将信息安全定义为：“技术上和管理上为数据处理系统建立的安全保护，保护信息系统的硬件、软件及相关数据不因偶然或者恶意的原因遭到破坏、更改及泄露。”

对于信息安全来说，需要确保以电磁信号为主要形式的、通过计算机网络化系统进行获取、处理、存储、传输和应用的信息内容在各个物理及逻辑区域中的安全存在，且不发生任何侵害行为。

### 1. 信息安全的发展

信息安全并不是凭空出现的，信息安全的发展主要分为通信安全、信息安全和信息保障3个阶段。

（1）通信安全。

20世纪90年代以前，这一阶段的信息安全可以简单称为通信安全，其主要目的是保障信息传递的安全，防止信源、信宿以外的对象查看信息。

（2）信息安全。

在20世纪90年代以后，信息安全主要保证信息的机密性、完整性、可用性、可控性、不可否认性。

- **机密性：**指信息只能为授权者使用，未经授权的用户不能获取信息的内容。
- **完整性：**指保证信息在存储和传输过程中未经授权不能被改变的特性，从而确保信息的真实性。
- **可用性：**指保证信息和信息系统随时为授权者提供服务的有效特性。
- **可控性：**指授权实体可以控制信息系统和信息使用的特性。
- **不可否认性：**指任何实体均无法否认其实施过的信息行为的特性，也称为抗抵赖性。

（3）信息保障。

最早的信息保障内容包括保护、检测、反应、恢复4个方面，这4个方面的内容构成了信息安全保障的完整动态过程。

- **保护：**事先采取一定的安全防御措施，使攻击条件无法具备，让攻击者无法实施入侵信息系统的行为。保护属于被动防御行为，无法彻底阻止各种对信息安全系统的攻击行为。
- **检测：**根据相关的安全防御策略，利用各种技术手段，针对可能被攻击者利用的信息系统的弱点，进一步实时检查，形成检测报告。现在主要的检测技术有入侵检测、恶意代码检测、系统漏洞扫描等。
- **反应：**针对破坏信息安全的行为做出的响应处理，可抑制危害的进一步扩大，将损失降到最小。
- **恢复：**当危害事件发生后，将信息系统恢复到原有的状态，并加入针对性的防范措施，将危害降到最小。

我国对于信息保障的定义是：信息保障是对信息和信息系统的安全属性、功能、效率进行保障的动态行为过程。它运用源于人、管理、技术等因素所形成的预警能力、保护能力、检测能力、反应能力、恢复能力和反击能力，在信息和系统生命周期全过程的各个状态下，保证信息内容、计算环境、边界与连接、网络基础设施的真实性、可用性、完整性、保密性、可控性、不可否认性等安全属性，从而保障应用服务的效率和效益，促进信息化的可持续健康发展。

### 2. 信息安全的主要影响因素

信息安全不是一个孤立的、静止的概念，信息安全具有系统性、相对性和动态性的特点。在影响信息安全的主要因素中，人、技术、管理是最主要的因素。其中，人是信息保障的基础，技术是信息保障的核心，管理是信息保障的关键。

影响信息安全的因素，可以分为内部因素和外在因素两种。

（1）内部因素。

内部因素主要是由系统的复杂性所导致的，包括过程复杂、网络结构复杂、软件应用复杂。在程序与数据上存在“不确定性”，如多线程并发错误、数据竞争等。从设计的角度看，在设计时考虑的优先级中安全性相对于易用性、代码大小、执行程度等因素被放在次要的位置。由于程序设计中的不完善，软件总是存在或明或暗的缺陷（bug）。还有无意失误（如无意中将文件删除）、人为的恶意攻击，如利用病毒或入侵工具实施操作、监听、截包等，都会对信息安全造成危害。在维护时，技术管理或组织管理的不完善等因素，都可能使信息安全受到威胁。

（2）外部因素。

外部因素主要是指安全环境受到各种威胁，其中包括通过物理威胁、系统漏洞、通信设备监听、篡改验证、恶意程序等破坏信息的安全性。最常见的网络攻击就是网络安全重大威胁之一，包括扫描嗅探、口令攻击、伪造身份、获取及提升权限、植入病毒及木马、对存储介质进行破坏、数据窃取、修改信息权限等。

威胁的来源，其实是由人为因素和系统自身逻辑与物理条件等诸多因素综合在一起决定的，但归根结底，还是人在起决定性的作用。无论是系统自身的缺陷，还是配置管理上的不完善，都是因为人的参与（访问操作或攻击破坏），给网络的安全带来了种种隐患和威胁。

### 3. 信息安全的目标

保密性、完整性和可用性分别反映了信息在3个不同方面的特性。

- **保密性：**确保信息在存储、使用、传输过程中不会泄漏给非授权用户。
- **完整性：**确保信息在存储、使用、传输过程中不会被非授权用户篡改，防止授权用户不恰当地修改信息，保持信息内部和外部的一致性。
- **可用性：**确保授权用户对信息及资源的正常使用不会被异常拒绝，允许授权用户可靠且及时地获取信息及访问资源。

安全属性的不同通常也意味着安全控制、保护功能的需求不同。通过评估3种不同安全属性，可以得出一个能够基本反映信息价值的数值。对信息进行赋值的目的是为了更好地反映信息的价值，以便于进一步评价信息相关的弱点、威胁和风险属性，并进行量化处理。

### 4. 信息安全的影响

随着信息化发展进程的不断加快，各种信息技术已经渗透到国家和社会生活的方方面面，对信息的依赖程度也已经上升到前所未有的高度。信息已经成为重要的战略资源，信息化水平已经成为衡量一个国家的国际竞争力、现代化水平、综合国力和经济发达程度的重要标志。信息安全已经成为影响和制约国家发展的重要因素，信息安全事关经济发展、社会稳定、国家安全、公众利益等方方面面。

# 1.2 信息安全面临的威胁

信息安全的威胁形式有很多，主要的威胁表现形式包括信息存储的安全威胁、信息传递的安全威胁、信息使用的安全威胁。

## 1.2.1 信息存储的安全威胁

信息在存储时，会以文档、图片、声音等多种形式保存在存储介质中，本地存储安全威胁主要来自于以下几个方面。

### 1. 信息泄漏

本地存储的信息泄漏可来自多个方面，如内部人员，对信息进行拷贝并泄漏给某个非授权的实体，或者别有用心的人通过对废弃的存储介质进行数据恢复从而进行窃取。所以必须对信息管理人员进行安全及防泄漏培训，并妥善处理损坏的信息存储介质。

非授权用户通过网络访问并复制重要的信息也是信息泄漏的主要途径， 如黑客通过入侵技术获取本地数据库存储的各种数据，所以防范网络攻击是防止信息泄漏工作的重中之重。

### 2. 信息损坏

自然灾害，包括地震、洪水，或由于管理人员误操作造成信息文件的损坏、信息损毁或存储信息的硬件介质损坏而造成存储内容的丢失。虽然有妥善的数据备份策略，但并不是所有损坏的信息都能够被恢复，所以必须要保证存储介质运行时的环境安全，通过多种手段确保数据的安全性。

### 3. 信息篡改

对存储的信息进行恶意修改，破坏信息的完整性，造成信息内容的变化，但使用者并不知道信息已经被篡改，进而通过伪造数据达到非法获利的目标。所以，对本地的重要信息数据要使用适当的加密手段进行保存，以防非授权用户查看和修改。

### 4. 网络攻击

网络攻击并不一定是为了窃取信息，而是让信息无法正常传输或无法正常使用，如常见的对数据服务器的拒绝服务攻击，会让服务器无法正常响应服务请求。

## 1.2.2 信息传递的安全威胁

信息在存储媒体之间传输，或者通过网络传输时都有被监听窃取的风险，尤其在一些加密措施不足的无线网络中更为突出。

### 1. 信息截获

在信息传输过程中，泄漏的表现形式包括窃听、截收、侧信道攻击等。可以窃听无线传输信号，或者截获代理服务器的代理信息，如果加密手段不强，非常容易被破解。侧信道攻击指攻击者不能直接获得信息数据，但可以获取到这些加密信息的相关信息，然后通过分析获取信息的内容。

#### 2. 信息欺骗

传递的信息被黑客获取后，通过修改信息的内容后，再发送给接收者。通过这种欺骗手段，黑客可以获取巨大的利益。

#### 3. 信息丢失

在信息传输过程中，由于网络设备的故障，可能造成传输的信息丢失或损坏，导致信息无法正常到达目的地。信息丢失可以通过重传的方法解决，但在时效性上会造成损失。

### 1.2.3 信息使用的安全威胁

每个人每天都在使用大量的信息，即使在存储和传输过程中不存在安全问题，但在使用时仍有可能会遇到众多的安全威胁。

#### 1. 信息伪造

非授权用户使用授权用户的信息提升权限，在进入信息管理后台后，就可以获取到各种重要的信息；或者假冒授权用户，通过授权用户的权限修改、伪造信息。

#### 2. 信息否认

在对授权或非授权的信息进行修改后，再进行各种非法操作，并否认此次修改行为的发生，或否认是自己所为，从而导致参与者逃避应承担的责任。

#### 3. 病毒及木马

使用者的使用环境不安全，信息被病毒破坏或被木马窃取，造成信息的损毁或泄露。

除了病毒及木马外，恶意代码也同样威胁着信息的安全。

#### 4. 软件故障

操作系统或应用软件，由于软件漏洞被入侵、使用者的误操作、软件兼容性的问题等，都可能造成信息无法正常获取、使用与传输，所以需要确保使用信息时的操作系统和应用软件的稳定性。

#### 5. 物理故障

在使用过程中，所用的设备本身可能会发生设备故障、供电故障、网络故障等，这些都可能造成信息的损坏。

## 1.3 信息安全模型

随着信息安全的影响越来越大，各个国家和标准化组织为了应对信息安全的各种威胁，开始研究各种应对方案并进行各种安全模型的设计。通过建模的思路来解决网络安全管理问题，可有效抵御外部攻击，保障网络安全。

## 1.3.1 安全模型的定义与作用

安全模型用于准确地描述安全的重要性及其与系统行为的关系。安全模型要求精确、无歧义、简单和抽象、容易理解。模型一般只涉及安全性，具有一定的平台独立性，不过多涉及系统的功能或实现。形式化模型是对现实世界的高度抽象，可以设定具体的应用目标，并可以利用工具来验证。形式化模型适用于对信息安全进行理论研究。

## 1.3.2 常见的信息安全模型

信息安全模型有很多，比较具有代表性的有以下几种。

### 1. Bell-LaPadula模型

Bell-LaPadula模型是全球第1个也是最著名的安全策略模型之一，由David Bell和Len LaPadula在1973年提出，简称BLP模型。BLP模型是可信系统的状态-转换模型，主要任务是定义使得系统获得“安全”的状态集合，检查系统的初始状态是否为“安全状态”，检查所有状态的变化均始于一个“安全状态”，并终止于另一个“安全状态”。

BLP模型定义了系统中的主体访问客体的操作规则。每个主体有一个安全级别，通过众多条例约束其对每个具有不同密级的客体的访问操作。采用了自主访问控制和强制访问控制相结合的方法，能够有效地保证系统内的信息安全，支持信息的保密性，但却不能保证信息的完整性。

### 2. Clark-Wilson模型

Clark-Wilson模型是一个确保商业数据完整性且在商业应用系统中提供安全评估框架的完整性及应用层的模型，由计算机科学家David D.Clark和会计师David R.Wilson于1987年提出，并在1989年进行了修正，简称CW模型。

Clark-Wilson模型着重研究与保护信息和系统的完整性，即组织完善的事务和清晰的责任划分。组织完善的事务意味着用户对信息的处理必须限定在一定的权力和范围之内进行，以保证数据完整性。责任划分意味着任务需要两人以上完成，且要进行任务划分，以避免个人欺骗行为的发生。

### 3. Biba模型

Biba模型是涉及计算机系统完整性的第1个模型，发布于1977年。Biba模型将完整性威胁分为来源于子系统内部和外部两种。如果子系统的一个组件是恶意的或不正确的，则产生内部威胁；如果一个子系统企图通过错误数据或不正确地调用函数来修改另一个子系统，则产生外部威胁。Biba模型认为内部威胁可以通过程序测试或检验来解决，所以该模型主要针对外部威胁。Biba模型基于两种规则来保障数据的完整性：下读属性，主体不能读取安全级别低于它的数据；上写属性，主体不能写入安全级别高于它的数据。

#### 4. Chinese Wall模型

该模型的思路是将一些可能会产生访问冲突的数据分成不同的数据集，强制所有主体最多只能访问一个数据集，但访问哪个数据集并未受强制规则的限制。访问数据受限于主体已经获得的对数据的访问权限，而不是数据的属性（密级）。

该模型有三层结构。

- 底层由独立的数据项组成，每项涉及一个独立的公司法人。
- 中层将涉及同一公司法人的所有客体组织起来，称为“公司数据集”。
- 上层将公司数据集结合成组，每个组之间互为竞争对手，称为“兴趣冲突组”。

一个主体一旦已经访问过一个客体，则该主体只能访问位于同一数据集中的客体或在不同兴趣冲突组中的信息。在一个兴趣冲突组中，一个主体最多只能访问一家客户数据集。

#### 5. HTP信息安全模型

从国家层面考虑有法律、法规、政策问题；从组织角度考虑有安全方针政策程序、安全管理、安全教育与培训、组织文化、应急计划和业务持续性管理等问题；从个人角度来看有职业要求、个人隐私、行为学、心理学等问题。因为人是信息安全中最活跃的因素，人的行为是信息安全保障最主要的方面。

用户可以依据“适度防范”原则综合采用商用密码、防火墙、防病毒、身份识别、网络隔离、可信服务、安全服务、备份恢复、PKI服务、取证、网络入侵陷阱、主动反击等多种技术和手段保护信息系统的安全。

用户应当遵循国内外相关信息安全标准与最佳实践过程，考虑到用户对信息安全的各个层面的实际需求，在风险分析的基础上引入恰当控制，建立合理的安全管理体系，从而保证组织赖以生存的信息资产的安全性、完整性和可用性。

### 1.3.3 信息安全管理体系

信息安全管理体系（Information Security Management System，ISMS）是1998年前后自英国发展起来的信息安全领域中的一个新概念，是管理体系思想和方法在信息安全领域的应用。近年来，伴随着ISMS国际标准的制定与修订，ISMS迅速被全球接受和认可，成为世界各国各种类型、各种规模的组织解决信息安全问题的一个有效方法。ISMS认证随之成为组织向社会及其相关方证明其信息安全水平和能力的一种有效途径。

信息安全管理体系是组织机构单位按照信息安全管理体系相关标准的要求，制定信息安全管理方针和策略，采用风险管理的方法进行信息安全管理计划、实施、评审检查、改进的信息安全管理执行的工作体系。信息安全管理体系按照ISO/IEC 27001标准《信息技术 安全技术 信息安全管理体系要求》的要求建立，ISO/IEC 27001标准是由BS 7799-2标准发展而来的。

信息安全管理体系是建立和维持信息安全管理体系的标准，标准要求组织通过确定信息安全管理体系范围、制定信息安全方针、明确管理职责、以风险评估为基础选择控制目标与控制方式等活动建立信息安全管理体系；体系一旦建立，组织应按体系规定的要求进行运作，以保持体系运作的有效性；信息安全管理体系应形成一定的文件，即组织应建立并保持一个文件化的信息安全管理体系，其中应阐述组织被保护的资产、组织的风险管理方法、控制目标、控制方式和需要的保证程度。

# 1.4 信息安全等级保护

信息安全等级保护，简称等保，是我国针对网络信息安全制定的规范。信息系统安全等级保护的核心是对信息系统分等级，并按标准进行建设、管理和监督。

## 1.4.1 信息安全等级保护简介

等保，是在我国非保密信息系统中网络信息安全基本建设的主要规范，是我国信息安全防范措施的基本制度、基本对策和基本方式。对互联网和信息系统依照必要性标准分等级维护，安全性防护级别越高，安全性维护工作能力就越强。

在我国，等保已经被法律明确其地位。《中华人民共和国网络安全法》第21条作出了明确规定。网络经营者要执行的等级保护规章制度责任；某些领域必须满足等保的要求才能涉足，绝大多数领域（如诊疗、文化教育、交通出行、电力能源、电信网这些重要信息基础设施建设领域）都需要遵守等保规定。在我国，等级保护有着完整的检测标准及管理体系，也是现阶段网络经营者或使用者可以参照的最佳标准，目的是保护网络经营者或使用者信息的安全性。

信息系统安全等级测评是验证信息系统是否满足相应安全保护等级的评估过程。信息安全等级保护要求不同安全等级的信息系统应具有不同的安全保护能力，一方面通过在安全技术和安全管理上选用与安全等级相适应的安全控制来实现；另一方面分布在信息系统中的安全技术和安全管理上不同的安全控制，通过连接、交互、依赖、协调、协同等相互关联关系共同作用于信息系统的安全功能，使信息系统的整体安全功能与信息系统的结构以及安全控制间、层面间和区域间的相互关联关系密切相关。因此，信息系统安全等级测评在安全控制测评的基础上，还要包括系统整体测评。

## 1.4.2 信息安全等级保护的重要意义

信息安全等级保护实施的重要意义包括以下3个方面。

- 满足合法合规要求，明确责任和工作方法，让安全防护更加规范。
- 明确组织整体目标，改变以往单点防御方式，让安全建设更加体系化。
- 提高人员安全意识，树立等级化防护思想，合理分配网络安全资源。

## 1.4.3 信息安全等级保护的划分细则

《信息安全等级保护管理办法》规定：国家信息安全等级保护坚持自主定级、自主保护的原则。信息系统的安全保护等级应当根据信息系统在国家安全、经济建设、社会生活中的重要程度，信息系统遭到破坏后对国家安全、社会秩序、公共利益以及公民、法人和其他组织的合法权益的危害程度等因素确定。《关于信息安全等级保护工作的实施意见》将信息系统的安全保护等级分为以下五级。

### 1. 第一级：自主保护级

适用于一般的信息和信息系统，信息系统受到破坏后，会对公民、法人和其他组织的合法权益造成损害，但不损害国家安全、社会秩序和公共利益。第一级信息系统的运营、使用单位应当依据国家有关管理规范和技术标准进行保护。

### 2. 第二级：指导保护级

适用于一定程度上涉及国家安全、社会秩序、经济建设和公共利益的一般信息和信息系统，信息系统受到破坏后，会对公民、法人和其他组织的合法权益产生严重损害，或者对社会秩序和公共利益造成损害，但不损害国家安全。国家信息安全监管部门对该级信息系统安全等级保护工作进行指导。

### 3. 第三级：监督保护级

适用于涉及国家安全、社会秩序、经济建设和公共利益的信息和信息系统，信息系统受到破坏后，会对社会秩序和公共利益造成严重损害，或者对国家安全造成损害。国家信息安全监管部门对该级信息系统安全等级保护工作进行监督、检查。

### 4. 第四级：强制保护级

适用于涉及国家安全、社会秩序、经济建设和公共利益的重要信息和信息系统，信息系统受到破坏后，会对社会秩序和公共利益造成特别严重损害，或者对国家安全造成严重损害。国家信息安全监管部门对该级信息系统安全等级保护工作进行强制监督、检查。

### 5. 第五级：专控保护级

适用于涉及国家安全、社会秩序、经济建设和公共利益的重要信息和信息系统的核心子系统，信息系统受到破坏后，会对国家安全造成特别严重损害。国家信息安全监管部门对该级信息系统安全等级保护工作进行专门监督、检查。

以上五级保护等级中，第一级为最低级，属于基本保护；第五级为最高级。第三、第四、第五级主要侧重于对社会秩序和公共利益的保护，虽然也涉及国家安全，但这类信息系统通常是涉密信息系统，必须实行分级保护，并且是强制执行的，而不是自主保护。

## ■1.4.4　信息安全等级保护的基本要求

信息系统安全等级保护的基本要求是等级保护的核心，它建立了评价每个保护等级的指标体系，也是等级测评的依据。信息系统安全等级保护的基本要求包括基本技术要求和基本管理要求两个方面，体现了技术和管理并重的系统安全保护原则。不同等级的信息系统应具备的基本安全保护能力可分为如下四级。

#### 1. 第一级

应能够防护系统免受来自个人的、拥有很少资源的威胁源发起的恶意攻击，一般的自然灾难，以及其他相当危害程度的威胁所造成的关键资源损害，在系统遭到损害后能够恢复部分功能。

#### 2. 第二级

应能够防护系统免受来自外部小型组织的、拥有少量资源的威胁源发起的恶意攻击，一般的自然灾难，以及其他相当危害程度的威胁所造成的重要资源损害，能够发现重要的安全漏洞和安全事件，在系统遭到损害后能够在一段时间内恢复部分功能。

#### 3. 第三级

应能够在统一安全策略下防护系统免受来自外部有组织的团体、拥有较为丰富资源的威胁源发起的恶意攻击，较为严重的自然灾难，以及其他相当危害程度的威胁所造成的主要资源损害，能够发现安全漏洞和安全事件，在系统遭到损害后能够较快恢复绝大部分功能。

#### 4. 第四级

应能够在统一安全策略下防护系统免受来自国家级别的、敌对组织的、拥有丰富资源的威胁源发起的恶意攻击，严重的自然灾难，以及其他相当危害程度的威胁所造成的资源损害，能够发现安全漏洞和安全事件，在系统遭到损害后能够迅速恢复所有功能。

信息系统安全等级保护应依据信息系统的安全保护等级情况保证它们具有相应等级的基本安全保护能力，不同安全保护等级的信息系统要求具有不同的安全保护能力。

基本安全要求是针对不同安全保护等级信息系统应该具有的基本安全保护能力提出的安全要求，根据实现方式的不同，基本安全要求分为基本技术要求和基本管理要求两大类。技术类安全要求与信息系统提供的技术安全机制有关，主要通过在信息系统中部署软硬件产品并正确配置其安全功能来实现；管理类安全要求与信息系统中各种角色参与的活动有关，主要通过控制各种角色的活动，从政策、制度、规范、流程以及记录等方面做出规定来实现。

基本技术要求从物理安全、网络安全、主机安全、应用安全和数据安全几个层面提出；基本管理要求从安全管理制度、安全管理机构、人员安全管理、系统建设管理和系统运维管理几个方面提出。基本技术要求和基本管理要求是确保信息系统安全的两个部分。

### 1.4.5 信息安全等级保护的工作流程

信息安全等级保护的工作流程包括以下5个步骤。

- **定级：**确定定级对象。初步确认定级对象，专家评审，主管部门审核，提交公安机关备案审查。
- **备案：**持定级报告、备案表等材料到当地公安机关网安部门备案。
- **建设整改：**参照信息系统当前等级要求和标准，对信息系统进行整改加固。

- **登记测评：**委托具备测评资质的测评机构对信息系统进行等级测评，形成正式的测评报告。
- **监督检查：**向当地公安机关网监部门提交测评报告，配合完成对信息安全等级保护实施情况的检查。

信息安全等级保护的测评方法有：

- **访谈：**通过引导信息系统相关方进行有目的（针对性）的交流，以帮助测评人员理解、澄清或取得证据的过程。
- **核查：**通过对测评对象（如制度文档、各类设备及相关安全配置等）进行观察、查验和分析，以帮助测评人员理解、澄清或取得证据的过程。
- **测试：**使用预订的方法/工具使测评对象（各类设备或安全配置）产生特定的结果，将运行结果与预期结果进行比对的过程。

## 1.4.6 计算机信息系统安全等级保护标准

我国发布的计算机信息系统安全等级保护标准中，最主要的有以下几项重要内容。

### 1. GB 17859—1999《计算机信息系统安全保护等级划分准则》

该标准是建立计算机信息系统安全等级保护制度、实施安全等级管理的重要基础性标准，它将计算机信息系统安全保护能力划分为五个等级：用户自主保护级、系统审计保护级、安全标记保护级、结构化保护级、访问验证保护级。

### 2. GA/T 390—2002《计算机信息系统安全等级保护通用技术要求》

该标准是计算机信息系统安全等级保护技术要求系列标准的基础性标准，用以指导设计者如何设计和实现具有所需要的安全等级的计算机信息系统。该标准主要说明了为实现GB 17859—1999中每一个保护等级的安全要求应采取的通用的安全技术，和为确保这些安全技术所实现的安全功能达到其应具有的安全性而采取的通用的保证措施。

### 3. GA/T 391—2002《计算机信息系统安全等级保护管理要求》

该标准中明确提出了管理层、物理层、网络层、系统层、应用层和运行层的安全管理要求，并将管理要求落实到GB 17859—1999的五个等级上，这样更有利于对安全管理的继承、理解和分工实施，更有利于对安全管理的评估和检查。

### 4. GA/T 387—2002《计算机信息系统安全等级保护网络技术要求》

该标准用以指导设计者如何设计和实现具有所需要的安全等级的网络系统，主要从对网络的安全保护等级进行划分的角度来说明其技术要求，即主要说明了为实现GB 17859—1999中每一个保护等级的安全要求对网络系统应采取的安全技术措施，以及各安全技术要求在不同安全级的具体实现上的差异。

### 5. GA/T 388—2002《计算机信息系统安全等级保护操作系统技术要求》

该标准用以指导设计者如何设计和实现具有所需要的安全等级的操作系统，主要从对操作系统的安全保护等级进行划分的角度来说明其技术要求。

### 6. GA/T 389—2002《计算机信息系统安全等级保护数据库管理系统技术要求》

该标准用以指导设计者如何设计和实现具有所需要的安全等级的数据库管理系统，主要从对数据库管理系统的安全保护等级进行划分的角度来说明其技术要求。

### 7. GB 17859—1999《计算机信息系统安全保护等级划分准则》

该标准划分了五个保护等级，安全保护能力随着安全保护等级的提高逐渐增强。

第一级：用户自主保护级；第二级：系统审计保护级；第三级：安全标记保护级；第四级：结构化保护级；第五级：访问验证保护级。保护能力项目与等级的关系如表1-1所示。

**表 1-1 计算机信息系统安全保护等级划分**

| 编号 | 保护能力项目 | 第一级 | 第二级 | 第三级 | 第四级 | 第五级 |
| --- | --- | --- | --- | --- | --- | --- |
| 1 | 自主访问控制 | √ | √ | √ | √ | √ |
| 2 | 强制访问控制 | | | √ | √ | √ |
| 3 | 标记 | | | √ | √ | √ |
| 4 | 身份鉴别 | √ | √ | √ | √ | √ |
| 5 | 客体重用 | | √ | √ | √ | √ |
| 6 | 审计 | | √ | √ | √ | √ |
| 7 | 数据完整性 | √ | √ | √ | √ | √ |
| 8 | 隐蔽信道分析 | | | | √ | √ |
| 9 | 可信路径 | | | | √ | √ |
| 10 | 可信恢复 | | | | | √ |

### 8. GA/T 391—2002《计算机信息系统安全等级保护管理要求》

该标准指出，信息系统安全管理是对一个组织或机构中信息系统的生命周期全过程实施符合安全等级责任要求的科学管理，需要落实安全组织及安全管理人员，明确角色与职责，制定安全规划、开发安全策略、实施风险管理，制定业务持续性计划和灾难恢复计划，选择与实施安全措施，保证配置、变更的正确与安全，进行安全审计，保证维护支持，进行监控、检查、处理安全事件，安全意识与安全教育，人员安全管理等。

**拓展阅读**

坚持和完善党领导信息化发展的体制机制，加强数字中国建设的顶层设计、统筹协调、整体推进和督促落实，为实现信息化高质量发展提供根本保证。

坚持安全和发展并重。树立科学的网络安全观，切实守住网络安全底线，以安全保发展、以发展促安全，推动网络安全与信息化发展协调一致、齐头并进，统筹提升信息化发展水平和网络安全保障能力。

——《“十四五”国家信息化规划》

## 课后作业

### 一、单选题

1. 影响信息安全的主要因素不包括（　　）。

A. 人　　B. 访问控制

C. 技术　　D. 管理

2. 信息安全等级保护划分细则是根据（　　）。

A. 危害程度　　B. 行业

C. 从业者　　D. 信息数量

### 二、多选题

1. 信息保障的内容包括（　　）。

A. 保护　　B. 监测

C. 反应　　D. 恢复

2. 信息安全的目标包括（　　）。

A. 保密性　　B. 完整性

C. 可用性　　D. 复杂性

3. 信息安全等级保护的划分细则包括（　　）。

A. 自主保护级　　B. 指导保护级

C. 监督保护级　　D. 强制保护级

E. 专控保护级

### 三、简答题

1. 简述信息安全面临的各种威胁。
2. 简述信息安全等级保护的划分细则。
3. 简述信息安全等级保护的工作流程。

# 第2章 数据加密技术

## 内容概要

数据在存储和传输过程中，为了保证其安全性，会使用各种加密协议和加密算法，将数据转变成看似无用的乱码，只有知道加密算法和密钥的授权用户才能进行解密，读取其中的内容。本章介绍数据加密技术的相关内容。

## 知识要点

数据加密技术原理。
对称加密与非对称加密。
常见的数据加密算法。
数据完整性保护。
常见的数据解密技术。

# 2.1 数据加密技术简介

数据加密技术的应用面非常广，如常见的支付加密、网页加密、客户端的登录验证等。下面介绍数据加密技术知识。

## 2.1.1 数据加密技术原理

加密技术是利用数学或物理手段，对电子信息在传输过程中和存储体内进行保护，以防止泄漏的技术。通过密码技术对数据进行转化，使之成为没有正确密钥任何人都无法读懂的报文。这些以无法读懂的形式出现的数据一般被称为密文；为了读懂报文，密文必须重新转化为它的最初形式——明文；而含有以数学方式转换报文的双重密码就是密钥。在这种情况下即使信息被截获并阅读，这则信息也是毫无利用价值的。实现这种转化的算法标准，据不完全统计，到现在为止已经有200多种。

就像以前战争时期的电报人员，所有的数据内容都在公共频道中传输，别人也能截获，但必须有那本密码本，才能读懂电报内容。当然，现在的加密算法更复杂，且有很多防范措施。

## 2.1.2 密钥与算法

加密技术主要由两个元素组成——算法和密钥。

### 1. 算法

算法是将正常的数据（明文）与字符串进行组合，按照算法公式进行计算，从而得到新的数据（密文），或者是将密文通过算法还原为明文。

### 2. 密钥

密钥是一组字符串，是加密和解密的最主要的参数，是由通信的一方通过一定标准计算得来。密钥是变换函数用到的重要的控制参数，通常用K表示。

没有密钥和算法，这些数据就没有任何意义，因此起到了保护数据的作用。

根据柯克霍夫原则，密码系统的安全性取决于密钥，而不是密码算法，即密码算法要公开。柯克霍夫原则是荷兰密码学家柯克霍夫于1883年在《军事密码学》中提出的基本假设，遵循这个假设是因为它是评估算法安全性唯一可用的方式。因为如果密码算法保密，密码算法的安全强度就无法进行评估，也无法防止算法设计者在算法中隐藏后门。因为算法被公开后，密码学家可以研究、分析其是否存在漏洞，同时也接受攻击者的检验，这样有助于算法被推广使用。当前网络应用十分普及，密码算法的应用不再局限于传统的军事领域，只有公开，密码算法才可能被大多数人接受并使用。同时，对用户而言，只需掌握密钥就可以使用了，非常方便。

## 2.1.3 加密技术的常见术语

加密技术中经常用到的一些术语及其解释如下。

### 1. 明文

指待加密的信息，用P或M表示。明文可以是文本文件、图形、数字化存储的语音流或数字化视频图像的比特流等。

### 2. 密文

指明文经过加密处理后的形式，用C表示。

### 3. 加密

指用某种方法伪装消息以隐藏明文内容的过程。

### 4. 加密算法

指将明文变换为密文的变换函数，通常用E表示。

### 5. 解密

指把密文转换为明文的过程。

### 6. 解密算法

指将密文变换为明文的变换函数，通常用D表示。

### 7. 密码分析

指截获密文者试图通过分析截获的密文从而推断出原来的明文或密钥的过程。

### 8. 被动攻击

对一个保密系统采取截获密文并对其进行分析和攻击。这种攻击对密文没有破坏作用。

### 9. 主动攻击

指攻击者非法侵入一个密码系统，采用伪造、修改、删除等手段向系统注入假消息进行欺骗。这种攻击对密文具有破坏作用。

### 10. 密码系统

指用于加密和解密的系统。加密时，系统输入明文和加密密钥，加密变换后，输出密文；解密时，系统输入密文和解密密钥，解密变换后，输出明文。

## ■2.1.4　加密技术的应用

由于信息安全的要求，加密技术已经广泛应用于社会生活的各个方面。

### 1. 电子商务

电子商务是指在网络上进行商务活动，交易时会发生信息的交换和货币的转移，这些均属于隐私。若未采取保护措施，很可能会导致交易信息和账户信息泄露等事件发生，造成经济损失。人们通过电子商务活动中的安全协议、数字证书等手段保障信息安全。

### 2. 数据库加密

数据库是存储信息的平台，任何人均能使用到数据库保存和处理的信息。因此，若未安全防护数据库，则可能会导致信息被盗取或泄露的情况出现。使用数据加密技术可以有效地保护数据库，提高数据的安全指数，同时设置安全访问数据库的权限和口令以确保数据库的安全。

### 3. 网页传输加密

对采用HTTP协议的网络访问，其中的数据传输易被捕获和破译，因此有安全性的要求。使用带有加密技术的HTTPS协议可极大地增强访问的安全性。

### 4. 登录加密

明文的密码校验如今已基本被淘汰，已被更加安全的加密校验所代替。通过将用户输入的密码进行加密，再与数据库中的密码进行比对，如果一致则认为用户输入的是正确的密码，随即允许用户获取相关的数据和权限。这种加密算法是不可逆的，在后面会着重介绍。

### 5. VPN加密

在不安全的网络中创建一条加密的链路，通信双方协商后，对数据进行加密而后传输，这样就在一定程度上保障了数据和访问的安全性。该技术也叫安全隧道技术，很多公司和分公司之间的数据传输都会使用VPN（virtual private network，虚拟专用网络）加密技术。

### 6. 无线加密

在无线网络中的加密技术有很多，主要应用在认证和数据传输过程中。

# 2.2 对称加密与非对称加密

根据加密和解密时使用的密钥，可以将加密分为对称加密与非对称加密两种。

## 2.2.1 对称加密

对称加密也称为私钥加密算法，就是数据传输双方均使用同一个密钥，双方的密钥都必须处于保密的状态，因为私钥的保密性必须基于密钥的保密性，而非基于算法。收发双方都必须对自己的密钥负责，才能保证数据的机密性和完整性，如图2-1所示。对称加密算法的优点是加密、解密处理速度快，保密度高等。

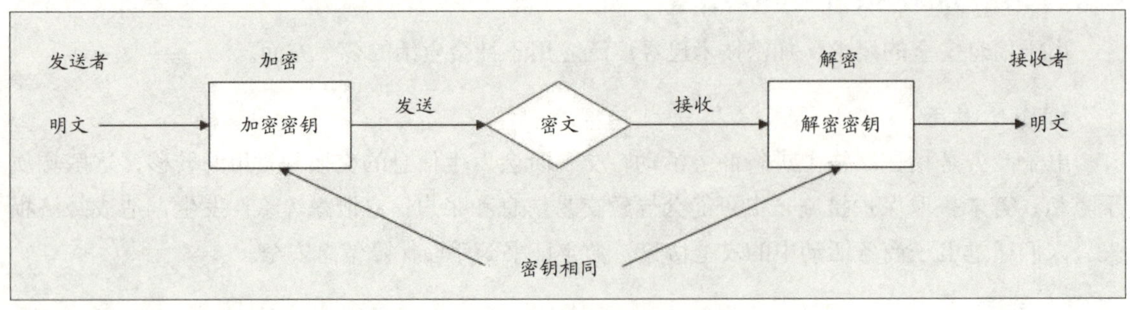


图 2-1 对称加密及解密过程

对称密钥密码体制的安全性主要取决于以下两个因素。

- 加密算法必须足够安全，确保不必为算法保密，仅根据密文就能破译出消息是不可能的。
- 密钥的安全性。密钥必须保密并保证有足够大的密钥空间，对称密码体制要求基于密文和加密/解密算法的知识就能破译出消息的做法是不可行的。

对称加密算法的缺点如下：

- 密钥是保密通信安全的关键，发信方必须安全地把密钥发送到收信方，不能泄露其内容，如何才能把密钥安全地送到收信方是对称加密算法的核心问题。对称加密算法的密钥分发过程十分复杂，成本付出高。
- 多人通信时密钥组合的数量会呈现爆炸式增长，使密钥分发更加复杂。$n$个人进行两两通信，需要的密钥数为$n\times(n-1)/2$个。
- 通信双方必须统一密钥才能发送保密的信息。如果发信方与收信方素不相识就无法向对方发送密钥信息。
- 除了密钥管理与分发问题外，对称加密算法还存在数字签名困难的问题（接收方可以伪造签名，发送方也可以否认发送过某消息）。

战争时期的电报采用的技术就是对称加密，而密钥就是密码本。现在国际上比较通行的DES（data encryption standard，数据加密标准）、3DES、AES、RC2、RC4等算法都是对称加密算法。

## 2.2.2 非对称加密

与对称加密不同，非对称加密需要两个密钥：公开密钥和私有密钥。公开密钥与私有密钥是一对，加密密钥（公开密钥）向外公开，谁都可以使用，解密密钥（私有密钥）只有解密人自己知道。非授权使用者根据公开的密钥无法推算出解密密钥。

### 1. 非对称加密原理

如果使用公开密钥对数据进行加密，只有用相对应的私有密钥才能解密；如果使用私有密钥对数据进行加密，那么只有用相对应的公开密钥才能解密。因为加密和解密使用的是两个不同的密钥，所以这种算法叫作非对称加密算法。该算法是针对对称加密体制的缺陷提出的。

A和B在数据传输时，A生成一对密钥，并将公钥发送给B，B获得了这个密钥后，可以使用这个密钥对数据进行加密并将其数据传输给A，然后A用自己的私钥进行解密就可以了，这就是非对称加密及解密的过程，如图2-2所示。

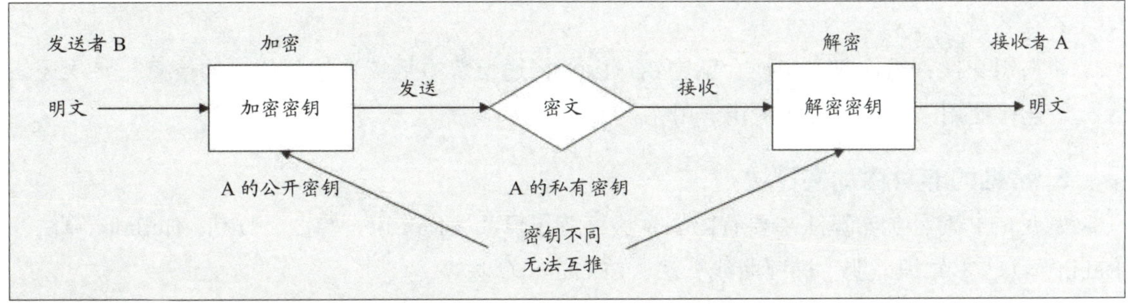


图 2-2　非对称加密及解密过程

### 2. 非对称加密的功能

公钥加密可以实现的功能包括：

- **机密性**：保证非授权人员不能非法获取信息，可通过数据加密来实现。
- **确认性**：保证对方属于所声称的实体，可通过数字签名来实现。
- **数据完整性**：保证信息内容不被篡改，入侵者不可能用假消息代替合法消息，可通过数字签名来实现。
- **不可抵赖性**：发送者无法事后否认他发送过消息，消息的接收者可以向中立的第三方证实所指的发送者确实发出了消息，可通过数字签名来实现。

可见，公钥加密系统满足信息安全的所有主要目标。

### 3. 非对称加密的优缺点

非对称加密一方面解决密钥管理与分配的问题，另一方面满足数字签名的需求。所以非对称加密的优点包括：

- 网络中的每个用户只需要保存自己的私有密钥，则$n$个用户仅需生成$n$对密钥。密钥少，便于管理。
- 密钥分配简单，不需要秘密的通道和复杂的协议传送密钥。公开密钥可基于公开的渠道（如密钥分发中心）分发给其他用户，而私有密钥则由用户自己保管。
- 可以实现数字签名。

缺点就是效率非常低。比前述的一些对称算法慢了很多，所以不太适合对大量的数据进行加密。

### 4. 非对称加密的应用

根据非对称加密的特点，它被广泛应用到以下几个方面。

- **通信保密**：此时将公钥作为加密密钥，私钥作为解密密钥，通信双方不需要交换密钥就可以实现保密通信。这时仅通过密文和公钥，破解出对应的明文或私钥是不可能的。A拥有多人的公钥，当需要向B发送机密消息时，他会用B公布的公钥对明文消息加密，当B接收到后用他的私钥解密。由于私钥只有B本人知道，因此能实现通信保密。
- **数字签名**：将私钥作为加密密钥，公钥作为解密密钥，可实现由一个用户对数据加密而使多个用户解密。B用私钥对明文进行加密并发布，A收到密文后用B公布的公钥解密。由于B的私钥只有B本人知道，因此A看到的明文肯定是B发出的，从而实现了数字签名。
- **密钥交换**：通信双方交换会话密钥，以加密通信双方后续连接所传输的信息。每次逻辑连接使用一个新的会话密钥，用完就丢弃。

### 5. 常见的非对称加密算法

常见的非对称加密算法主要有RSA算法、背包算法、McEliece算法、Diffie-Hellman算法、Rabin算法、零知识证明、椭圆曲线算法、ELGamal算法等。

## ■2.2.3　两种加密算法的综合使用

由于对称加密与非对称加密各有其优缺点，在保证安全性的前提下，为了提高效率，就出现了两个算法结合使用的情况，原理就是使用对称算法加密数据，使用非对称算法传递密钥。整个过程如下：

步骤01 A与B沟通，需要传递加密数据，并使用对称算法，要B提供协助。

步骤02 B生成一对密钥，一个公钥，一个私钥。

步骤03 B将公钥发送给A。

步骤04 A用B的公钥，对A所使用的对称算法的密钥进行加密，并发送给B。

步骤05 B用自己的私钥进行解密得到A的对称算法的密钥。

步骤06 A用自己的对称算法密钥加密数据，再把已加密的数据发送给B。

步骤07 B使用A的对称算法的密钥进行解密。

# 2.3 常见的加密算法及原理

上面介绍了对称加密和非对称加密的原理，在实际使用时，会有很多加密算法。下面介绍常见的加密算法及其原理。

## ■2.3.1　DES算法

DES是一种分组密码算法，使用64位密钥中的56位，将64位的明文转换为64位的密文，在64位密钥中除了包含56位的密钥位，剩下的8位是奇偶校验位。在DES算法中，只使用了标准的算术和逻辑运算，其加密和解密速度很快，并且易于实现硬件化和芯片化。

### 1. 计算过程

DES算法对64位的明文分组进行加密操作，首先通过一个初始置换（IP），将64位明文分组分成左半部分和右半部分，各为32位；然后进行16轮完全相同的运算，这些运算称为函数$f$，在运算过程中，数据和密钥结合，经过16轮运算后，通过一个初始置换的逆置换（$IP^{-1}$），将左半部分和右半部分合在一起，得到一个64位的密文，如图2-3所示。

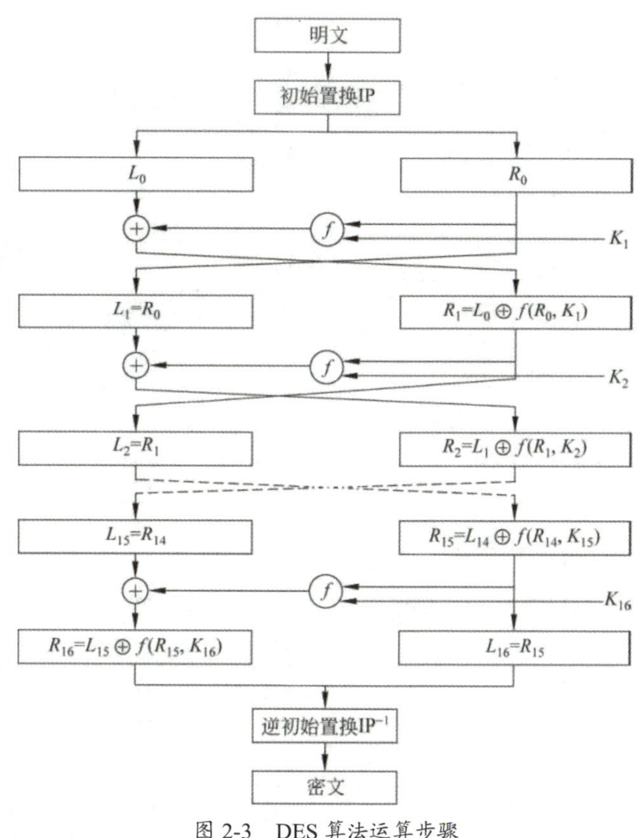


图 2-3　DES 算法运算步骤

每一轮的运算步骤如下：

**步骤01** 进行密钥置换，通过移动密钥位，从56位密钥中选出48位密钥。

**步骤02** 进行 $f$ 函数运算。

（1）通过一个扩展置换（也称E置换）将数据的右半部分扩展成48位。

（2）通过一个异或操作与48位密钥结合，得到一个48位数据。

（3）通过8个S-盒代换将48位数据变换成32位数据。

（4）对32位数据进行一次直接置换（也称P-盒置换）。

**步骤03** 通过一个异或操作将函数 $f$ 的输出与左半部分结合，其结果为新的右半部分；而原来的右半部分成为新的左半部分。

每一轮运算的数学表达式为：

$$\begin{cases} R_i = L_{i-1} \oplus f(L_{i-1}, K_i) \\ L_i = R_{i-1} \end{cases} \tag{2.1}$$

其中，$L_i$和$R_i$分别为第$i$轮迭代的左半部分和右半部分，$K_i$为第$i$轮48位密钥。

## 2. 初始置换和逆初始置换

DES算法在加密前，首先执行一个初始置换操作，将64位明文的位置进行变换，得到一个乱序的64位明文，如图2-4所示，表中元素将按行输出。

| | | | | | | | |
|---|---|---|---|---|---|---|---|
| 58 | 50 | 42 | 34 | 26 | 18 | 10 | 02 |
| 60 | 52 | 44 | 36 | 28 | 20 | 12 | 04 |
| 62 | 54 | 46 | 38 | 30 | 22 | 14 | 06 |
| 64 | 56 | 48 | 40 | 32 | 24 | 16 | 08 |
| 57 | 49 | 41 | 33 | 25 | 17 | 09 | 01 |
| 59 | 51 | 43 | 35 | 27 | 19 | 11 | 03 |
| 61 | 53 | 45 | 37 | 29 | 21 | 13 | 05 |
| 63 | 55 | 47 | 39 | 31 | 23 | 15 | 07 |

图 2-4　初始置换

经过16轮运算后，通过一个逆初始置换操作，将左半部分和右半部分合在一起，得到一个64位密文，如图2-5所示，表中元素将按行输出。

| | | | | | | | |
|---|---|---|---|---|---|---|---|
| 40 | 08 | 48 | 16 | 56 | 24 | 64 | 32 |
| 39 | 07 | 47 | 15 | 55 | 23 | 63 | 31 |
| 38 | 06 | 46 | 14 | 54 | 22 | 62 | 30 |
| 37 | 05 | 45 | 13 | 53 | 21 | 61 | 29 |
| 36 | 04 | 44 | 12 | 52 | 20 | 60 | 28 |
| 35 | 03 | 43 | 11 | 51 | 19 | 59 | 27 |
| 34 | 02 | 42 | 10 | 50 | 18 | 58 | 26 |
| 33 | 01 | 41 | 09 | 49 | 17 | 57 | 25 |

图 2-5　逆初始置换

初始置换和逆初始置换并不影响DES的安全性，其主要目的是通过置换将明文和密文数据转换成字节形式输出，易于DES芯片化的实现。

### 3. 密钥置换

在64位密钥中，每个字节的第8位为奇偶校验位，经过置换去掉奇偶校验位，实际的密钥长度为56位，如图2-6所示。

| 57 | 49 | 41 | 33 | 25 | 17 | 09 | 01 | 58 | 50 | 42 | 34 | 26 | 18 |
|---|---|---|---|---|---|---|---|---|---|---|---|---|---|
| 10 | 02 | 59 | 51 | 43 | 35 | 27 | 19 | 11 | 03 | 60 | 52 | 44 | 36 |
| 63 | 55 | 47 | 39 | 31 | 23 | 15 | 07 | 62 | 54 | 46 | 38 | 30 | 22 |
| 14 | 06 | 61 | 53 | 45 | 37 | 29 | 21 | 13 | 05 | 28 | 20 | 12 | 04 |

图 2-6 密钥置换

在每一轮运算中，将从56位密钥中产生不同的48位子密钥$K_i$，这些子密钥按下列方式确定。

（1）将56位密钥分成两部分，每部分为28位。

（2）根据运算的轮数，这两部分分别循环左移1位或2位，如图2-7所示。

| 1 | 2 | 3 | 4 | 5 | 6 | 7 | 8 | 9 | 10 | 11 | 12 | 13 | 14 | 15 | 16 |
|---|---|---|---|---|---|---|---|---|---|---|---|---|---|---|---|
| 1 | 1 | 2 | 2 | 2 | 2 | 2 | 2 | 1 | 2 | 2 | 2 | 2 | 2 | 2 | 1 |

图 2-7 循环左移位

（3）从56位密钥中选出48位子密钥，它也称压缩置换或压缩选择，如图2-8所示。

| 14 | 17 | 11 | 24 | 01 | 05 | 03 | 28 | 15 | 06 | 21 | 10 |
|---|---|---|---|---|---|---|---|---|---|---|---|
| 23 | 19 | 12 | 04 | 26 | 08 | 16 | 07 | 27 | 20 | 13 | 02 |
| 41 | 52 | 31 | 37 | 47 | 55 | 30 | 40 | 51 | 45 | 33 | 48 |
| 44 | 49 | 39 | 56 | 34 | 53 | 46 | 42 | 50 | 36 | 29 | 32 |

图 2-8 压缩置换

### 4. 扩展置换

扩展置换将数据的右半部分$R_i$从32位扩展成48位，以便与48位密钥进行异或运算。置换的输入位和输出位的对应关系，如图2-9所示。

| 32 | 01 | 02 | 03 | 04 | 05 | 04 | 05 | 06 | 07 | 08 | [illegible] |
|---|---|---|---|---|---|---|---|---|---|---|---|
| 08 | 09 | 10 | 11 | 12 | 13 | 12 | 13 | 14 | 15 | [illegible] | [illegible] |
| 16 | 17 | 18 | 19 | 20 | 21 | 20 | 21 | 22 | 23 | [illegible] | [illegible] |
| 24 | 25 | 26 | 27 | 28 | 29 | 28 | 29 | 30 | 31 | [illegible] | [illegible] |

图 2-9 扩展置换

## 5. *S*-盒代换

通过8个*S*-盒代换将异或运算得到的48位结果变换成32位数据。每个*S*-盒为一个非线性代换网络，有6位输入，4位输出，并且每个*S*-盒代换都是不相同的。48位输入被分成8个6位组，每个组对应一个*S*-盒代换操作。

（1）*S*-盒1，如图2-10所示。

| | | | | | | | | | | | | | | | |
|---|---|---|---|---|---|---|---|---|---|---|---|---|---|---|---|
| 14 | 04 | 13 | 01 | 02 | 15 | 11 | 08 | 03 | 10 | 06 | 12 | 05 | 09 | 00 | 07 |
| 00 | 15 | 07 | 04 | 14 | 02 | 13 | 01 | 10 | 06 | 12 | 11 | 09 | 05 | 03 | 08 |
| 04 | 01 | 14 | 08 | 13 | 06 | 02 | 11 | 15 | 12 | 09 | 07 | 03 | 10 | 05 | 00 |
| 15 | 12 | 08 | 02 | 04 | 09 | 01 | 07 | 05 | 11 | 03 | 14 | 10 | 00 | 06 | 13 |

图 2-10　*S*-盒1

（2）*S*-盒2，如图2-11所示。

| | | | | | | | | | | | | | | | |
|---|---|---|---|---|---|---|---|---|---|---|---|---|---|---|---|
| 15 | 01 | 08 | 14 | 06 | 11 | 03 | 04 | 09 | 07 | 02 | 13 | 12 | 00 | 05 | 10 |
| 03 | 13 | 04 | 07 | 15 | 02 | 08 | 14 | 12 | 00 | 01 | 10 | 06 | 09 | 11 | 05 |
| 00 | 14 | 07 | 11 | 10 | 04 | 13 | 01 | 05 | 08 | 12 | 06 | 09 | 03 | 02 | 15 |
| 13 | 08 | 10 | 01 | 03 | 15 | 04 | 02 | 11 | 06 | 07 | 12 | 00 | 05 | 14 | 09 |

图 2-11　*S*-盒2

（3）*S*-盒3，如图2-12所示。

| | | | | | | | | | | | | | | | |
|---|---|---|---|---|---|---|---|---|---|---|---|---|---|---|---|
| 10 | 00 | 09 | 14 | 06 | 03 | 15 | 05 | 01 | 13 | 12 | 07 | 11 | 04 | 02 | 08 |
| [illegible] | 07 | 00 | 09 | 03 | 04 | 06 | 10 | 02 | 08 | 05 | 14 | 12 | 11 | 15 | 01 |
| [illegible] | 06 | 04 | 09 | 08 | 15 | 03 | 00 | 11 | 01 | 02 | 12 | 05 | 10 | 14 | 07 |
| [illegible] | 10 | 13 | 00 | 06 | 09 | 08 | 07 | 04 | 15 | 14 | 03 | 11 | 05 | 02 | 12 |

图 2-12　*S*-盒3

[illegible]4，如图2-13所示。

| | | | | | | | | | | | | | | | |
|---|---|---|---|---|---|---|---|---|---|---|---|---|---|---|---|
| [illegible] | [illegible] | [illegible] | 03 | 00 | 06 | 09 | 10 | 01 | 02 | 08 | 05 | 11 | 12 | 04 | 15 |
| [illegible] | [illegible] | [illegible] | 05 | 06 | 15 | 00 | 03 | 04 | 07 | 02 | 12 | 01 | 10 | 14 | 09 |
| [illegible] | [illegible] | [illegible] | 00 | 12 | 11 | 07 | 13 | 15 | 01 | 03 | 14 | 05 | 02 | 08 | 04 |
| [illegible] | [illegible] | [illegible] | [illegible] | 10 | 01 | 13 | 08 | 09 | 04 | 05 | 11 | 12 | 07 | 02 | 14 |

图 2-13　*S*-盒4

（5）*S*-盒5，如图2-14所示。

| 02 | 12 | 04 | 01 | 07 | 10 | 11 | 06 | 08 | 05 | 03 | 15 | 13 | 00 | 14 | 09 |
|---|---|---|---|---|---|---|---|---|---|---|---|---|---|---|---|
| 14 | 11 | 02 | 12 | 04 | 07 | 13 | 01 | 05 | 00 | 15 | 10 | 03 | 09 | 08 | 06 |
| 04 | 02 | 01 | 11 | 10 | 13 | 07 | 08 | 15 | 09 | 12 | 05 | 06 | 03 | 00 | 14 |
| 11 | 08 | 12 | 07 | 01 | 14 | 02 | 13 | 06 | 15 | 00 | 09 | 10 | 04 | 05 | 03 |

图 2-14 *S*-盒5

（6）*S*-盒6，如图2-15所示。

| 12 | 01 | 10 | 15 | 09 | 02 | 06 | 08 | 00 | 13 | 03 | 04 | 14 | 07 | 05 | 11 |
|---|---|---|---|---|---|---|---|---|---|---|---|---|---|---|---|
| 10 | 15 | 04 | 02 | 07 | 12 | 09 | 05 | 06 | 01 | 13 | 14 | 00 | 11 | 03 | 08 |
| 09 | 14 | 15 | 05 | 02 | 08 | 12 | 03 | 07 | 00 | 04 | 10 | 01 | 13 | 11 | 06 |
| 04 | 03 | 02 | 12 | 09 | 05 | 15 | 10 | 11 | 14 | 01 | 07 | 06 | 00 | 08 | 13 |

图 2-15 *S*-盒6

（7）*S*-盒7，如图2-16所示。

| 04 | 11 | 02 | 14 | 15 | 00 | 08 | 13 | 03 | 12 | 09 | 07 | 05 | 10 | 06 | 01 |
|---|---|---|---|---|---|---|---|---|---|---|---|---|---|---|---|
| 13 | 00 | 11 | 07 | 04 | 09 | 01 | 10 | 14 | 03 | 05 | 12 | 02 | 15 | 08 | 06 |
| 01 | 04 | 11 | 13 | 12 | 03 | 07 | 14 | 10 | 15 | 06 | 08 | 00 | 05 | 09 | 02 |
| 06 | 11 | 13 | 08 | 01 | 04 | 10 | 07 | 09 | 05 | 00 | 15 | 14 | 02 | 03 | 12 |

图 2-16 *S*-盒7

（8）*S*-盒8，如图2-17所示。

| 13 | 02 | 08 | 04 | 06 | 15 | 11 | 01 | 10 | 09 | 03 | 14 | 05 | 00 | 12 | 07 |
|---|---|---|---|---|---|---|---|---|---|---|---|---|---|---|---|
| 01 | 15 | 13 | 08 | 10 | 03 | 07 | 04 | 12 | 05 | 06 | 11 | 00 | 14 | 09 | 02 |
| 07 | 11 | 04 | 01 | 09 | 12 | 14 | 02 | 00 | 06 | 10 | 13 | 15 | 03 | 05 | 08 |
| 02 | 01 | 14 | 07 | 04 | 10 | 08 | 13 | 15 | 12 | 09 | 00 | 03 | 05 | 06 | 11 |

图 2-17 *S*-盒8

### 6. DES的解密过程

DES解密过程的逻辑与加密过程一致，但必须注意以下两点。

其一，第16轮迭代结束后须将左右两个分组交换位置，即将$L_{16}$与$R_{16}$交换顺序。

其二，解密过程中使用的子密钥的顺序与加密时的顺序正好相反，依次为$K_{16}$,$K_{15}$,……，$K_1$，即当把64位密文作为明文输入时，解密过程的第1轮迭代使用子密钥$K_{16}$，第2轮迭代使用子密钥$K_{15}$,……，第16轮迭代使用子密钥$K_1$，同样操作，第16轮迭代后须交换顺序，最终输出得到64位明文。

### 7. DES算法的安全隐患

DES算法含有以下3种安全隐患。

（1）密钥太短。

DES的初始密钥实际长度只有56位，批评者担心这个密钥长度不足以抵抗穷举搜索攻击，穷举搜索攻击破解密钥最多尝试的次数为$2^{56}$次，不可能不具备足够的安全性。1998年前只有DES破译机的理论设计，1998年后出现实用化的DES破译机。

（2）DES的半公开性。

DES算法中的8个*S*-盒替换表的设计标准（指详细准则）自DES公布以来仍未公开，替换表中的数据是否存在某种依存关系，用户无法确认。

（3）DES迭代次数偏少。

DES算法的16轮迭代次数被认为偏少，在以后的DES改进算法中，都不同程度地提高了迭代次数。

### 8. DES算法的工作模式

DES的工作模式有4种：电子密本（electronic code book，ECB），密码分组链接（cipher block chaining，CBC），输出反馈（output feedback，OFB）和密文反馈（cipher feedback，CFB）。ANSI的银行标准中规定：加密使用ECB和CBC模式，认证使用CBC和CFB模式。在实际应用中，经常使用ECB模式。在一些安全性要求较高的场合中使用CBC模式，它比ECB模式复杂一些，但可以提供更好的安全性。

### 9. DES算法的实现方法

DES算法有硬件和软件两种实现方法。硬件实现方法采用专用的DES芯片，使DES加密和解密速度有了极大的提高。例如，DEC公司开发的一种DES芯片的加密和解密速度可达1 GBit/s，能在1 s内加密16 800 000个数据分组，并且支持ECB和CBC两种模式。现在已有很多公司生产商用的DES芯片。商用的DES芯片在芯片内部结构和时钟速率等方面各有不同，例如，有些芯片采用并行处理结构，在一个芯片中有多个可以并行工作的DES模块，并采用高速时钟，大大提高了DES加密和解密速度。

软件实现方法的处理速度要慢一些，主要取决于计算机的处理能力和速度。例如，在HP 9000/887工作站上，每秒可处理196 000个DES分组。

在实际应用中，数据加密产品会引发系统性能的下降，尤其在网络环境下应用时将造成很大的网络延时。为了在安全性和性能之间求得最佳的平衡，最好采用基于DES芯片的数据加密产品。

## 2.3.2 3DES算法

为了提高DES算法的安全性，人们还提出了一些DES变形算法，其中三重DES算法（简称3DES）是经常使用的一种DES变形算法。

在3DES中，使用2个或3个密钥对一个分组进行3次加密。在使用2个密钥的情况下，第1次使用密钥$K_1$，第2次使用密钥$K_2$。在使用3个密钥的情况下，第1次使用密钥$K_1$，第2次使用密钥$K_2$，第3次再使用密钥$K_3$，如图2-18所示。

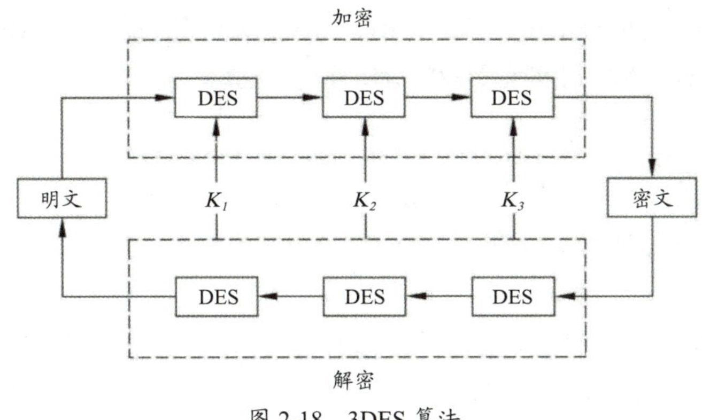


图 2-18 3DES 算法

**优点：** 经过3DES加密的密文需要$2^{112}$次穷举搜索才能破译，而不是$2^{56}$次。可见3DES算法进一步加强了DES的安全性，在一些高安全性的应用系统，大都将3DES算法作为一种可选的数据加密算法。

**缺点：** 处理速度相对较慢，因为3DES共需要迭代48次，同时密钥长度也增加了，计算时间明显增加；3DES算法的明文分组大小不变，仍为64位，加密的效率不高。

除了3DES外，还有2DES、4DES等几种形式。但实际中，一般采用的是3DES方案。3DES共有4种模式，具体如下：

- **DES-EEE3模式：** 使用3个不同密钥（$K_1$,$K_2$,$K_3$），采用3次加密算法。
- **DES-EDE3模式：** 使用3个不同密钥（$K_1$,$K_2$,$K_3$），采用加密-解密-加密算法。
- **DES-EEE2模式：** 使用2个不同密钥（$K_1$=$K_3$,$K_2$），采用3次加密算法。
- **DES-EDE2模式：** 使用2个不同密钥（$K_1$=$K_3$,$K_2$），采用加密-解密-加密算法。

## ■2.3.3 AES算法

AES是一种区块加密标准，这个标准用来替代原先的DES，已被广泛使用。经过5年的甄选流程，高级加密标准于2001年11月26日发布，并在2002年5月26日成为有效标准。2006年，AES已然成为对称密钥加密中流行的算法之一。

AES的基本要求是采用对称分组密码体制，密钥长度可以为128、192或256位，分组长度为128位，算法应易于各种硬件和软件实现。1998年开始AES第1轮分析、测试和征集，共产生了15个候选算法。1999年3月完成了第2轮AES2的分析、测试。2000年10月2日，宣布选中比利时密码学家Joan Daemen和Vincent Rijmen提出的一种密码算法Rijndael作为AES的算法。

在应用方面，尽管DES在安全上是脆弱的，但由于快速DES芯片的大量生产，使DES仍能暂时继续使用，为提高安全强度，通常使用独立密钥的三级DES。但是DES迟早要被AES代替。尽管流密码体制较分组密码在理论上成熟且安全，但未被列入下一代加密标准。

AES加密数据块分组长度必须为128位，密钥长度可以是128、192、256位中的任意一个（如果数据块及密钥长度不足时会补齐）。AES加密有很多轮的重复和变换。

## 2.3.4 RC算法

RC密码算法是一个系列，它们都是由密码学专家Ron Rivest设计的。其中，RC1未公开发表，RC2是可变密钥长度的分组密码算法，RC3因在开发过程中被攻破而放弃，RC4是可变密钥长度的序列密码算法，RC5是可变参数的分组密码算法。

### 1. RC2算法

RC2算法是Rivest为RSA数据安全公司设计的，RC2没有申请专利，而是作为商业秘密被加以保护的。RC2算法是一种可变密钥长度的64位分组密码算法，其目标是取代DES。该算法将接收可变长度的密钥，其长度从0到计算机系统所能接收的最大长度的字符串，并且加密速度与密钥长度无关。该密钥被预处理成128字节的相关密钥表，有效的不同密钥数目为$2^{1\,024}$。由于RC2没有正式公布，其算法细节不得而知。

Rivest声称，用软件实现的RC2算法比DES快3倍，并且比DES的安全性更高。因为RC2不是一个迭代型分组密码，所以能够更有效地抵抗差分和线性密码分析的攻击。

美国政府对密码产品的出口采取严格的限制，不允许出口它所不能破译（至少理论上）的任何密码算法及其产品。对RC2和RC4产品的出口限制为密钥长度不超过40位。40位密钥总共有21个不同的密钥。假如使用有效的穷举搜索算法和高速的计算机，并且能够每秒测试100万个密钥，那么从24个密钥中找出正确的密钥需要12.7 d。如果1 000台设备同时工作，则找出正确的密钥只需20 min。显然，40位密钥大大降低了RC2的安全性。

### 2. RC4算法

RC4算法是一种可变密钥长度的序列密码算法，有人在互联网上发布了RC4算法的源代码。RC4算法以输出反馈模式工作，密钥序列与明文相互独立。它采用了一个8×8的$S$-盒：$S_0,S_1,S_2,\cdots\cdots,S_{255}$，并按下列步骤对$S$-盒进行初始化。

（1）线性填充。

$S_0=0$，$S_1=1$，$S_2=2$，……，$S_{255}=255$。

（2）密钥填充。

用密钥填充一个256字节的数组$K_0,K_1,K_2,\cdots\cdots,K_{255}$，不断重复密钥，直到填满为止。

（3）运算。

设置一个指针$j$，且$j$=0，然后进行如下计算。

对于$i=0\sim255$

$$\begin{cases} j=(j+S_i+K_i)\ \text{mod}\ 256 \\ S_i<=>S_j\ (\text{交换}S_i\text{和}S_j) \end{cases} \tag{2.2}$$

所有项都是在0～255数字之间进行置换的，并且这个置换是一个可变长度密钥的函数。它使用两个计数器$i$和$j$，初值均为0。产生一个随机字节的步骤是：

$$\begin{cases} i=(i+1)\ \text{mod}\ 256 \\ j=(j+S_i)\ \text{mod}\ 256 \end{cases} \tag{2.3}$$

$$
\begin{cases}
S_i <=> S_j & (\text{交换}S_i\text{和}S_j) \\
t = (S_i + S_j) \bmod 256 \\
K = S_t
\end{cases}
\tag{2.4}
$$

字节$K$与明文进行异或运算，便产生密文；字节$K$与密文进行异或运算，便恢复明文。

RSADSI宣称RC4算法对差分和线性密码分析是免疫的，它几乎没有任何小的循环，并且具有很高的非线性。因此，RC4的安全性是有保证的。另外，RC4的加密和解密速度非常快，大约比DES快10倍。

## ■2.3.5 RSA算法

RSA算法是以3位发明人Rivest、Shamir和Adleman的名字命名的。它是第1个比较完善的公钥密码算法，既可用于加密数据，又可用于数字签名，并且比较容易理解和实现。RSA算法经受住了多年的密码分析的攻击，具有较高的安全性和可信度。

### 1. RSA算法简介

RSA使用2个密钥，1个公开密钥，1个私有密钥。如用其中的一个加密，则可用另一个解密，密钥长度从40～2 048位块变化，加密时也把明文分成块，块的大小可变，但不能超过密钥的长度，RSA算法把每一块明文转化为与密钥长度相同的密文块。密钥越长，加密效果越好，但加密解密的成本也越高，所以要在安全性与性能之间折中考虑。

RSA算法研制的最初理念与目标是努力使联网安全可靠，旨在解决DES算法密钥利用公开信道传输分发的难题。实际结果不但很好地解决了这个难题，还可利用RSA完成对电文的数字签名以对抗电文的否认与抵赖。同时还可以利用数字签名较容易发现攻击者对电文的非法篡改，以保护数据信息的完整性。

RSA的安全性依赖于大数分解的难度，其公开密钥和私人密钥是一对大素数的函数。从一个公开密钥和密文中恢复出明文的难度等价于分解两个大素数之积的难度。该算法经受了多年深入的密码分析，虽然分析者不能证明RSA的安全性，但也没有证明RSA的不安全，表明该算法的可信度还是比较高的。

目前，很多种加密技术采用了RSA算法，如PGP加密系统，它是一个工具软件，向认证中心（certificate authorities，CA）注册后就可以用它对文件进行加密解密或数字签名，PGP所采用的就是RSA算法。由此可以看出，RSA有很好的应用前景，是迄今理论上最为成熟完善的一种公钥密码体制。

### 2. RSA算法描述

下面介绍RSA算法。

（1）两个密钥的产生方法。

①选取两个大素数$p$和$q$，并且两数的长度相同，以获得最大程度的安全性。

②计算两数的乘积：$n=p\times q$。

③随机选取加密密钥$e$，使$e$和（$p$-1）（$q$-1）互素。

④计算解密密钥$d$，为满足$ed\equiv 1 \bmod ((p-1)(q-1))$，则$d=e^{-1} \bmod ((p-1)(q-1))$，$d$和$n$也互素。

⑤$e$和$n$是公钥，$d$是私钥。两个素数$p$和$q$不再需要，可以被舍弃，但绝不能泄露。

（2）数据加密方法。

①对于一个明文消息$m$，首先将它分解成小于模数$n$的数据分组。例如，$p$和$q$都是100位的素数，$n$则为200位，每个数据分组$m_i$，应当小于200位。

②对于每个数据分组$m_i$，按下列公式加密：$c_i = m_i^e \pmod n$，其中$e$是加密密钥。

③将每个加密的密文分组$c_i$组合成密文$c$输出。

（3）数据解密方法。

①对于每个密文分组$c_i$，按下列公式解密：$m_i = c_i^d \pmod n$，其中$d$是解密密钥。

②将每个解密的明文分组$m_i$组合成明文$m$输出。

### 3. RSA的实现方法

RSA有硬件和软件两种实现方法。但不论何种实现方法，RSA的速度总是比DES慢得多。因为RSA的计算量要大于DES，在加密和解密时需要做大量的模数乘法运算。例如，RSA在加密或解密一个200位十进制数时大约需要做1 000次模数乘法运算，提高模数乘法运算的速度是提升RSA效率的关键所在。

硬件实现方法采用专用的RSA芯片，以提高RSA加密和解密的速度。生产RSA芯片的公司有很多，如AT&T、Alpha、上海科技、清华同方、紫光国微、英国电信、CNET、Cylink等，最快的512位模数RSA芯片速度为1 MBit/s。同样使用硬件实现，DES比RSA快大约1 000倍。在一些智能卡应用中也采用了RSA算法，其速度都比较慢。

软件实现方法的速度要更慢一些，这与计算机的处理能力和速度有关。同样使用软件实现，DES比RSA快大约100倍。

### 4. RSA算法的缺点

RSA算法的主要缺点如下：

- 生成密钥很麻烦，受到素数生成技术的限制，因而难以做到一次一密。
- 速度太慢，分组长度太大，为保证安全性，$n$至少要大于1 024，运算成本很高。并且随着大数分解技术的发展，这个长度还在增加，不利于数据格式的标准化。较对称密码算法慢几个数量级，为了速度问题，人们广泛使用单钥、公钥密码结合使用的方法，使优势与不足互补：单钥密码加密速度快，人们用它加密较长的文件，然后用RSA给文件密钥加密，极好地解决了单钥密码的密钥分发问题。
- RSA密钥长度随着保密级别的提高增加很快。RSA的安全性依赖于大素数的因子分解，现今，人们已能分解1 024位的大素数，这就要求使用更长的密钥。

# 2.4 数据完整性保护

数据的传输除了保证正确性以外，还要确保数据的安全性和完整性，防止被恶意篡改。

## 2.4.1 数据完整性保护的内容

数据完整性保护主要针对的是非法篡改，常见的非法篡改包括：

- **内容篡改：**包括对报文内容的插入、删除、改变等。
- **序列篡改：**包括对报文序列的插入、删除、错序等。
- **时间篡改：**包括对报文进行延迟或回放等。

## 2.4.2 消息认证

消息认证也称报文鉴别，是用于验证所收到的消息确实来自真正的发送方，并未被篡改。检测传输和存储的消息（报文）有无受到完整性攻击的手段，包括消息内容认证、消息的序列认证和操作时间认证等，其核心是消息（报文）的内容认证。消息序列认证的一般办法是给发送的报文加一个序列号，接收方通过检查序列号鉴别报文传送的序列有没有被破坏。消息的操作时间认证也称数据的实时性保护，通常可以采用时间戳或询问-应答机制进行确认。

从功能上看，一个消息认证系统分为两个层次：下层是认证函数，上层是认证协议。关于认证协议在后面讨论，这里主要讨论认证函数。认证函数的功能是能够由报文生成一个鉴别码，也叫作报文摘要。

## 2.4.3 报文摘要

为了验证电子文件的完整性，可以采用某种算法从该文件中计算出一个报文摘要，由此摘要来鉴别此报文是否被非法修改过。一个报文与该报文产生的报文摘要是配对的。发送方从要发送的报文数据中按照某种约定的算法计算出报文摘要，再用自己的私有密钥将报文摘要加密，然后附在报文后部一起传输。加密后的报文摘要也称为“报文验证码MAC”。接收方从收到的报文中按照约定的算法计算出报文摘要，再利用发送方的公开密钥将收到的加密摘要解密，将两者进行对照，就可检验出该报文是否被篡改过。因为收到的加密摘要是用发送方的私有密钥加密的，接收方只有用发送方的公开密钥解密才能得到正确的摘要，伪造者如果篡改了报文就不可能生成与原报文相同的报文摘要。在此过程中即实现了对发送文件的“数字签名”，它包含两个目的：一是验证报文发送者的真实性，二是验证报文传输后是否出错或被篡改。关于数字签名技术，将在下一章重点讲解。

## 2.4.4 Hash算法

Hash算法（hash algorithm）也称为信息标记算法，可以提供数据完整性方面的判断依据。

### 1. Hash简介

Hash，一般翻译为散列、杂凑，或音译为哈希，它是把任意长度的输入（又叫做预映射

pre-image）通过散列算法转换成固定长度的输出，该输出就是散列值。这种转换是一种压缩映射，散列值的空间通常远小于输入的空间，不同的输入可能会散列成相同的输出，所以不可能从散列值来确定唯一的输入值。简单的说，Hash算法就是一种将任意长度的消息压缩到某一固定长度的消息摘要的函数。

Hash算法将任意长度的二进制值映射为固定长度的较小二进制值，这个小的二进制值称为Hash值。Hash值是一段数据唯一且极其紧凑的数值表示形式。如果对一段明文使用Hash算法，而且哪怕只更改该段落的一个字母，Hash值都会生成不同的值。要找到Hash值为同一个值的两个不同的输入，在计算操作层面是不可能的，所以数据的生成值可以检验数据的完整性。

Hash算法可以将一个数据转换为一个标志，这个标志和源数据的每一个字节都有十分紧密的关系。Hash算法还具有一个特点，就是很难找到逆向规律。

Hash算法也被称为散列算法，它是一个广义的算法。Hash算法虽然被称为算法，但实际上它更像是一种思想。Hash算法没有一个固定的公式，只要符合散列思想的算法都可以被称为是Hash算法。

使用Hash算法可以提高存储空间的利用率，还可以提高数据的查询效率，也可以用于数字签名保障数据传递的安全性，因此Hash算法被广泛地应用在互联网应用中。

### 2. Hash算法的特性

Hash算法用一条信息输入，输出一个固定长度的数字，称为标记。Hash算法具备以下3个特性。

- 不可能以信息标记为依据推导出输入信息的内容。
- 不可能人为控制某个消息与某个标记的对应关系（必须用Hash算法得到）。
- 要想找到具有同样标记的信息在计算操作方面是行不通的。

### 3. 散列函数的特性

所有散列函数都有一个基本特性：如果两个散列值是不相同的（根据同一函数），那么这两个散列值的原始输入也是不相同的。这个特性使散列函数具有确定性的结果。但另一方面，散列函数的输入和输出不是一一对应的，如果两个散列值相同，两个输入值很可能是相同的，但无法确定二者一定相等（可能出现Hash碰撞）。输入一些数据计算出散列值，然后部分改变输入值，一个具有强混淆特性的散列函数会生成一个完全不同的散列值。

典型的散列函数都有无限定义域，例如，任意长度的字节字符串和有限的值域，再如固定长度的比特串等。在某些情况下，散列函数可以设计成具有相同大小的定义域和值域间的一一对应。一一对应的散列函数也称为排列。可逆性可以通过使用一系列的对于输入值的可逆“混合”运算而得到。

### 4. Hash函数的计算

根据获取Hash值的计算方法，Hash函数常使用以下4种方法获取到Hash值。

（1）余数法。

先预估整个哈希表中的表项目的数目大小，然后用这个预估值作为除数去除每个原始值，得到商和余数，用余数作为哈希值。这种方法产生冲突的可能性相当大，因此任何搜索算法都应该能够判断冲突是否发生并提出取代算法。

（2）折叠法。

这种方法是针对原始值为数字的情况，将原始值分为若干部分，然后将各部分叠加，得到的最后4位数字（或者取其他位数的数字也可以）作为Hash值。

（3）基数转换法。

当原始值是数字时，可以将原始值的数制基数转为一个不同的数字。例如，可以将十进制的原始值转为十六进制的Hash值。为了使Hash值的长度相同，可以省略高位数字。

（4）数据重排法。

这种方法只是简单的将原始值中的数据打乱排序。例如，可以将第3~6位的数字逆序排列，然后利用重排后的数字作为Hash值。

### 5. 常见的Hash应用及算法

Hash算法与加密算法共同使用可加强数据通信的安全性。采用这一技术的应用有数字签名、数字证书、网上交易、终端的安全连接、安全的电子邮件系统、PGP加密软件等。

Hash算法是用来生成一些数据片段（如消息或会话项等）的Hash值的算法。使用好的Hash算法，在输入数据中所做的更改就可以更改结果Hash值中的所有位。因此，Hash算法对于检测数据对象（如消息）中的修改很有用。此外，一个好的Hash算法会避免人为创建多个可以得到相同哈希值的数据，起码不能通过计算得到。典型的Hash算法有MD5算法和SHA算法。

## 2.4.5 MD5算法

信息-摘要算法5（message-digest algorithm 5，MD5），在20世纪90年代初由Ronald L. Rivest开发出来，经由MD2、MD3和MD4发展而来。MD5是一种Hash算法，Hash算法的用途不是对明文加密，让别人看不懂，而是通过对信息摘要的比对，防止对原文的篡改。

MD5是把一个任意长度的字节串加密成一个固定长度的大整数（通常是16位或32位），加密的过程中要筛选过滤掉一些原文的数据信息，因此想通过对加密的结果进行逆运算得出原文是不可能的。

### 1. MD5算法描述

对MD5算法可以简要叙述为：MD5以512位分组来处理输入的信息，且每一分组又被划分为16个32位子分组，经过了一系列处理后，算法的输出由4个32位分组组成，将这4个32位分组级联后将生成一个128位散列值。

在MD5算法中，先需要对信息进行填充，使其位（bit）长对512求余的结果等于448位。这样Hash信息的位长将被扩展至$n \times 512+448$，即$n \times 64+56$个字节（Byte），$n$为一个正整数。填充的方法为：在信息的后面填充一个1和无数个0，直到满足上面的条件时才停止用0对信息的填充。然后，再在这个结果后面附加一个以64位二进制表示的填充前信息长度。经过这两步处理，现在的信息字节长度$n \times 512+448+64=(n+1) \times 512$，即长度恰好是512的整数倍。这样做的原因是为满足后面处理中对信息长度的要求。

MD5中有4个32位被称作链接变量的整数参数，它们分别为：

A=0×01234567，B=0×89abcdef，C=0×fedcba98，D=0×76543210。

当设置好这4个链接变量后，就开始进入到算法的4轮循环运算。循环的次数是信息中512位信息分组的数目。

将上面4个链接变量复制到另外4个变量中：A到a，B到b，C到c，D到d。

主循环有4轮（MD4只有3轮），每轮循环都很相似。第1轮进行16次操作。每次操作对a、b、c和d中的其中3个作一次非线性函数运算，然后将所得结果加上第4个变量。再将所得结果向右环移一个不定的数，并加上a、b、c或d中之一。最后用该结果取代a、b、c或d中之一。

以下是每次操作中用到的4个非线性函数（每轮一个）。

$$\begin{cases} F(X,Y,Z)=(X\&Y)|((\sim X)\&Z) \\ G(X,Y,Z)=(X\&Z)|(Y\&(\sim Z)) \\ H(X,Y,Z)=X\hat{}Y\hat{}Z \\ I(X,Y,Z)=Y\hat{}(X|(\sim Z)) \end{cases} \tag{2.5}$$

其中，&是与操作，|是或操作，～是非操作，^是异或。

对这4个函数的说明如下：

如果$X$、$Y$和$Z$的对应位是独立和均匀的，那么结果的每一位也应是独立和均匀的。

$F$是一个逐位运算的函数，即如果$X$，那么$Y$，否则$Z$。函数$H$是逐位奇偶操作符。

所有这些完成之后，将A、B、C、D分别加上a、b、c、d。然后用下一分组数据继续运行算法，最后的输出是A、B、C和D的级联。

### 2. MD5的特点

MD5不以任何假设和密码体制为基础，是一个直接构造出来的算法。它的主要特点如下：

- **单向性**：由报文生成报文摘要，但不能由报文摘要还原为报文。
- **无碰撞性**：对于不同的报文，不会生成两个相同的报文摘要。
- **运算速度快**，应用比较普遍。

### 3. MD5的应用

MD5在实际中使用得较多，主要用于保证数据的完整性和数据加密。

（1）保证数据的完整性。

保证数据的完整性，就是防止数据被篡改。实际使用中，包括数据、文件、软件等都是以二进制存储在计算机中，都可以使用MD5进行完整性校验。如对一个文件或软件进行MD5计算后，将文件或软件以及计算出的MD5值发布到网上，如图2-19所示。

Windows 11 (business editions) (updated June 2022) (x64) - DVD (Chinese-Simplified)
文件：zh-cn_windows_11_business_editions_updated_june_2022_x64_dvd_0b165f6d.iso
大小：5.33GB
MD5：8FBD3B9274FD212124C98371B8D6BC03
SHA1：264F2D70A57B4A0EC1FB2FAADFFB91E28094C268
SHA256：C3E86433F07511210B69FE819B200D3D93938E89A25B14865D4FB216CB197721

图 2-19　MD5 完整性校验

下载后再次对文件进行MD5值的计算，将结果与发布时的MD5值进行对比，如果完全一致，说明软件未经过任何篡改。常用的哈希对比如图2-20所示。

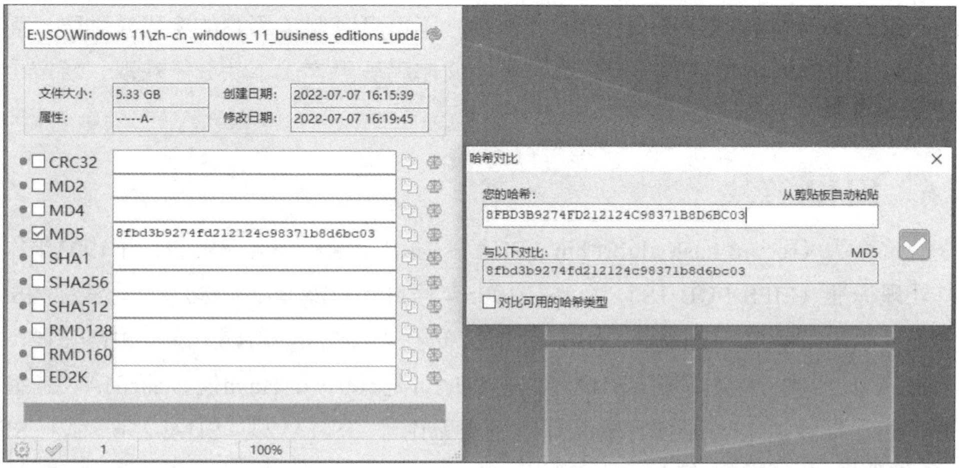

图 2-20　哈希对比

在这个传输过程中，只要文件的内容发生了任何形式的改变（包括人为修改或者下载过程中线路不稳定引起的传输错误等），对这个文件重新计算MD5值就会发现报文摘要不相同，由此可以判定得到的是一个不正确的文件。如果再有一个第三方的鉴别机构，用MD5还可以防止文件作者的“抵赖”，这也就是常用的“数字签名”的应用。建议在下载文件、程序、系统镜像后，进行MD5校验，以确保没有被篡改。

另外，也可以通过该方法确保两个文件的一致性，通过MD5进行完整性校验来确保两处的文件为同一个版本。

（2）数据加密。

在加密系统中，密码的保管至为重要。由于具有系统管理员权限的用户可掌握密码文件，所以常规保存的密码文件对具有系统管理员权限的用户就无秘密可言。而MD5的单向性和无碰撞性使得用户密码可以用MD5（或其他类似的算法）加密后存储。

当用户通过密码在网站进行注册时，不会上传明文密码，而是将密码通过计算变成MD5值进行上传。如密码是“password123”，则会转换成MD5值“482c811da5d5b4bc6d497ffa98491e38”，存储到服务器中，如图2-21所示。

图 2-21 密码加密

当用户下次登录的时候，计算机再把用户输入的密码计算成MD5值，然后再去和保存在服务器系统中的MD5值进行比较，进而确定输入的密码是否正确。这样，系统就可以在不知道用户密码明码的情况下确定用户登录系统的合法性，不但可以避免用户的密码被知晓，而且还在一定程度上增加了密码被破解的难度。如果是明文密码被黑客或不法分子获取，所产生的影响将无法估量。

## ■2.4.6 SHA算法

安全哈希算法（secure hash algorithm，SHA）是由NIST和NSA开发的，于1993年作为美国国家信息处理标准（FIPS PUB 180）公布，1995年修订为FIPS PUB 180-1，通常称为SHA-1。在此基础上发展出SHA-2。2002年，NIST分别发布了SHA-256、SHA-384、SHA-512，这些算法统称为SHA-2，2008年又新增了SHA-224。SHA-1是160位的Hash值，而SHA-2是组合值，有不同的位数，导致这个名词有一些混乱。但是无论是“SHA-2”“SHA-256”或“SHA-256位”，其实都是指同一种加密算法。

### 1. SHA算法原理

在SHS中，定义了用于保证DSA安全的单向散列函数SHA。当一个长度小于2位的消息输入时，SHA生成一个160位的散列值输出，称为消息摘要；然后再将摘要输入DSA中，对该摘要进行签名。由于消息摘要比消息小得多，因此可以提高签名的处理效率，同时还增强了数字签名的安全性。SHA采用了与MD4类似的设计原则和算法思想，但SHA生成一个160位的散列值，比MD5的散列值（128位）长。

SHA和MD5算法有些相似，MD5把128 bit的信息摘要分成A、B、C、D四段，每段32 bit，在循环过程中交替运算A、B、C、D，最终组成128 bit的摘要结果。再看一下SHA算法，SHA-1算法的核心过程大同小异，主要的不同点是把160 bit的信息摘要分成了A、B、C、D、E五段。关于SHA系列的其他参数，如表2-1所示。

表 2-1 SHA系列的其他参数

| 类别 | 消息摘要长度 | 消息长度 | 分组长度 | 计算字步长 | 计算步骤数 |
|---|---|---|---|---|---|
| SHA-1 | 160 | $<2^{64}$ | 512 | 32 | 80 |
| SHA-224 | 224 | $<2^{64}$ | 512 | 32 | 64 |
| SHA-256 | 256 | $<2^{64}$ | 512 | 32 | 64 |

（续表）

| 类别 | 消息摘要长度 | 消息长度 | 分组长度 | 计算字步长 | 计算步骤数 |
|---|---|---|---|---|---|
| SHA-384 | 384 | $<2^{128}$ | 1 024 | 64 | 80 |
| SHA-512 | 512 | $<2^{128}$ | 1 024 | 64 | 80 |

MD5的初始值有4个，SHA的初始值不同，例如，SHA-256的初始值有8个，具体如下：

h0=0x6a09e667

h1=0xbb67ae85

h2=0x3c6ef372

h3=0xa54ff53a

h4=0x510e527f

h5=0x9b05688c

h6=0x1f83d9ab

h7=0x5be0cd19

### 2. SHA算法的过程

下面以SHA-1为例，介绍SHA算法的过程。

（1）对信息进行处理。

既然SHA-1算法是对给定的信息进行处理得到相应的摘要，那么首先需要按算法的要求对信息进行处理。首先对输入的信息按512位长度进行分组并进行填充，填充报文后使其按512位进行分组后正好余448位。填充的内容就是先在报文后面加一个1，再加很多个0，直到长度满足对512取模仿结果为448。这是因为在最后会附加上一个64位长度的报文信息，而448+64正好是512。

（2）填充长度信息。

填充后所补充的信息报文使其按512位分组后余448位，剩下的64位是用来填写报文长度信息的。报文长度不能超过64位。填充长度值时要注意必须是低位字节优先。

（3）信息分组处理。

经过添加位数处理的明文，其长度正好为512位的整数倍，然后按512位的长度进行分组，可以得到一定数量的明文分组，用$Y_0$、$Y_1$、……、$Y_{n-1}$表示这些明文分组。对于每一个明文分组，都要重复处理，这些与MD5都是相同的。

（4）初始化缓存。

初始化缓存就是为链接变量赋初值。实现MD5算法时，由于摘要是128位，以32位为计算单位，所以需要4个链接变量。同样SHA-1采用160位的信息摘要，也以32位为计算单位，就需要5个链接变量，记为A、B、C、D、E。其初始赋值分别为：A=0x67452301、B=0xEFCDAB89、C=0x98BADCFE、D=0x10325476、E=0xC3D2E1F0。如果对比前面说过的MD5算法就会发现，前4个链接变量的初始值是一样的，因为它们本来就是同源的。

（5）计算信息摘要。

SHA-1有4轮运算，每一轮包括20个步骤，一共80步，最终生成160位的信息摘要，这160位的摘要存放在5个32位的链接变量中。

### 3. SHA算法的应用

SHA算法的应用包括HTTPS签名算法和比特币的计算。比特币中，挖矿算法其实就是SHA-256算法，矿工们根据不断修改的随机数，不断地进行SHA-256运算，最终算得快的挖到矿。

# 2.5 其他加密方式

在实际应用当中，还有软件加密和硬件的授权加密两种方式。

## 2.5.1 软件加密

软件加密一般是用户在发送信息前，先调用信息安全模块对信息进行加密，然后发送，到达接收方后，由用户使用相应的解密软件进行解密并还原。软件加密的方法有密码表加密、软件子校验方式、序列号加密、许可证加密方式、钥匙盘方式、光盘加密等。

### 1. 序列号加密

现今很多共享软件大多采用这种加密方式，用户在软件的试用期是不需要付费的，一旦试用期满还希望继续使用这个软件，就必须到相关网站根据要求进行注册，软件公司会根据提交的信息生成一个序列号，在运行软件的时候输入收到的序列号，软件会验证用户与序列号之间的关系是否正确无误，如果正确，说明已经购买了软件。

### 2. 许可证加密

许可证加密是序列号加密的一个变种。从网上下载或购买的软件并不能直接使用，软件在安装或运行时会对用户的计算机进行一番检测，并根据检测结果生成一个特定指纹，这个指纹是一个数据文件，把这个指纹数据通过互联网、E-mail、电话、传真等方式发送至开发商，开发商根据该指纹发送给用户一个注册码或注册文件，用户收到这个注册码或注册文件并按提示要求完成注册后方能使用。

但是，采用软件加密方式有以下安全隐患。

- 密钥的管理很复杂，这也是安全API实现的一个难题，从目前的几个API产品来看，密钥分配协议均有缺陷。
- 使用软件加密，因为是在用户的计算机内部进行，容易使攻击者采用分析程序进行跟踪、反编译等手段实现攻击。
- 目前国内尚无自主的安全API产品。
- 软件加密速度相对较慢。

### 2.5.2 硬件加密

硬件加密则是采用硬件（如电路、器件、部件等）和软件结合的方式实现加密，对硬件本身和软件采取加密、隐藏和防护技术，防止被保护对象被攻击者破析、破译。硬件加/解密是商业应用或军事应用的主流。硬件加密的方法有加密卡、软件狗、微狗等。硬件加密的特点如下：

- **速度快：**针对位的操作，不占用计算机主处理器。
- **安全性：**可进行物理保护，由硬件完成加/解密和权限检查，防止破译者通过反汇编、反编译分析破译。
- **易于安装：**不需要使用电话、传真、数据线路，使用硬件加密可对用户透明；而用软件实现，则需要在操作系统深层安装，不可见。
- 在硬件内设置自毁装置，一旦发现硬件被拆卸或程序被跟踪，可启动硬件自毁，使破译者不敢进行动态跟踪。

硬件加密是目前广泛采用的加密手段，加密后软件执行时需访问相应的硬件，如插在计算机扩展槽上的卡或插在计算机并口上的“狗”。采用硬加密的软件运行时需和相应的硬件交换数据，若没有相应的硬件，加密后的软件将无法运行。

## 2.6 常见的数据解密技术

在实际使用中，数据的解密技术必须和加密技术吻合才能正确高效地进行数据的解密操作。

### 2.6.1 数据解密技术简介

数据加密技术，无论是对称加密还是非对称加密，都需要知道算法和密钥才能进行解密操作。否则就只能通过猜测，持续不断尝试解密操作，进行数据的破解。随着加密技术的发展，数据的非法破解已经越来越难。

无论是从安全性角度或者恶意角度出发，人们总会对各种加密算法的安全性进行研究并尝试破解。已知的算法总会被研究出漏洞或不安全的地方，这也是推动算法更替和升级的原因。很多算法，如MD5、SHA-1等，已经无法满足安全性要求而逐渐被取代。很多算法在当时的软硬件条件下是非常安全的，但在现在更高的硬件运算水平下也会变得不安全。所以没有绝对的安全，只有不断地提高数据加密技术，才能应对更加复杂的数据应用环境。

复杂的密钥及算法增加了破解时间，也就增加了破解的成本，当破解成本达到非常高的程度时，就可以认为该加密是非常安全的。

### 2.6.2 数据加密应用及原理分析

在日常使用中，常见的加密应用及原理有以下几种。

### 1. 文件加密

现在很多加密软件使用的是文件保护技术，也就是对文件设置安全密码，文件本身并没有加密。这种保护技术的特点就是加密速度快，操作方便灵活。

另一种就是对文件整体的二进制内容进行加密转换变成密文。这种方法是比较安全的，但由于是整体都加密，所以加密时间较长。

目前很多加密软件采用了折中的办法，将文件头进行加密，文件体不加密。文件头是一段承担一定任务的数据，一般都位于文件开头的部分。简单的加密软件只对文件起始部分进行了加密，所以用户是打不开文件的，但是通过二进制读取工具，把文件头部的二进制数据修改为该类型文件的标准头部数据格式，就可以正常打开该文件了。

专业的加密软件都有叫作透明加密的功能，实际上类似于杀毒软件，通过驱动层监控每个进程操作文件。对于授信的进程，在进程访问加密文件时，把密文转换成明文后传给进程，这样进程访问的是明文，就能打开文件了；对于不授信的进程访问的是密文，就无法打开文件。保存文件时也是如此。

### 2. 视频加密

视频加密的技术大致有如下几种。

（1）防盗链技术。

这种技术严格来说不属于视频加密，它只是想办法防止视频被下载，只允许视频在线播放，很容易被绕过去。破解者可以伪装自己是浏览器，拿到网址，然后伪装浏览器的各种引用及参照等信息，再骗过防盗链系统下载视频。

（2）HLS加密技术。

该技术也可以称之为m3u8切片加密，这种是目前H5时代广泛使用的技术，该加密本身是很安全的，它是基于AES加密算法的。但有个致命的问题：别人很容易拿到密钥进行解密。因为AES加密算法是公开的，并且如果不保护好密钥文件，很多工具软件均可拿到密钥对视频进行基本还原。如果只是采用单纯的HLS加密技术，可以说极其不安全。所幸，近几年国内很多厂商在标准HLS加密的基础上，对m3u8文件中的密钥等做了防盗处理，二者结合，效果就好很多。

（3）私有算法逐帧加密。

这种方式一般是基于不公开的算法，对视频文件、直播流、m3u8中的ts数据等，均可实现实时逐帧加密。但加密后的视频，需要专用特定播放器才可以播放。由于采用私有算法，其他播放器无法进行播放，增强了安全性。但也带来了一定程度的不便，就是必须安装专用软件。

再好的加密，也都担心一件事情：录制。防录屏的一般策略有：阻止录屏软件常用的API使用；黑白名单，把常见的录屏软件的特征通过数据库记录下来，检测到后就让视频无法继续播放；水印，这个相对要好一些，使用一些随机的水印，播放时显示在视频的一些随机位置，录制后可以知道是谁泄露的。

## ■2.6.3 常见算法及解密原理

对于不同的加密算法都有不同的解密方法及原理，在上面的介绍中，已经讲解了一些加密算法及其原理。

### 1. 明文密码

早期的密码存在方式是将明文密码保存在数据库中，通过与用户输入的密码进行对比，相同就可以登录或获取对应的权限。但如果数据库泄漏，所有的数据将全部被获知，安全隐患极大，所以明文密码的存放形式已经被各大互联网公司所弃用，现在的明文密码一般存在于本机，如浏览器保存用户的用户名及密码以方便登录，使用明文密码进行数据加密的软件。

对于明文密码的破解，可以通过入侵系统、搜索设置、暴力尝试的方式进行。因为在本地无须验证码，所以破解的效率和成功率，相对于其他的加密要高很多，如常见的RAR密码破解，以及Office文件密码破解等如图2-22所示。

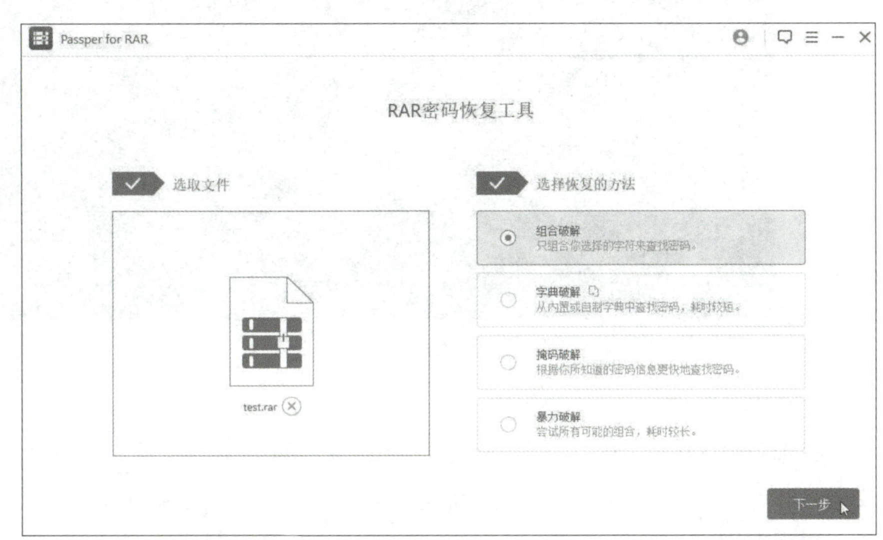


图 2-22 RAR 密码破解

### 2. 对称加密破解

对称加密技术，如3DES、AES等，它们破解最核心的密钥，如果用户的密钥被泄漏，那么对称加密就形同虚设。所以在使用对称加密时，加密数据和密钥一定要分开存放、分开管理。

### 3. Hash算法破解

使用MD5、SHA等单向Hash算法保护密码后，无法通过计算还原出原始密码，而且实现比较简单，因此很多互联网公司都采用这种方式保存用户密码。曾经这种方式也是比较安全的方式，但随着彩虹表技术的兴起，可以建立彩虹表进行查表破解，目前这种方式也已经很不安全了。

一般来说，Hash算法可以采用3种方法得到明文。

（1）暴力破解。

本地通过尝试明文进行Hash计算，通过结果进行比较确定明文的内容，但所需时间较长，成本极高。可以通过建立常用密码的字典来缩短破解时间，提高成功率。

密码字典，是配合密码破译软件所使用的。密码字典里包括许多人们习惯性设置的密码，破解时可以按照密码字典中的数据顺序进行，提高密码破译软件的密码破译成功率和命中率，缩短密码破译的时间。但如果密码设置没有规律或很复杂，也就是未包含在密码字典里，这个字典就没有用了，甚至会延长密码破译所需要的时间。现在字典生成器很多，包含的生成内容越多，生成的字典就越大，如图2-23所示。在使用时，根据选项，选择字典文件即可。

```
┌──(root💀192)-[~/crunch/cupp1]
└─# cat /usr/share/crunch/charset.lst
# charset configuration file for winrtgen v1.2 by Massimiliano Montoro (mao@oxid.it)
# compatible with rainbowcrack 1.1 and later by Zhu Shuanglei <shuanglei@hotmail.com>


hex-lower                     = [0123456789abcdef]
hex-upper                     = [0123456789ABCDEF]

numeric                       = [0123456789]
numeric-space                 = [0123456789 ]

symbols14                     = [!@#$%^&*()-_+=]
symbols14-space               = [!@#$%^&*()-_+= ]

symbols-all                   = [!@#$%^&*()-_+=~`[]{}|\:;"'<>,.?/]
symbols-all-space             = [!@#$%^&*()-_+=~`[]{}|\:;"'<>,.?/ ]

ualpha                        = [ABCDEFGHIJKLMNOPQRSTUVWXYZ]
ualpha-space                  = [ABCDEFGHIJKLMNOPQRSTUVWXYZ ]
ualpha-numeric                = [ABCDEFGHIJKLMNOPQRSTUVWXYZ0123456789]
ualpha-numeric-space          = [ABCDEFGHIJKLMNOPQRSTUVWXYZ0123456789 ]
ualpha-numeric-symbol14       = [ABCDEFGHIJKLMNOPQRSTUVWXYZ0123456789!@#$%^&*()-_+=]
ualpha-numeric-symbol14-space = [ABCDEFGHIJKLMNOPQRSTUVWXYZ0123456789!@#$%^&*()-_+= ]
ualpha-numeric-all            = [ABCDEFGHIJKLMNOPQRSTUVWXYZ0123456789!@#$%^&*()-_+=~`[]{}|\:;"'
<>,.?/]
ualpha-numeric-all-space      = [ABCDEFGHIJKLMNOPQRSTUVWXYZ0123456789!@#$%^&*()-_+=~`[]{}|\:;"'
<>,.?/ ]

lalpha                        = [abcdefghijklmnopqrstuvwxyz]
lalpha-space                  = [abcdefghijklmnopqrstuvwxyz ]
lalpha-numeric                = [abcdefghijklmnopqrstuvwxyz0123456789]
```

图 2-23　暴力破解

（2）建立数据库。

提前计算构建一个“明文>密文”对应关系的大型数据库，破解时通过密文直接反查明文。但存储一个这样的数据库，空间成本是惊人的，一般个人无法直接完成。

但现在网络上已经有很多这样的网站了，它们通过计算各种密码组合来计算Hash值，并记录在数据库中，提供给用户查询使用，如图2-24所示。

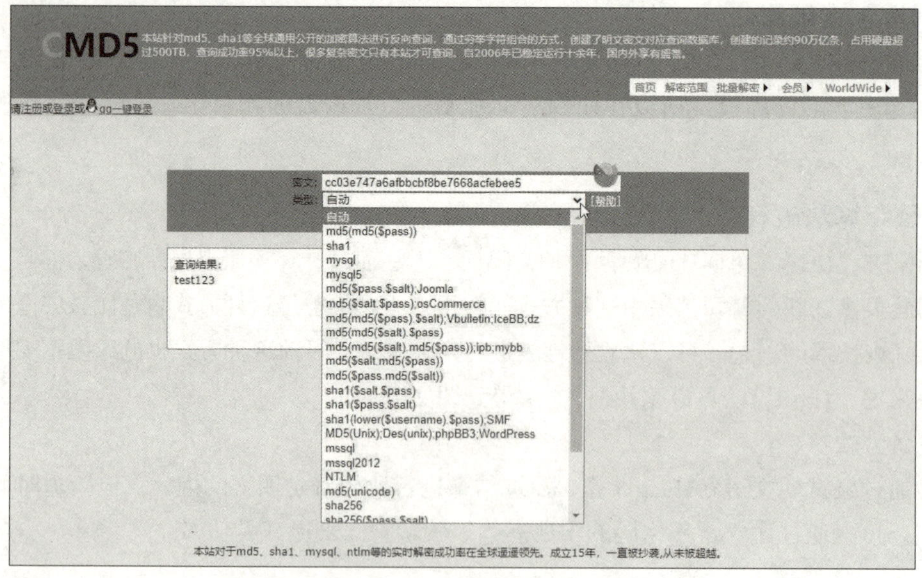


图 2-24　使用数据库破解

（3）构建彩虹表。

在字典法的基础上改进，以时间换空间，是现在破解哈希函数常用的办法。彩虹表的实现原理如下：

首先定义Hash加密函数H，Q=H(P)表示将明文密码P加密成Hash串Q；然后定义规约函数R，p=R(Q)表示将Hash串Q转换成明文p，注意p不是真正的密码P。将一个可能的密码p0交替带入H和Q两个函数进行运算，先后得到q1、p1、q2、p2、……、q(*n*-1)、p(*n*-1)、q*n*、p*n*，其中p是明文，q是Hash串，它们组成的链称为哈希链，*n*是哈希链的长度，一般大于2 000，如图2-25所示。将哈希链的首尾元素p0和p*n*作为一个数对存入表中，中间的其他元素全部删除。由多个数对组成的表称为彩虹表。

密码攻击就是找到Hash串Q对应的明文密码P，利用彩虹表进行密码攻击的过程为：c1=R(Q)，将c1与彩虹表中每一个p*n*进行比对，如果相等，则P=p(*n*-1)，由于彩虹表中只保存了p0和p*n*，因此需要重新计算该Hash链得到p(*n*-1)；如果没找到相等的p*n*，计算c2=R(H(c1))，将c2与彩虹表中所有p*n*进行比对，如果相等，则P=p(*n*-2)，重新计算该哈希链得到p(*n*-2)；如果没找到相等的p*n*，继续计算c3，……，以此类推。

彩虹表的关键是构造R函数，优秀的R函数要保证计算结果均匀分布，即避免出现相同的明文密码。然而想构造优秀的R函数是件非常困难的事，不同的Hash链中可能会出现大量的重复数据，严重影响了密码攻击的效率。改良后的彩虹表在哈希链的计算过程中引入不同的R函数，有效减少不同Hash链中的重复节点，进一步提高了攻击效率。如果将不同的R函数用不同的颜色表示，众多的Hash链就会像彩虹一样，从里到外呈现出颜色变化，这就是彩虹表名称的由来，如图2-26所示。

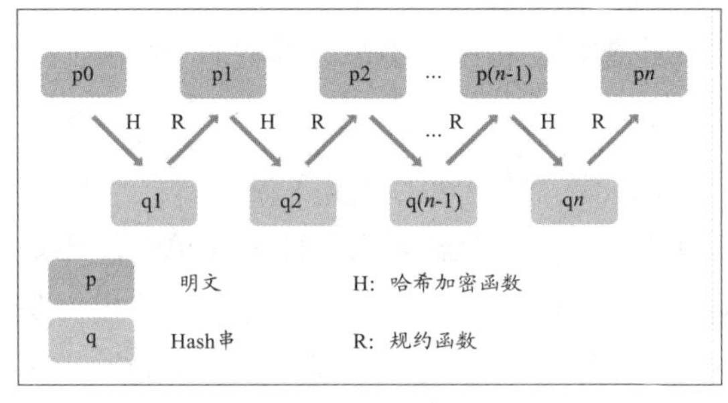


图 2-25　哈希链

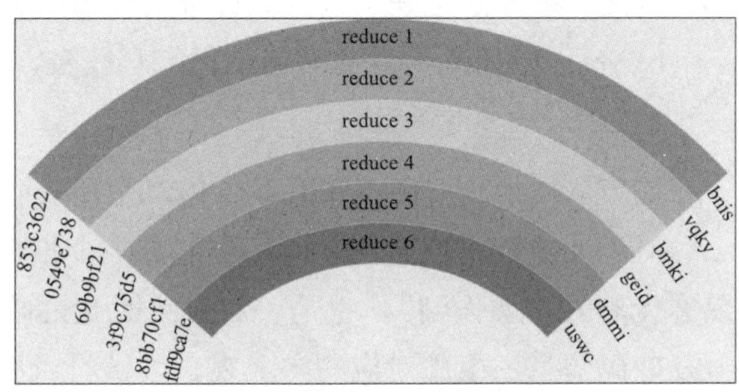


图 2-26　彩虹表

使用彩虹表技术进行破解的软件有很多，如常见的John the Ripper。该软件是一款速度很快的密码破解工具，目前可用于Unix、MacOS、Windows、DOS、BeOS与OpenVMS等多种操作系统。最初其主要目的是检测弱Unix密码，而现在除了支持许多密码和哈希类型，John the Ripper-jumbo版本还支持数百种其他哈希类型和密码，如图2-27所示。

```
E:\迅雷下载\john-1.9.0-jumbo-1-win64\run>john ../test.txt
Using default input encoding: UTF-8
Loaded 1 password hash (Raw-SHA224 [SHA224 256/256 AVX2 8x])
Warning: poor OpenMP scalability for this hash type, consider --fork=8
Will run 8 OpenMP threads
Proceeding with single, rules:Single
Press 'q' or Ctrl-C to abort, almost any other key for status
Almost done: Processing the remaining buffered candidate passwords, if any.
Proceeding with wordlist:password.lst, rules:Wordlist
test123          (?)
1g 0:00:00:00 DONE 2/3 (2021-06-11 09:57) 10.10g/s 165494p/s 165494c/s 165494C/s 123456..faithfaith
Use the "--show" option to display all of the cracked passwords reliably
Session completed
```

图 2-27　John the Ripper 软件破解

### 4. 特殊Hash算法破解

对于特殊的单向Hash算法，由于它在保护密码方面不再安全，于是有些公司在单向Hash算法基础上进行了加盐、多次Hash等扩展，这些方式可以在一定程度上增加破解难度，对于加了“固定盐”的Hash算法，需要保护“盐”不能泄露，这就会遇到“保护对称密钥”一样的问题，一旦“盐”泄露，根据“盐”重新建立彩虹表就可以进行破解。对于多次Hash，也只是增加了破解的时间，并没有本质上的提升。

PBKDF2算法原理大致相当于在Hash算法基础上增加“随机盐”，并进行多次Hash运算，随机盐使得彩虹表的建表难度大幅增加，而多次Hash也使得建表和破解的难度都大幅增加。使用PBKDF2算法时，Hash算法一般选用SHA-1或者SHA-256，随机盐的长度一般不能少于8字节，Hash次数至少也要1 000次，这样安全性才足够高。一次密码验证过程需要进行1 000次Hash运算，对服务器来说可能只需要1 ms，但对于破解者来说计算成本就增加了1 000倍，而至少8字节随机盐，更是把建表难度提升了$n$个数量级，使得大批量的破解密码几乎都是不可行的，因此，该算法也是美国国家标准与技术研究院推荐使用的算法。

bcrypt、scrypt等算法也可有效抵御彩虹表，使用时也需指定相应的参数，以增加破解难度。

### 5. 撞库

撞库从技术角度讲不算破解，但却是所有破解中最有效、最快速的破解手段。

对于大多数用户而言，撞库可能是一个很专业的名词，但是理解起来却比较简单。撞库是黑客无聊的“恶作剧”，也是一种领先时代的攻击技术。黑客通过收集互联网已泄露的用户账号及密码信息，生成对应的字典表，尝试批量登录其他网站后，得到一系列可以登录的用户数据，甚至有些存储明文密码的网站被入侵后，获取到可以直接登录其他网站的账号及密码。

“撞库攻击”是黑客们将泄漏的用户数据整合分析，然后集中归档后形成的一种攻击方式。这种攻击是互联网安全维护人员最为无奈的攻击形式之一。

**拓展阅读**

信息基础设施规模全球领先。建成全球最大规模光纤和4G网络，5G商用全球领先，互联网普及率超过70%。从2015年到2020年，固定宽带家庭普及率由52.6%提升到96%，移动宽带用户普及率由57.4%提升到108%。城乡信息化发展水平差距明显缩小，全国行政村、贫困村通光纤和通4G比例均超过98%。北斗三号全球卫星导航系统开通。

——《“十四五”国家信息化规划》

## 课后作业

### 一、单选题

1. RSA算法建立的基础是（　　）。

A. Hash函数　　B. 大数分解和素数检测

C. MD5　　D. 对称算法

2. 如果a通过+2，加密后变成c，这种加密叫做（　　）。

A. 非对称加密技术　　B. 分组密码技术

C. 对称加密技术　　D. MD5加密技术

### 二、多选题

1. SHA-2包括了（　　）。

A. SHA-256　　B. SHA-384

C. SHA-512　　D. SHA-224

2. 非对称加密的优点有（　　）。

A. 密钥少，便于管理　　B. 密钥分配简单

C. 效率高　　D. 可以数字签名

3. DES算法的隐患主要有（　　）。

A. 加密复杂　　B. 密钥太短

C. 算法半公开　　D. 迭代次数偏少

### 三、简答题

1. 简述保证数据完整性的主要算法及特点。

2. 简述对称加密与非对称加密的特点及区别。

### 四、动手练

1. 按照2.4.5节中的内容，动手计算文件的MD5值。

2. 按照图2-23的内容，学会使用网上的MD5数据库查询MD5值对应的明文。

# 第3章 身份认证技术

## 内容概要

在非对称加密中，使用私钥加密后，可以通过其对应的公钥进行解密，除了可以获取到明文外，还可以明确该信息是由密钥的所有者发出，也就是证明了发送者的身份，具有不可否认的特性，这是身份认证技术的一种，其目的是确保信息的安全性。本章将着重介绍身份认证技术的原理及其应用。

## 知识要点

身份认证方法及常用技术。

数字签名的原理及应用。

数字证书的原理及应用。

PKI简介。

访问控制技术简介。

# 3.1 身份认证技术简介

身份认证技术用于检测信息发布主体的合法性，以及控制合法用户获取相应的权限。

## 3.1.1 身份认证技术概述

身份认证技术是在计算机网络中确认操作者身份的有效解决方法。计算机网络世界中的一切信息（包括用户的身份信息）都是用一组特定的数据来表示的，计算机只能识别用户的数字身份，所有对用户的授权也是针对用户数字身份的授权。为了保证以数字身份进行操作的操作者就是这个数字身份的合法拥有者，即保证操作者的物理身份与数字身份相对应，身份认证技术应运而生。作为防护网络资产的第一道关口，身份认证起着举足轻重的作用。

信息系统中的一切活动都是由访问行为引起的。为了系统的安全，需要对访问进行管制约束。访问涉及两个方面：主体（通常指用户）和客体（也称资源，即数据）。身份认证是指对于主体合法性的认证，访问控制是指对于主体的访问行为进行授权的过程。

如果认为一个信息系统有一个入口，则身份认证就是在信息系统的入口进行的身份检查；而访问控制则规定访问者进入系统以后可以对哪些资源分别进行什么样的访问操作。

## 3.1.2 常用的身份认证方法

在现实生活中，最常用的身份认证方法主要有3类。

### 1. 基于生物特征

基于生物特征的认证方法在近几年非常流行，包括指纹认证、虹膜认证、面部特征以及声音特征的认证，其他特征还包括笔迹、视网膜、DNA等。基于生物特征识别和其他身份识别技术各有优势，在实际应用中可以互补，以提升身份认证的准确性，提高信息的安全性。

（1）指纹。

指纹也叫指纹特征。一枚指纹密布着100～120个特征细节，这么多的特征参数组合的数量达到640亿种（英国学者高尔顿提出的数字），而且它从4个月胎儿时生成后保持终生不变，因此，用它作为人的唯一标识是非常可靠的。

指纹识别主要涉及4个过程：读取指纹图像、提取指纹特征、保存数据和比对。目前已经开发出的计算机指纹识别系统，可以比较精确地进行指纹的自动识别。另外在日常使用中，指纹解锁手机、指纹登录系统、指纹支付、指纹开门、指纹打卡等身份认证技术应用得也比较广泛，如图3-1和图3-2所示。另外在办理特殊业务（如身份证、社保卡等）的时候，也需要录入指纹并验证身份才能进行。因此，指纹在身份认证中已经被广泛使用并被人们所认可。

图 3-1 指纹支付

图 3-2 智能门锁

（2）虹膜。

虹膜是位于眼睛黑色瞳孔与白色巩膜之间的环形部分。它在总体上呈现由里向外的放射状结构，并包含许多相互交错的类似斑点、细丝、冠状、条纹、隐窝等形状的细微特征。这些细微特征信息也被称为虹膜的纹理信息，主要由胚胎发育环境的差异决定，因此对每个人都具有唯一性、稳定性和非侵犯性。虹膜识别技术现阶段并没有广泛进入民用市场，主要应用在金融机构、政府机构、科研机构、公共安全机构等安全级别要求较高的场所。

虹膜识别系统主要由虹膜图像采集装置、活体虹膜检测算法、特征提取和匹配几个模块组成，如图3-3所示。在实际使用时可以和测温、打卡考勤、门禁功能共同使用，如图3-4所示。

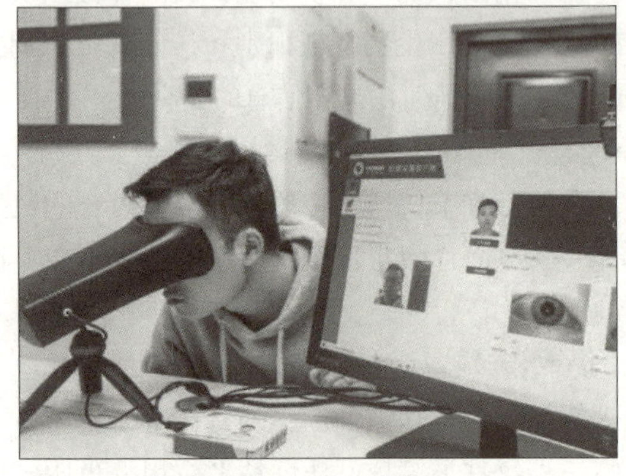

图 3-3 虹膜识别系统

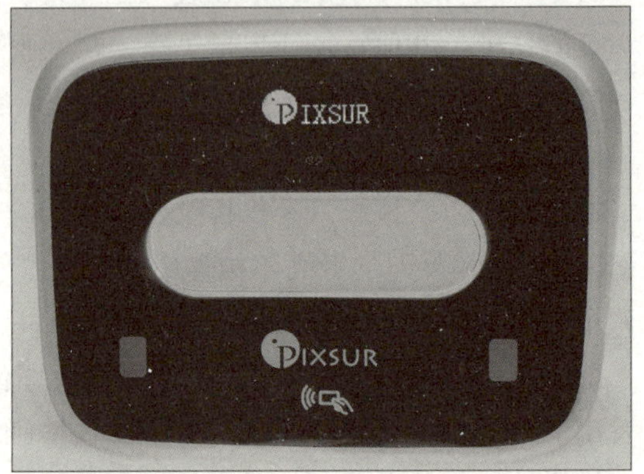


图 3-4 智能门禁

（3）面部。

面部也称为面部识别技术，主要实现面部的检测和定位，即从输入图像中找到面部及面部的位置，并将面部从背景中分离出来。现有的面部检测方法可以分为如下3类。

- **基于规则的面部检测：**总结了特定条件下可用于检测面部的知识（如脸型、肤色等），并把这些知识归纳整理成指导面部检测的规则。

- **基于模板匹配的面部检测**：首先构造具有代表性的面像模板，通过相关匹配或其他相似性度量检测面部。
- **基于统计学习的面部检测**：主要利用面部特征点结构灰度分布的共同性来检测面部。

面部识别由以下两个过程组成。

- **面部样本训练**：提取面部特征，形成面部特征库。
- **识别**：用训练好的分类器将待识别面部的特征同特征库中的特征进行匹配，输出识别结果。

“面部识别+活体检测技术”被广泛应用到生活的各个方面，如面部解锁手机、门禁、考勤、面部识别支付认证、退休人员认证、考试人员身份认证等，如图3-5和图3-6所示。另外在公安机关侦办案件、处理交通事故等方面也都被广泛使用。

图 3-5 人脸识别

图 3-6 刷脸支付

（4）声纹。

声纹鉴定是以人耳听辨的声纹为基础，不仅关注发音人的语音频谱等因素，还充分挖掘说话人语音流中的各种表征性特点，如通过方言背景确定地域性，发音部位的变化，内容以及通过发音速度和强度确定发音人的年龄、性格和心理状态等。

在处理时常常将人类声纹特征分为3个层次。

- **声道声学层次**：在分析短时信号的基础上，抽取对通道、时间等因素的不敏感特征。
- **韵律特征层次**：抽取独立于声学、声道等因素的超音段特征，如方言、韵律和语速等。
- **语言结构层次**：通过对语音信号的识别，获取更加全面和结构化的语义信息。

声纹识别系统主要包括两部分。

- **特征提取**：选取唯一表现说话人身份的有效且可靠的特征。
- **模式匹配**：对训练和识别时的特征模式进行相似性匹配。但是，目前还没有证实它的唯一性。

### 2. 基于信任物体的身份认证

基于信任物体的身份认证首先需要确保信任物体和受信者的关系，物体也要被受信者妥善保存，因为系统通过信任物体完成认证并提供权限，而并不直接对受信者进行身份认证，因此一旦物体被非受信者获取，整个身份认证体系就将形同虚设。不过相对于生物特征，基于信任物体的身份认证更加灵活。另外，信任物体的验证需要专业的设备和机构才能进行。

当前主要的信任物体包括信用卡、IC卡、印章、证件以及USB Key等。

#### 3. 基于信息秘密的身份认证

基于受信者个人秘密，如密码、识别号、密钥等，仅仅为受信者及系统所知晓，不依赖于自身特征，可以在任意场景中使用，对认证设备要求也比较低，并且容易被窃取及伪造。所以，现在复合型信息秘密的身份认证体系还要求提供手机验证码。

## 3.2 基于口令的身份认证技术

所谓的基于口令，就是在输入账号后，还需提供该账号的保密形式的凭证，主要是针对验证系统中的账号的一种补充部分——向系统提供的身份凭证。基于口令的身份认证技术包括静态口令和动态口令。

### 3.2.1 基于静态口令的身份认证

静态口令是使用频率最高的一种认证技术，平时使用的密码就是静态口令的一种，其主要特点是简单、高效、易实现，但缺点也显而易见，即容易被记录、破解、易被忘记等。

#### 1. 静态口令的主要威胁

静态口令在使用时，主要的威胁有：

- **口令过于简单：** 口令设置过于简单，很容易被破解。这里的简单，除了复杂性不够外，还存在容易猜测的问题，如家庭成员或朋友的名字、生日、喜爱的球队名称、城市名、身份证号码、电话号码和邮政编码等。
- **暴力破解：** 通过密码字典中的常用密码进行穷举破解，如图3-7所示。

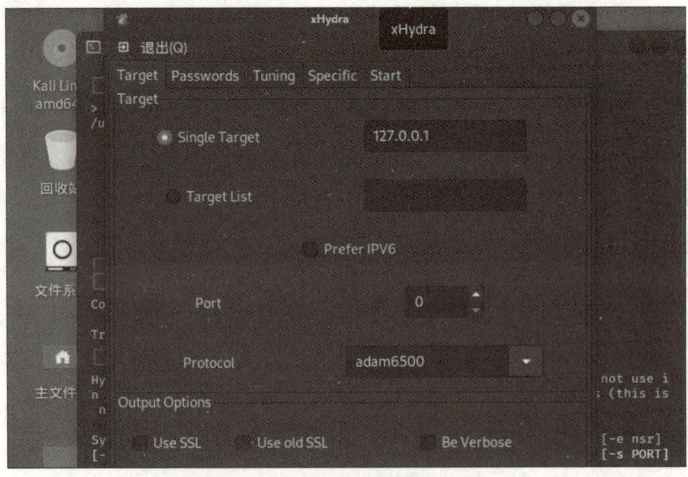


图 3-7　暴力破解

- **浏览器记录：**很多浏览器具有保存密码的功能，虽然不用每次输入，但非法用户可以通过查看浏览器的记录获取用户的口令，如图3-8所示。

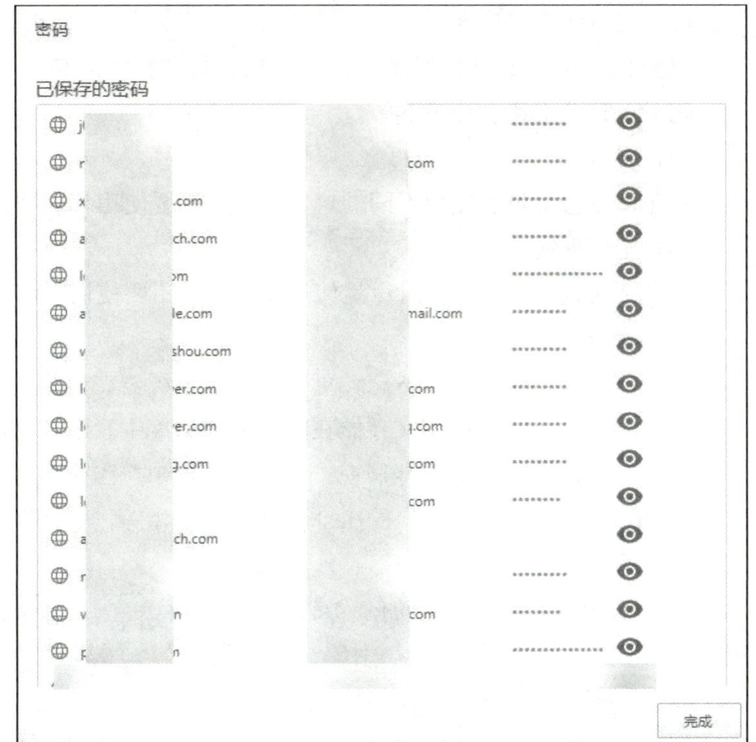


图 3-8　浏览器记录

- **非法偷窥：**通过监控软件对口令进行记录，或者通过各种手段偷窥并记录用户的口令。
- **输入法记录：**很多输入法有记录用户输入习惯并自动补全的功能，在输入口令时会作为普通文本进行记录。
- **密码文件破解：**通过入侵数据库，获取用户的信息和口令文件。如果此时使用的是明文记录，那么所有的口令都会被泄漏。如果获取到的是密码的MD值，也存在被破解的风险。
- **通过社工技术破解：**通过诱骗的形式获取用户的相关信息，提高破解成功率，或者直接诱骗出口令。
- **通过木马获取：**木马是重大的安全威胁之一，通过木马记录用户的口令是木马的主要应用之一。

### 2. 静态口令的安全防护

口令一旦被泄漏，身份认证就形同虚设，攻击者就可以大摇大摆地进入系统。因此，口令的保护是用户和系统管理员都必须重视的工作。

应从以下几个方面考虑口令的安全性。

（1）增加口令的复杂度。

在保证可以记住的前提下，尽可能提高口令的复杂度，口令字符的复杂度越高，穷举攻击的难度就越大。设置口令不要仅限于使用26个大写字母，可以扩大到小写字母、数字等计算机可以接受的字符。

（2）保证口令的长度。

口令越长，破解需要的时间就越长，一般口令位数应多于6位。

（3）避免使用弱口令。

避免使用弱口令（有规律的口令）和容易被猜中的口令，如家庭成员或朋友的名字、生日、喜爱的球队名称和城市名等。

（4）多口令。

在不同的验证位置使用不同的口令，尽量不要使用相同的口令。

（5）定期更换。

口令要定期更换，更换时尽量使用新口令，不要使用以前的口令。

（6）安全存放。

口令的存储不仅是为了备忘，更重要的是系统要在检测用户口令时进行比对。直接明文存储口令（写在纸上或直接明文存储在文件或数据库中）最容易泄密。较好的方法是将每一个用户的系统存储账号和Hash值存储在一个口令文件中。当用户登录时，输入口令后，系统计算口令的Hash值，并与口令文件中的Hash值比对，若相等，则允许登录，否则拒绝登录。

（7）系统安全。

增强系统安全性包括增加杀毒软件、升级防偷窥系统、禁止浏览器保存密码、及时清空输入法及系统缓存、输入密码时注意安全、增加密码验证系统等。

（8）增强验证策略。

包括设置最小口令长度、限制登录时间、限制登录的次数、错误的次数、强制修改口令的时间间隔、口令的唯一性、口令过期失效后允许入网的宽限次数。如果在规定的次数内输入不了正确口令，则认为是非法用户的入侵，应给出报警信息，如图3-9所示。

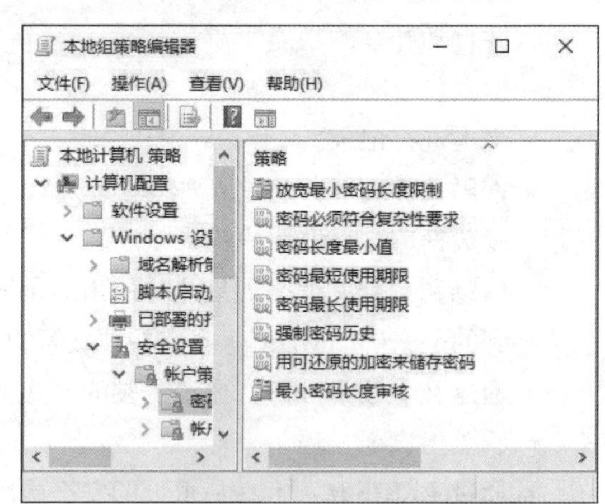


图 3-9 增加验证策略

（9）增加辅助验证。

例如，在认证过程中，随机提问一些与该用户有关，并且只有该用户才能回答的问题。

（10）使用安全口令键盘。

可以使用软键盘，软键盘是一种显示在屏幕上的键盘，可供用户用鼠标选择单击进行输入。应使用各合法软件自带的安全键盘或者系统自带的安全键盘，这种键盘的键位顺序是乱的，可以有效防止木马通过对按键位置的记录窃取用户密码，也可以防止输入法记录密码，从而可避免通过查看输入法记录获取到密码，如图3-10所示。

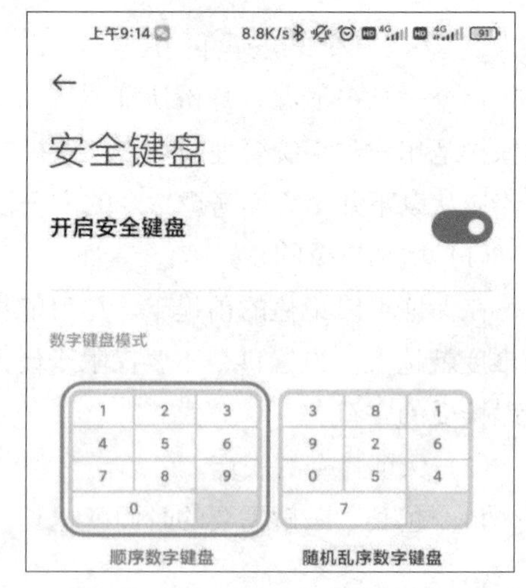


图 3-10 安全键盘

（11）增强人员管理。

加强管理机制，对从事口令身份认证过程的工作人员进行安全保密培训，增强人员的职业素质和道德水平，防止内部人员非法提权或泄漏口令。

### 3. 通过验证码增强口令安全性

也称全自动区分计算机和人类的图灵测试（completely automated public turing test to tell computers and humans apart，CAPTCHA），是一种区分用户是计算机还是人的公共全自动技术，其目的是有效防止某一个特定注册用户用特定程序暴力破解方式进行不断的登录尝试，其具体方法是强迫用户在登录时必须要人工进行一些工作。用户需要按照验证系统的要求提交答案，并由系统判断是否满足要求。用户只有将正确的答案与账户和口令一起发送，才能注册或者登录，这就使得攻击者使用程序自动注册或不断进行破解验证成为不可能。

在形式上，验证码可以是数字、字母、文字、图片、拼图以及各种常识或计算问题等。

验证码主要用来控制注册或登录的时间和节奏不能太快。用户登录时，验证码根据时间周期随机生成，用户在一定的时间周期内必须从图片中人工找出所隐藏的信息，输入验证码，提交服务器系统验证，验证成功才能登录。两次登录之间有一个验证生存期。

强制人为干预的另一种方法是通过手机传送验证码，这属于基于信任物品的信任验证，很多网站已经没有口令登录界面，而是使用了手机验证码登录。这主要是由于现在口令的验证局限性太多，而手机短信验证码的认证更加安全。

## 3.2.2 基于动态口令的身份认证

动态口令也称一次性口令，是最安全的口令。它是根据专门的算法生成一个不可预测的随机数字组合，每个密码只能使用一次，目前被广泛运用在网银、网游、电信运营商、电子商务等应用领域。

动态口令有如下优势：提供给最终用户安全访问企业核心信息的手段；降低与密码相关的IT管理费用；是一种无须记忆的复杂密码，降低了遗忘密码的概率。

### 1. 动态口令的类型

动态口令不是在网络上直接生成，也不是由系统直接从网络上发给用户，而是通过专用的生成器提供给用户。这些用于生成动态口令的终端通常称为“令牌”。目前主流令牌有：短信密码、手机令牌、硬件令牌和软件令牌4种。

（1）短信密码。

短信密码是以手机短信形式请求包含6位或更多随机数的动态口令。身份认证系统以短信形式发送随机的6/8位密码到客户的手机上，用户在登录或者交易认证时需输入此动态口令，从而确保系统身份认证的安全性。该技术的优点如下：

- **安全性**：由于手机与客户绑定比较紧密，短信密码生成与使用场景是物理隔绝的，因此密码在通路上被截取的概率降至最低。
- **普及性**：只要会接收短信即可使用，大大降低了短信密码技术的使用门槛，学习成本几乎为零，所以在市场接受度层面不会存在阻力。

- **易收费**：移动互联网用户已养成了付费的习惯，这和PC时代的互联网是截然不同的理念，而且收费通道非常便捷。
- **易维护**：由于短信网关技术非常成熟，大大降低了短信密码系统上马的复杂程度和风险，短信密码业务后期客服成本低，稳定的系统在提升安全的同时也营造了良好的口碑效应，这也是目前银行大量采纳这项技术很重要的原因。

该技术是基于手机卡的身份认证技术，手机卡一般由本人保管，所以使用该认证时需要确保使用者和受信者是同一人。如果手机卡被别人获取，那么其他人可以完全控制受信者的电子资金及各种权限，影响非常巨大。

（2）手机令牌。

手机令牌是一种手机客户端软件，它每隔30 s生成一个随机6位动态密码，口令生成过程不产生费用，具有使用简单、安全性高、低成本、无须携带额外设备、容易获取、无物流等优势，如图3-11所示。手机令牌有iOS、Android、鸿蒙和Windows等版本，可以广泛应用在网络游戏、互联网支付等用户基数大的领域，手机令牌的使用将大大减少动态密码服务管理及运营成本。手机令牌的客户端和服务器端校准时间后，同时按照某种算法进行运算，该算法不可逆且算法严密，非常安全。

（3）软件令牌。

软件令牌是通过软件生成随机密码，通过统一的算法，每隔一定时间更新一次。

（4）硬件令牌。

手机令牌的实体版，往往是一个钥匙扣大小的轻巧器物，上有显示屏，可以显示随机密码，如图3-12所示。原理同手机令牌类似，每60 s更换一次动态口令（6位/8位动态数字），动态口令一次有效。一般需要用户先设置查看口令，然后通过口令验证后，才能查看到令牌的随机密码。使用硬件令牌需要用户随身携带，没有手机令牌方便，且需要定期到指定机构更换电池或更换令牌，使用起来有局限性。

图 3-11　手机令牌

图 3-12　硬件令牌

### 2. 动态口令的技术分类

动态口令按照实现技术进行划分，主要分为同步口令技术（时间同步口令和事件同步口令）与异步口令技术。

（1）时间同步口令。

时间同步口令基于令牌和服务器的时间同步，并且采用国际标准时间，一般每60 s生成一个新口令。为了保持服务器与令牌的同步，一方面，要求服务器时钟能够十分精确地保持正确，对令牌的晶振频率也有严格的要求；另一方面，由于令牌的工作环境不同，在磁场、高温、高压、震荡、浸水等情况下易发生时钟脉冲的不确定偏移和损坏，因此在每次进行认证时，服务器端将会检测令牌的时钟偏移量，不断微调自己的时间记录。

（2）事件同步口令。

基于事件同步的令牌是输入某一特定的事件次序及相同的种子值，通过哈希算法运算出一致的密码。它的整个工作流程与时钟无关，不受时钟的影响，令牌中不存在时间脉冲晶振。但由于其算法的一致性，其口令是预先可知的，通过令牌可以预先知道今后的多个密码，故当令牌遗失且没有使用PIN码对令牌进行保护时，存在非法登录的风险。因此，对于PIN码的保护是十分必要的。

（3）异步口令。

异步口令不需要令牌和服务器之间同步，因而降低了对应用的影响，极大地提高了系统的可靠性。它的主要技术是采用了挑战/应答方式。

基于挑战/应答方式的身份认证系统在每次认证时，认证服务器端都给客户端发送一个不同的“挑战”字串，客户端程序收到这个“挑战”字串后，做出相应的“应答”，具体过程如下：

①客户端向认证服务器发出请求，要求进行身份认证。

②认证服务器从用户数据库中查询用户是否是合法的用户，若不是，则不做进一步处理。

③认证服务器内部生成一个随机数，作为“提问”，发送给客户端。

④用户将用户名和随机数合并，使用单向Hash函数（如MD5算法）生成一个6位/8位的随机数字字串作为应答，口令一次有效。

⑤认证服务器将应答串与自己的计算结果比较：若二者相同，则通过一次认证；否则，认证失败。

⑥认证服务器通知用户认证成功或失败。

以后的认证由客户端不定时地发起，过程中没有了用户认证请求这一步。这个过程增加了用户操作的复杂度，因此，两次认证的时间间隔不能太短，否则就给网络、客户端和认证服务器带来太大的负担；时间间隔也不能太长，否则不能保证用户不被他人盗用IP地址，一般定为1～2 min。

### 3. 动态口令的其他应用

除了以上的应用外，动态口令还经常用于智能卡，它是一种集成电路卡，内置有处理器，可以存储用户的个性化信息，并提供硬件保护措施和加密算法。进行认证时，用户输入自己的PIN，先由智能卡进行认证。认证成功后，可读出卡中的秘密信息，进而进行与主机间的认证。USB KEY是基于挑战/应答的双因子USB Key常用的智能卡的一种。基于USB Key的身份认证方式是近几年发展起来的一种方便、安全的身份认证技术。它采用软硬件相结合、一次一密的强双因子认证模式，很好地解决了安全性与易用性之间的矛盾。USB Key是一种USB接口的硬件设备，它内置单片机或智能卡芯片，可以存储用户的密钥或数字证书，利用USB Key内置的密码算法实现对用户身份的认证。基于USB Key的身份认证系统主要有两种应用模式：一是基于冲击/响应的认证模式，二是基于PKI体系的认证模式。目前USB Key主要用于电子政务、网上银行。使用USB Key，即使PIN暴露，只要USB Key不同时被获得PIN的人掌握，用户的合法身份就不会被假冒；或者USB Key遗失，但获取到USB Key的人没有掌握用户的PIN，用户的合法身份也不会被假冒。

## 3.3 数字签名技术

数字签名又称电子加密，可以区分真实数据与伪造或被篡改过的数据，这对于网络数据传输，特别是电子商务是极其重要的。数字签名一般要采用一种称为摘要的技术，摘要技术主要是采用前面介绍的Hash函数。

### 3.3.1 数字签名技术简介

所谓数字签名，就是附加在数据单元上的一些数据，或是对数据单元所做的密码变换。这种数据或变换允许数据单元的接收者用来确认数据单元的来源和数据单元的完整性并保护数据，防止被人（如接收者）伪造。它是对电子形式的消息进行签名的一种方法，一个签名消息能在一个通信网络中传输。基于公钥密码体制和私钥密码体制都可以获得数字签名，目前主要是基于公钥密码体制的数字签名，包括普通数字签名和特殊数字签名。数字签名的主要功能是保证信息传输的完整性、发送者的身份认证、防止交易中否认的发生。

数字签名机制作为保障网络信息安全的手段之一，可以解决伪造、否认、冒充和篡改的问题。数字签名的目的之一就是在网络环境中代替传统的手工签字与印章，有着十分重要的作用。

#### 1. 防冒充

私有密钥只有签名者自己知道，所以其他人不可能构造出正确的数字签名。

#### 2. 可鉴别身份

由于传统的手工签名一般是双方直接见面的，身份自然一清二楚。但在网络环境中，接收方必须能够鉴别发送方宣称的身份。

#### 3. 防篡改

假如要签署一份200页的合同，传统的手工签字是仅仅在合同末尾签名呢，还是对每一页都签名？如果仅在合同末尾签名，对方会不会偷换其中的几页？而对于数字签名，签名与原有文件已经形成了一个合成的整体数据，不可能被篡改，从而保证了数据的完整性。

#### 4. 防重放

在日常生活中，A向B借了钱，同时写了一张借条给B，当A还钱的时候，肯定要向B索回借条撕毁，不然，会担心B再次利用借条要求A还钱。在数字签名中，如果采用了对签名报文添加流水号、时间戳等技术，就可以防止重放攻击。

### 5. 防否认

如前所述，数字签名可以鉴别身份，不可能被冒充伪造，因此，只要保护好签名的报文，就是保存好手工签署的文本合同，也就是保存了证据，签名者就无法否认。但如果接收者确已收到对方的签名报文，却否认收到呢？要防止接收者否认，在数字签名机制中，要求接收者返回一个自己的签名表示收到报文，发给对方或者第三方或者引入第三方机制。如此操作，双方均无法否认。

### 6. 机密性（保密性）

手工签字的文件（如同文本）是不具保密性的，文件一旦丢失，其中的信息就极可能泄露。数字签名可以加密签名消息的Hash值，但不必对消息本身进行加密。当然，如果签名的报文不要求机密性，也可以不用加密。

## 3.3.2 数字签名技术的原理

数字签名技术从原理上可以分为基于共享密钥的数字签名和基于公开密钥的数字签名两种。

### 1. 基于共享密钥的数字签名

基于共享密钥的身份验证是指服务器端和用户共同拥有一个或一组密码，当用户需要进行身份验证时，用户通过输入或通过保管有密码的设备提交由用户和服务器共同拥有的密码，服务器在收到用户提交的密码后，检查用户所提交的密码是否与服务器端保存的密码一致。如果一致，就判断用户为合法用户；如果用户提交的密码与服务器端所保存的密码不一致，则判定身份验证失败。

使用基于共享密钥的身份验证的服务有很多，如绝大多数的网络接入服务、绝大多数的BBS等。

### 2. 基于公开密钥的数字签名

基于公开密钥的数字签名是不对称加密算法的典型应用。数字签名的应用过程是数据源发送方使用自己的私钥对数据校验和其他与数据内容有关的变量进行加密处理，完成对数据的合法“签名”；数据接收方则利用对方的公钥解读收到的“数字签名”，并将解读结果用于对数据完整性的检验，以确认签名的合法性。数字签名技术是在网络虚拟环境中确认身份的重要技术，完全可以代替现实中的“亲笔签字”，在技术和法律上有保障。在公钥与私钥管理方面，数字签名应用与加密邮件PGP技术正好相反。在数字签名应用中，发送者的公钥可以很方便地得到，但他的私钥则需要严格保密。

数字签名技术是将摘要信息用发送者的私钥加密，与原文一起发送给接收者。接收者只有用发送的公钥才能解密被加密的摘要信息，然后用Hash函数对收到的原文生成一个摘要信息，与解密的摘要信息对比。如果相同，则说明收到的信息是完整的，在传输过程中没有被修改，否则说明信息被修改过，因此数字签名能够验证信息的完整性。

## 3.3.3 对报文的数字签名

虽然报文认证码MAC可以提供对报文的完整性和身份认证，但是它不能取代发送者对报文的数字签名。当发送方向接收方发送一个文件时，为了证明此文件是自己发送的，而不是冒名顶替者发的，就需要在文件上进行数字签名。

通常在传统的纸质文件上签名时，签名与文件成为一个整体，而不是分离的两个文件。但是，对电子文件进行数字签名时，电子文件和数字签名是两个不同的文件报文和签名。接收方收到这两个文件后，使用数字签名来判断电子文件是否来自真实的发送者。

对传统的文件签名时，一个签名可以针对很多不同的文件。但是，对数字文件的签名是一对一的，每个报文有一个签名，同一签发者对不同报文的数字签名要求是不同的。另外，数字签名也应当与时间戳联系起来，这是为了防止重复使用同一个数字签名。例如，小李签发了一个报文给小张，让他付一笔钱给小刘，如果小刘收到钱后，又获得了小李的报文和数字签名，他就可再次用它向小张要求重复付一次款。加上时间戳后，就可防止同一个文件及签名的重复冒用。

数字签名使用一对非对称密钥：一个公开密钥和一个私有密钥。发送方使用自己的私有密钥和一个签名算法对文件签名，任何人利用发送方的公开密钥和签名算法都可以验证此签名是发送方的。例如，微软发行的软件产品中都有自己的数字签名，供用户进行验证。数字签名不能使用对称密钥。

数字签名可以用两种方式：一是对整个报文签名，二是只对报文摘要签名。对整个报文签名，就是发送方使用自己的私有密钥将整个报文加密，接收方使用发送方的公开密钥进行解密，获得整个报文，这种签名运算量太大。对报文摘要签名，运算量较小。

## 3.3.4 数字签名标准DSS

基于有限域上的离散对数问题制定了数字签名标准DSS。该标准定义了用于通过安全Hash算法来生成数字签名的算法，以用于电子文档的身份验证。DSS仅提供数字签名函数，而没有提供任何加密或密钥交换策略。

### 1. 发送方

在DSS方法中，从消息中生成Hash值，然后将以下输入提供给签名函数：Hash值、为该特定签名生成的随机数“k”、发送者的私钥［即PR（a）］、全局公钥［用于通信原理的一组参数，即PU（g）］。这些对函数的输入将提供包含两个部分的输出签名s和r。因此，将与签名串联在一起的原始消息发送给接收者。

### 2. 接收方

在接收方，对发送方进行验证，生成已发送消息的Hash值。有一个验证函数，它需要以下输入：接收方生成的Hash值、签名组件s和r、发送者的公钥、全局公钥。将验证函数的输出与签名组件r进行比较。如果发送的签名有效，则两个值都将匹配，因为只有发送者借助其私钥才能生成有效的签名。

## ■3.3.5 数字签名的应用

在实际生活中，数字签名的应用非常广泛，下面介绍一些常见的数字签名的应用。

### 1. 网站认证

常见的网站，如百度，如何确定该网站是百度的，而不是其他的钓鱼网站或者被篡改的网站，此时网站的证书就起了作用，证书中是对百度的公钥和其他认证信息的封装。关于数字证书将在下节详细介绍，如图3-13所示。通过百度的数字签名证书和签名算法，就可以知道该网站确实是百度了。从“签名算法”一栏可以看到，它使用的是sha256RSA，也就是使用SHA-256计算摘要，然后使用RSA对摘要进行签名。而在“公钥”一栏则保存着该证书的“本体”，用于验证签名的RSA公钥。

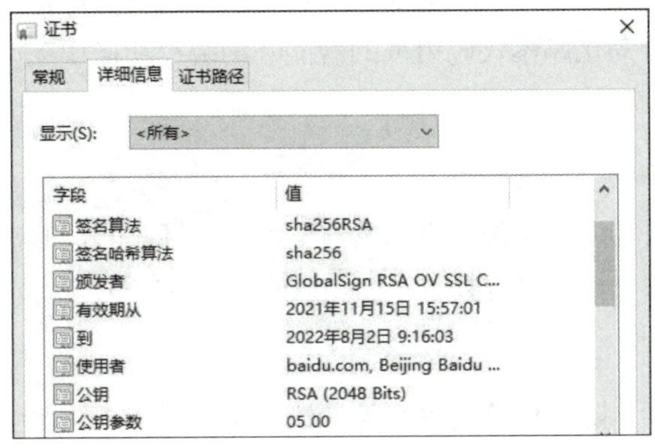


图 3-13　百度的网站证书

### 2. 代码签名

如果Windows上的可执行程序来源于正规公司，那么通常它会有代码签名，用于确保其来源可靠且未被篡改。以QQ为例，它的数字签名及证书如图3-14和图3-15所示。

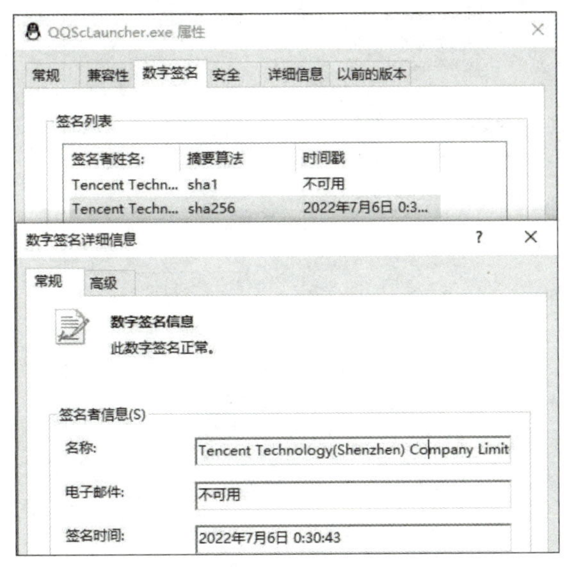


图 3-14　QQ 的数字签名

图 3-15　QQ 的数字证书

如果某个程序没有数字签名，那么它的安全性往往就没有保证；如果它有数字签名，但是显示“此数字签名无效”，那么这个程序要么被篡改了，要么发生意外损坏了，不管是哪种情况都不应该尝试执行它。

但是数字签名也不是万能的。事实上不管是浏览器的数字签名还是代码的数字签名，都依赖于系统或者浏览器内置的根证书（公钥），如果计算机本身已经中毒或者被入侵，那么这些根证书可以被轻易添加或者修改，这时数字签名的安全性也就无从谈起了。

### 3. 区块链

狭义区块链是按照时间顺序，将数据区块以顺序相连的方式组合成的链式数据结构，并以密码学方式保证的不可篡改和不可伪造的分布式账本。广义区块链技术是利用块链式数据结构验证与存储数据，利用分布式节点共识算法生成和更新数据，利用密码学的方式保证数据传输和访问的安全，利用由自动化脚本代码组成的智能合约编程和操作数据的全新的分布式基础架构与计算方式。

### 4. 安全信息公告

很多安全信息和公告为了确保是某机构发布、没有被篡改的，通常会对信息进行加密或者添加完整性校验信息，并对信息进行数字签名，以确保信息的安全。

### 5. 验证软件

从网站上下载的软件，除了校验完整性外，软件作者还会在软件中添加数字签名，在下载后，可以通过验证数字签名查看软件是否为该组织或作者发布，如图3-16和图3-17所示。当然数字签名只是能够检测软件是否被篡改过，而不能保证软件本身不会做出恶意的行为。如果软件作者本身带有恶意的话，那么再怎么加上数字签名，也是无法防范这种风险的。

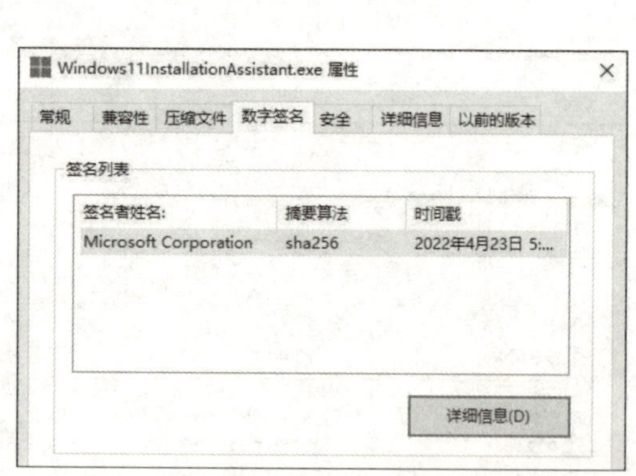


图 3-16　数字签名

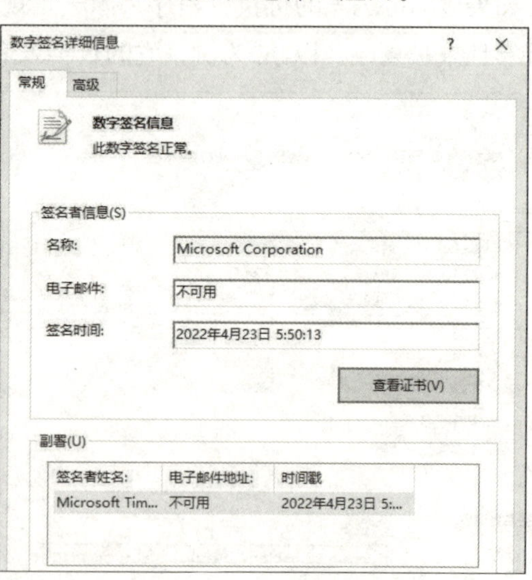


图 3-17　数字签名详细信息

# 3.4 数字证书技术

在验证数字签名时需要合法的公钥，那么怎么才能知道自己得到的公钥是否合法呢？可以将公钥当作消息，对它加上数字签名，像这样对公钥施加数字签名所得到的就是公钥证书。

## 3.4.1 数字证书

数字证书是指在互联网通信中标志通信各方身份信息的一个数字认证，人们可以在网上用它来识别对方的身份，因此，数字证书又称为数字标识。数字证书对网络用户在计算机网络交流中的信息和数据等以加密或解密的形式保证了信息和数据的完整性和安全性。数字证书的特征有：

### 1. 安全性

用户申请证书时会有两份不同的证书，分别用于工作用计算机以及用于验证用户的信息交互。若所使用的计算机不同，用户就需重新获取用于验证用户所使用的计算机的证书，而无法进行备份，这样即使他人窃取了证书，也无法获取用户的账户信息，从而保护了用户的账户信息。

### 2. 唯一性

数字证书依用户身份不同给予其相应的访问权限，若换计算机进行账户登录，而用户无证书备份，此时他是无法进行操作的，只能查看账户信息。数字证书就犹如“钥匙”一般，所谓“一把钥匙只能开一把锁”，就是其唯一性的体现。

### 3. 便利性

用户可即时申请、开通并使用数字证书，且可依用户需求选择相应的数字证书保障技术。用户不需要掌握加密技术或原理，就能够直接通过数字证书进行安全防护，十分便捷高效。

电子商务技术使在网上购物的顾客能够极其方便地获得商家和企业的信息，但同时也增加了某些敏感或有价值的数据被滥用的风险。为了保证互联网上用于交易和支付的安全性和保密性，防范交易和支付过程中的欺诈行为，必须在网上建立一种信任机制。这就要求参加电子商务的买方和卖方都必须拥有合法的身份，并且在网上能够有效无误地进行验证。数字证书是一种权威性的电子文档，它提供了一种在互联网上验证身份的方式，其作用类似于司机的驾驶执照或日常生活中的身份证。

## 3.4.2 认识CA

数字证书是由CA发行的，人们可以在互联网交往中用它来识别对方的身份。在数字证书认证的过程中，CA作为权威的、公正的、可信赖的第三方，其作用是至关重要的。证书认证中心是证书的签发机构，它是公钥基础设施（public key infrastructure，PKI）的核心，CA是负责签发证书、认证证书、管理已颁发证书的机关。CA的主要作用如下：

- **颁发证书**：如密钥对的生成——私钥的保护等，并保证证书持有者应有不同的密钥对。
- **管理证书**：记录所有颁发过的证书和所有被吊销的证书。
- **用户管理**：对于每一个新提交的申请，都要和列表中现存的标识名相比照，如出现重复，就予以拒绝。
- **吊销证书**：在证书有效期内使其无法使用，并发表CRL。
- **验证申请者身份**：对每一个申请者进行必要的身份认证。
- **保护证书服务器**：证书服务器必须是安全的，CA应采取相应措施保证其安全性，如加强对系统管理员的管理、使用防火墙保护等。
- **保护CA私钥和用户私钥**：CA签发证书所使用的私钥要受到严格的保护，不能被毁坏，也不能被非法使用。同时，根据用户密钥对的产生方式，CA在某些情况下有保护用户私钥的责任。
- **审计与日志检查**：为了安全起见，CA对一些重要的操作应记入系统日志。在CA发生事故后，要根据系统日志做善后追踪处理——审计。CA管理员要定期检查日志文件，尽早发现可能的隐患。

CA拥有一个证书（内含公钥和私钥）。网上的公众用户通过验证CA的签字从而信任CA，任何人都可以得到CA的证书（含公钥），用以验证它所签发的证书。

如果用户想得到一份属于自己的证书，应先向CA提出申请，在CA判明申请者的身份后，为他分配一个公钥，并且CA将该公钥与申请者的身份信息绑在一起，为之签字后便形成证书，发给申请者。

## 3.4.3 CA系统的组成

一个典型的CA系统包括安全服务器、CA服务器、注册机构、轻型目录访问协议（lightweight directory access protocol，LDAP）服务器、数据库服务器等，如图3-18所示。

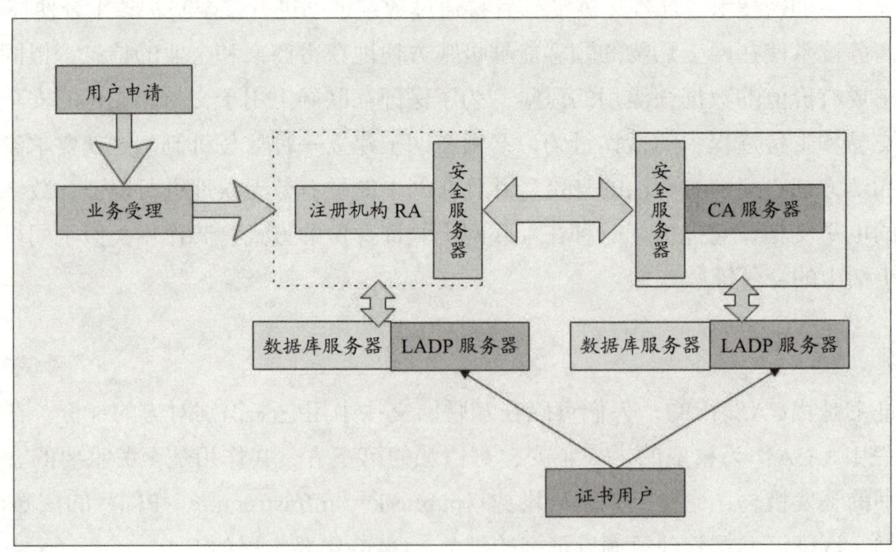


图 3-18 CA 系统

### 1. 安全服务器

安全服务器面向普通用户，用于提供证书申请、浏览、证书撤销列表、证书下载等安全服务。安全服务器与用户的通信采取安全信道方式（如SSL方式，不需要对用户进行身份认证）。用户首先得到安全服务器的证书（该证书由CA颁发），然后用户与服务器之间的所有通信（包括用户填写的申请信息和浏览器生成的公钥）均以安全服务器的密钥进行加密传输，只有安全服务器利用自己的私钥解密才能得到明文，这样可以防止其他人通过窃听得到明文，从而保证了证书申请和传输过程中的信息安全性。

### 2. CA服务器

CA服务器是整个证书机构的核心，负责证书的签发。CA首先生成自身的私钥和公钥（密钥长度至少为1 024位），然后生成数字证书，并且将数字证书传输给安全服务器。CA还负责为操作员、安全服务器和RA服务器生成数字证书。安全服务器的数字证书和私钥也需要传输给安全服务器。CA服务器是整个结构中最为重要的部分，存有CA的私钥及发行证书的脚本文件，出于安全考虑，应将CA服务器与其他服务器隔离。

### 3. 注册机构

注册机构面向登记中心操作员，在CA体系结构中起着承上启下的作用，一方面向CA转发安全服务器传输过来的证书申请请求，另一方面向LDAP服务器和安全服务器转发CA颁发的数字证书和证书撤销列表。

### 4. LDAP服务器

LDAP服务器提供目录浏览服务，负责将注册机构服务器传输过来的用户信息和数字证书加到服务器上，这样其他用户通过访问LDAP服务器就能够得到其数字证书。

### 5. 数据库服务器

数据库服务器是认证机构的核心部分，用于认证机构中的数据（如密钥和用户信息等）、日志和统计信息的存储和管理。实际的数据库系统应采用多种措施，如磁盘阵列、双机备份和多处理器等方式，以维护数据库系统的安全性、稳定性、可伸缩性和高性能。

## ■3.4.4 X.509证书标准简介

为了保障数字证书合理获取、撤出和验证，1988年ITU-T（ITU-T for ITU Telecommunication Standardization Sector，国际电信联盟电信标准分局）发表了X.509标准。这是一个基于公开密钥和数字签名的标准，它的核心是数字证书格式和认证协议。X.509作为X.500目录服务的一部分，定义了X.500目录向用户提供认证业务的一个框架、证书格式和基于公钥证书的认证协议。

X.509证书的内容包括：电子签证机关的信息、公钥用户信息、公钥、权威机构的签字和有效期等。

X.509证书中的一些字段及含义如下：

- **版本号：**证书的X.509版本号，从0开始，当前的版本号为3。

- **序列号**：证书的序列号，对于每个证书是唯一的。
- **签名**：它标识了对该证书签名的算法，其中还包含了用于签名的所有参数。
- **签发者的名称**：用于标识签发该证书的权威机构，包含国家、省、单位组织、部门等名称。
- **有效期**：定义证书有效期的起始和终止日期。
- **宿主名**：定义公钥的宿主名称。
- **宿主的公开密钥**：是证书的核心部分，包含了公钥、算法（RSA等）及其参数。
- **证书签发者的唯一标识**：该字段是可选项，它允许两个签发者拥有同样的签发者名称。
- **宿主的唯一标识**：该字段是可选项，它允许两个不同的宿主拥有同样的宿主名。
- **扩展部分**：允许签发者加入更多的私有信息在此证书上。
- **加密部分**：包含加密算法的标识，其他字段的安全Hash值，Hash的数字签名。

## 3.4.5 数字证书的工作原理和过程

数字证书必须具有唯一性和可靠性。为了达到这一目的，需要采用很多技术来实现。通常数字证书采用公钥体制，即利用一对互相匹配的密钥进行加密、解密。每个用户自己设定一个特定的，仅为本人所有的私钥，用它进行解密和签名；同时设定一个公钥并由本人公开，为一组用户所共享，用于加密和验证签名。当发送一份保密文件时，发送方使用接收方的公钥对数据加密，而接收方则使用自己的私钥解密，这样信息就可以安全无误地到达目的地。通过数字的手段保证加密过程是一个不可逆过程，即只有用私有密钥才能解密。公开密钥技术解决了密钥发布的管理问题，用户可以公开其公钥，而保留其私钥。

数字证书的使用过程为：用户首先向CA申请一份数字证书，申请过程中会生成他的公钥/私钥对。公钥被发送给CA，CA生成证书，并用自己的私钥签发，同时向用户发送一份副本。用户用数字证书把文件加上签名，然后把原始文件同签名一起发送给自己的同事。同事从CA查到该用户的数字证书，用证书中的公钥对签名进行验证。

## 3.4.6 数字证书的应用

根据数字证书的应用场景，数字证书可以分为以下几类。

### 1. 服务器证书

服务器证书安装在服务器设备上，用于证明服务器的身份和进行通信加密。服务器证书可以用来抵御假冒站点。

在服务器上安装服务器证书后，客户端浏览器可以与服务器证书建立SSL连接，在SSL连接上传输的任何数据都会被加密。同时，浏览器会自动验证服务器证书是否有效，验证所访问的站点是否是假冒站点。服务器证书保护的站点多被用来进行密码登录、订单处理、网上银行交易等。

SSL证书主要用于服务器的数据传输链路加密和身份认证、绑定网站域名，不同的产品对于不同价值的数据要求不同的身份认证。超真SSL和超快SSL在颁发时间上已经没有什么区别，主要区别在于：超快SSL只验证域名所有权，证书中不显示单位名称；而超真SSL需要验证域名所有权、营业执照和第三方数据库验证，证书中显示单位名称。

### 2. 电子邮件证书

电子邮件证书可以用来证明电子邮件发件人的真实性。它并不证明数字证书上CN一项所标识的证书所有者姓名的真实性，它只证明邮件地址的真实性。

收到具有有效电子签名的电子邮件，除了能相信邮件确实由指定邮箱发出外，还可以确信该邮件发出后没有被篡改过。

另外，使用接收的邮件证书还可以向接收方发送加密邮件。该加密邮件可以在非安全网络传输，只有接收方的证书持有者才能打开该邮件。

### 3. 客户端证书

客户端证书主要用于进行身份验证和电子签名。安全的客户端证书被存储于专用的USB Key中。存储于USB Key中的证书不能被导出或复制，而且使用USB Key时需要输入保护密码。使用该证书需要物理上获得其存储介质USB Key，并且需要知道其保护密码，这也被称为双因子认证。这种认证手段是目前互联网上最安全的身份认证手段。

客户端证书分为超真单位证书、超真个人证书、超快个人证书、PDF文件签名证书等。数字证书相当于电子化的身份证明，应有值得信赖的颁证机构（如CA）的数字签名，可以用来强力验证某个用户或某个系统的身份及其公开密钥。

数字证书既可以向一家公共的办证机构申请，也可以向运转在企业内部的证书服务器申请，这些机构提供证书的签发和失效证明服务。

### 4. 代码签名

网络信息推广对很多用户来说，便捷又经济，但软件的安全性是不确定的。例如，用户在进行软件分享时，软件的使用过程中存在着很多不安全因素，即使软件供应商能够保证软件自身的安全性，但对盗版软件和网络本身存在的不安全因素所带来的不利影响也会束手无策。

### 5. 安全终端

随着计算机网络技术的进步，电子商务的发展越来越快，在日常生活和生产中的应用也越来越广泛，用户终端和数据的安全问题也日益受到重视。为了避免终端数据信息的损坏或者是泄露，数字证书作为一种加密技术，可以用于终端的保护。

首先，使用正版的软件和硬件，正确配置系统和网络并定期进行检查，防止终端配置被非法篡改。其次，利用网络安全技术（如防火墙）对内外网络进行实质性的隔离。同时，及时更新病毒库和升级防病毒软件，对终端系统实时进行病毒和安全漏洞的扫描，加强对终端系统的安全保护。一旦发现可疑信息，就要立即重点监控，防止其可能带来的影响和破坏。最后，加强访问终端的控制，利用加密和认证等手段增加信息破解的难度。用户可以设置一个以数字证书为主的系统登录方式，加上动态加密，就可以实现对系统的验证。没有权限的用户无法进入终端系统访问；拥有权限的用户符合访问的要求，保证了访问终端的一致性。另外，还要做到终端网络和主网络的分离，尽量减少两者之间的数据交叉和结合，以避免终端网络和主网络的相互影响，从而降低风险。

### 6. 身份授权管理

授权管理系统是信息系统安全的重要内容，对用户和程序提供相对应的授权服务、授权访问和应用的方法，而数字证书必须通过计算机网络的身份授权管理后才能被应用。因此，要保证身份授权管理工具的安全性。当系统双方相互认同时，身份授权系统的工作才能展开。同时，正确使用数字证书，适当授权，完成系统的用户认证，才能切实保护身份授权管理系统的安全性。

# 3.5 公钥基础设施PKI概述

公钥基础设施是一种遵循既定标准的密钥管理平台，它能够为所有网络应用提供加密和数字签名等密码服务及所必需的密钥和证书管理体系。简言之，PKI就是利用公钥理论和技术建立的提供安全服务的基础设施。PKI技术是信息安全技术的核心，也是电子商务的关键和基础技术。

## 3.5.1 PKI简介

PKI是20世纪80年代在公开密钥理论和技术的基础上发展起来的，为电子商务提供综合、安全基础平台的技术和规范。它的核心是对信任关系的管理。通过第三方信任，为所有网络应用透明地提供加密和数字签名等密码服务所必需的密钥和证书管理，从而达到保证网上传递数据的安全、真实、完整和不可抵赖的目的。PKI的基础技术包括加密、数字签名、数据完整性机制和双重数字签名等。利用PKI可以方便地建立和维护一个可信的网络计算环境，建立一种信任机制，使人们在无法相互见面的环境下，能够确认对方的身份和信息，进而为电子支付、网上交易、网上购物和网上教育等提供可靠的安全保障。

### 1. PKI的组成

完整的PKI系统必须具有权威认证机构（CA）、数字证书库、密钥备份及恢复系统、证书作废系统、应用程序接口（API）等基本构成部分，构建的PKI也将围绕这五大系统。

（1）认证机构（CA）。

即数字证书的申请及签发机构，CA必须具备权威性的特征。

（2）数字证书库。

用于存储已签发的数字证书和公钥，用户可由此获得所需的其他用户的证书和公钥。

（3）密钥备份及恢复系统。

如果用户丢失了用于解密数据的密钥，则数据将无法被解密，这将造成合法数据丢失。为避免这种情况，PKI提供备份与恢复密钥的机制。但要注意，密钥的备份与恢复必须由可信的机构完成，并且密钥备份与恢复只能针对解密密钥，签名私钥为确保其唯一性而不能备份。

（4）证书作废系统。

证书作废系统是PKI的一个必备的组件。与日常生活中的各种明文证件一样，证书有效期内也可能需要作废，原因可能是密钥介质丢失或用户身份变更等。为实现这一点，PKI必须提供作废证书的一系列机制。

（5）应用程序接口（API）。

PKI的价值在于使用户能够方便地使用加密、数字签名等安全服务，因此，一个完整的PKI必须提供良好的应用接口系统，使各种各样的应用能够以安全、一致、可信的方式与PKI交互，确保安全网络环境的完整性和易用性。

### 2. PKI的职能

PKI系统的建立着眼于用户使用证书及相关服务的便利性以及用户身份认证的可靠性。其具体职能如下：

- 制定完整的证书管理政策。
- 建立高可信度的CA中心。
- 负责用户属性管理、用户身份隐私的保护和证书作废列表的管理。
- 为用户提供证书和CRL有关服务的管理。
- 建立与安全相应的法规，建立责任划分并完善责任政策。

因此，PKI是一个使用公钥和密码技术实施并提供安全服务的、具有普适性的安全基础设施的总称，并不特指某一密码设备及其管理设备。可以说，它是生成、管理、存储、颁发和撤销基于公开密码的公钥证书所需要的硬件、软件、人员、策略和规程的总和。

## 3.5.2 PKI的层次结构

为了让用户在全球范围获取和使用公钥，那么仅靠少量的相互独立的公钥发布中心是不够的。因此将分布在全球的公钥发布中心的服务器群以层次结构的方式联系起来，构成一个公钥发布基础设施PKI。PKI的三层结构如图3-19所示。将PKI系统划分为三层结构的优点是：管理层次分明，便于集中管理、制定和实施政策；提高CA中心的总体性能、降低瓶颈效应；有充分的灵活性和可扩展性，有利于保证CA中心的证书验证效率。

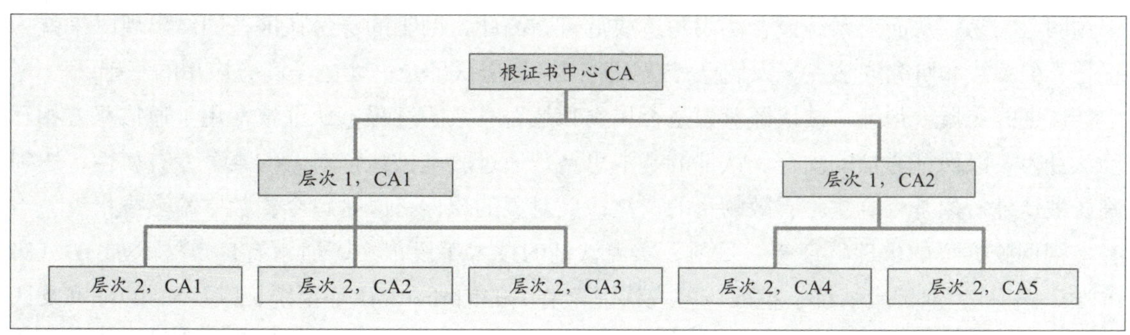


图 3-19 PKI 的三层结构

根证书中心对层次1的CA进行认证，层次1的CA对层次2的CA进行认证。层次越低的CA的服务区域越小。在PKI的层次结构中，根CA的信任度最高。人们可以信任也可以不信任下层的CA。如果A要获得并验证B的证书，他可找到给B颁发证书的CA，但是A怀疑该CA的可靠性，他可查询再上一层的CA对该CA的认证，直到获得满意的认证。

层次1的CA的职责是：负责某一领域或行业的用户公钥证书的生成和发布，如电子政务、银行、警务等行业。每个证书都有严格的有效期，并且可能因为证书的私钥泄密等原因而废止，因此，CA需要设置一个证书吊销名单列表，并及时将已吊销和作废的证书序列号发布在CA的CRL网站上，供用户查询。CRL的及时更新发布是一项非常重要的业务。

层次2的CA可以设置为面向具体用户的业务受理部门，即注册机构RA。注册机构RA无权签发数字证书，它是用户（个人/团体）与认证中心CA之间的一个接口或中介机构。注册机构RA接收用户的注册申请，获取并认证用户的身份，完成收集用户信息和确认用户身份的职能。具体包括：自身密钥的管理，包括密钥的更新、保存、使用、销毁等；审核管辖区内用户的信息；登记用户的黑名单，并公布CRL证书吊销列表；对业务受理点进行全面管理；接收并处理来自受理点的各种请求，并向上层CA转发。

在企业、政府机构或大学的私有网络内，也可以设立自己的CA证书颁发机构，为本系统内的用户浏览器访问内部的各种 Web服务器提供高安全性的身份认证。可将本系统CA机构的签名证书预先存放在用户浏览器的“受信任的发行者”的证书栏中，或固化在U盘中分发给用户，以便自动验证服务器或双方的身份。

## ■3.5.3 PKI的安全服务功能

建设PKI体系是为网上银行、网上证券、电子商务、电子政务、网上缴税、网上工商等多种网上办公、交易提供完备的安全服务功能，是公钥基础设施最基本、最核心的功能。作为基础设施，要做到遵循必要的原则，不同的实体可以方便地使用PKI安全基础设施提供的服务。安全服务功能包括网络身份认证、数据完整性、机密性、不可否认性、时间戳和数据的公正性服务。

### 1. 网络身份认证

由于网络使用者匿名的特点，每个人都可以通过一定的手段假冒别人的身份实施非法的操作式网上交易，从而对系统或合法用户造成危害。因此，网上的身份认证在网络出现以来就一直是人们关注和研究的热点。人们已经认识到网络身份认证是一切电子商务应用的基础。

认证的实质就是证实被认证对象是否属实和是否有效的过程，认证常常用于通信双方相互确认身份，以保证通信的安全。认证的基本思路是通过验证被认证对象的某个专有属性，达到确认被认证对象是否真实、有效的目的。被认证对象的属性可以是口令、数字签名或指纹、声音、视网膜这样的生理特征等。目前，实现认证的技术手段很多，通常有口令技术加 ID（实体唯一标识）、双因素认证、挑战应答式认证、著名的Kerberos认证系统，以及X.509证书及认证框架。这些不同的认证方法所提供的安全认证强度也不同，有各自的优势和不足，不同的应用环境所适用的安全强度要求也不同。而解决网上电子身份认证的PKI技术近年来被广泛应用，并取得了飞速发展，在网上银行、电子政务等保护用户信息资源等领域发挥了巨大的作用。

数字签名技术是基于公钥密码学的强认证技术，其中每个参与交易的实体都拥有一对签名的密钥。每个参与的交易者都自己掌握进行签名的私钥，私钥不在网上传输。只有签名者自己知道签名私钥，从而保证其安全，公开的是进行验证签名的公钥。因此，只要私钥安全，就可以有效地对生成该签名的交易者进行身份验证，保证交易双方身份的真实性。

为了保证公钥的可靠性，即保证公钥与其拥有者的有效绑定，通过PKI体系中的权威、公正的第三方——认证中心，为所服务的PKI域内的相关实体签发一个网上身份证，即数字证书，保证公钥的可靠性以及它与合法用户的对应关系。数字证书中主要包含的就是证书所有者的信息、证书所有者的公开密钥和证书颁发机构的签名，以及有关的扩展内容等。具备了这些条件，就可以在具体的业务中有效实现交易双方的身份认证。

### 2. 数据完整性

保证数据完整性就是防止非法篡改信息，如修改、复制、插入、删除等。在交易过程中，要确保交易双方接收到的数据和从数据源发出的数据完全一致，数据在传输和存储的过程中不能被篡改，否则交易将无法完成或违背交易意图。

但直接观察原始数据的状态以判断其是否改变，在很多情况下是不可行的。如果数据量很大，将很难判断其是否被篡改，即完整性很难得到保证。为了保证数据的完整性，已出现了各种不同的安全机制和方法。其中在电子商务和网络安全领域使用最多的就是密码学，它提供了数据完整性机制和方法。

在国内PKI体系所实现的方案中，目前采用的标准Hash算法为SHA-1，MD5作为可选的Hash算法，以保证数据的完整性。在实际应用中，通信双方通过协商确定使用的算法和密钥，在两端计算条件一致的情况下，对同一数据计算出相同的结果，从而确保数据不被篡改，实现数据的完整性。

### 3. 机密性

数据的机密性就是对需要保护的数据进行加密，从而保证信息在传输和存储过程中不被未授权人获取。在PKI系统中，所有的保密性都是通过密码技术实现的。密钥对分为两种，一种称作加密密钥对，用于加/解密；另一种称作签名密钥对，用于签名。一般情况下，用于加解密的密钥对并不对实际的大量数据进行加/解密，只是用于协商会话密钥，而真正用于大量数据加/解密的是会话密钥。

### 4. 不可否认性

不可否认性用于从技术上保证实体对其行为的不可否认，即参与交互的双方都不能事后否认自己曾经处理过的每笔业务。在这中间，人们更关注的是数据来源的不可否认性、发送方的不可否认性和接收方在接收后的不可否认性。此外，还有传输的不可否认性、创建的不可否认性、同意的不可否认性等。PKI所提供的不可否认功能是基于数字签名及其所提供的时间戳服务功能的。

在进行数字签名时，签名私钥只能被签名者自己掌握，系统中的其他参与实体无法得到该密钥。这样，签名者从技术上就不能否认自己做过该签名。为了保证签名私钥的安全，一般要求这种密钥只能在防篡改的硬件令牌上生成，并且永远不能弃舍令牌。

安全时间戳服务用来证明某个特别事件发生在某个特定的时间，或某段特别数据在某个日期已存在。这样，签名者无法否认自己所做的签名。

#### 5. 时间戳

时间戳也称安全时间戳，是一个可信的时间权威，是使用一段可以认证的完整数据表示的时间戳。最重要的不是时间本身的精确性，而是相关时间、日期的安全性。支持不可否认服务的一个关键因素就是在PKI中使用安全时间戳，也就是说，时间源是可信的，时间值必须非常安全地传送。

PKI中必须存在用户可信任的权威时间源，权威时间源提供的时间并不需要准确，仅仅作为用户的一个参照“时间”，以便完成基于PKI的事件处理，如事件A发生在事件B的前面等。一般的PKI系统中都设置一个时钟系统，以统一PKI时间。当然，也可以使用世界官方时间源所提供的时间，其实现方法是从网络中这个时钟位置获得安全时间，一般要求实体在需要的时候向这些权威时间源请求在数据上盖上时间戳。一份文档上的时间戳涉及对时间和文档内容的Hash值的数字签名，权威的签名提供了数据的真实性和完整性证明。

虽然安全时间戳是PKI支撑的服务，但它依然可以在不依赖PKI的情况下实现安全时间戳服务，一个PKI体系中是否需要实现时间戳服务，完全可依据应用的需求来决定。

#### 6. 公正性

PKI中支持的公证服务是指“数据认证”，也就是说，公证人要证明的是数据的有效性和正确性，这种公正取决于数据验证的方式。与一般社会公证人提供的公证服务有所不同，在PKI中被验证的数据是基于Hash值的数字签名、公钥在数学表达上的正确性和签名私钥的合法性。

PKI的公证人是一个被其他PKI实体所信任的实体，能够正确地提供公证服务。它主要是通过数字签名机制证明数据的正确性，所以其他实体需要保存公证人的验证公钥的正确副本，以便验证和相信作为公证人的签名数据。

通常，CA是证书的签发机构，它是PKI的核心。众所周知，构建密码服务系统的核心内容是如何实现密钥的管理。公钥体制涉及一对密钥（即私钥和公钥），私钥只由用户独立掌握，无须在网上传输；而公钥则是公开的，需要在网上传送，故公钥体制的密钥管理主要是针对公钥的管理问题，目前较好的解决方案是数字证书机制。

## 3.6 访问控制技术

访问控制技术是指防止对任何资源进行未授权的访问，从而使计算机系统在合法的范围内使用；是通过识别用户身份赋予其相应的权限，通过不同的权限来限制用户对某些信息项的访问，或限制对某些控制功能的使用的一种技术。访问控制通常用于系统管理员控制用户对服务器、目录、文件等网络资源的访问。

## 3.6.1 访问控制模型

一般的安全模型都可以用一种称为格的数学表达式来表示。格是一种定义在集合SC上的偏序关系，并且满足SC中任意两个元素都有最大下界和最小上界的条件。在一种多级安全策略模型中，SC表示有限的安全类集合，其中每个安全类可用一个二元组（A,C）来表示，A表示权力级别，C表示类别集合。权力级别共分成4级，0级：普通级；1级：秘密级；2级：机密级；3级：绝密级。

访问控制模型基于对操作系统结构的抽象，并建立在安全域基础上。一个安全域中的实体被分成两种：主动的主体和被动的客体。以主体为行，以客体为列，构成一个访问矩阵，矩阵的元素是主体对客体的访问模式，如读、写、执行等。某一时刻的访问矩阵定义了系统当前的保护状态，依据一定的规则，访问矩阵可以从一个保护状态迁移到另一个状态。访问控制模型只规定系统状态的迁移必须依据的规则，但没有规定具体的规则是什么，因此，访问控制模型拥有较大的灵活性。访问控制模型主要有Graham Lampson模型、UCLA模型、Take-Grant模型、Bell&LaPadula模型等，其中影响较大的是Bell&LaPadula模型。

## 3.6.2 信息流模型

访问控制模型描述了主体对客体访问权的安全策略，主要应用于文件、进程之类的“大”客体。而信息流模型描述了客体之间信息传递的安全策略，直接应用于程序变量之类的“小”客体，它可以精确地描述程序中的隐通道，比访问控制模型的精确度要高。

信息流模型也是基于格的模型，为信息流引入一组安全类集合，定义安全信息流通过程序时的检验和确认机制。一个信息流模型由5部分组成。

（1）客体集合。表示信息的存放位置，如文件、程序、变量以及位等。

（2）进程集合。表示与信息流相关的活跃实体。

（3）安全类集合。对应于互不相关的、离散的信息类。

（4）一个辅助交互的类复合操作符。用于确定在两类信息上的任何二进制操作所生成的信息。

（5）一个流关系。用于确定在任何一对安全类之间信息是否能从一个安全类流向另一个安全类。

在一定的假设条件下，安全类集合、流关系和类复合操作符构成一个格，指定了模型系统的安全信息流的意义，使客体之间的信息流不违背指定的流关系。信息流模型的形式化描述比有限状态机更详细，可以表示程序中信息的细节。

访问控制模型和信息流模型是最主要的两类安全模型，分别代表了两种安全策略：访问控制策略指定了主体对客体的访问权限，信息流策略指定了客体所能包含的信息类别以及客体之间的关系。信息流模型可以分析程序中的合法通道和存储通道，但不能防止程序中的隐秘时间通道。

## 3.6.3 信息完整性模型

信息完整性是信息安全的重要组成部分，是指防止信息在处理和传输过程中被篡改或被破坏。信息完整性模型主要面向商业应用，而访问控制模型和信息流模型侧重于军事领域，它们在描述方法上有很大的不同。

信息完整性模型是用于描述信息完整性的形式化模型，主要适用于商业计算机安全环境。信息完整性模型主要有Biba模型、Clark-Wilson模型等，其中，Biba模型由于过于复杂，没有得到实际应用；Clark-Wilson模型侧重于商业领域，能够在面向对象系统中应用，具有较大的灵活性。

Clark-Wilson模型采用了两个基本方法来保证信息的安全，一个是合式交易方法，另一个是职责分离方法。

合式交易方法提供了一种保证应用完整性的机制，其目的是不让用户随意地修改数据。它如同手工记账系统，要修改一个账目记录，则必须在支出和转入两个科目上都要做出修改，这种交易才是“合式”的，而不能只改变支出或转入科目，否则账目将无法平衡，出现错误。

职责分离方法提供一种保证数据一致性的机制，其目的是保证数据对象与它所代表的现实世界对象相对应，而计算机本身并不能直接保证这种外部的一致性。最基本的职责分离规则是不允许创建或检查某一合式交易的人再来执行它。这样，在一次合式交易中至少有两个人参与才能改变数据，防止欺诈行为。

因此，Clark-Wilson模型有两类规则：强制规则和确认规则。

### 1. 强制规则

定义了与应用无关的安全功能，共有4条。

- **E1**：用户只能通过事务过程间接地操作可信数据。
- **E2**：用户只有被明确地授权后才能执行操作。
- **E3**：用户的确认必须经过验证。
- **E4**：只有安全官员（管理者）才能改变授权。

### 2. 确认规则

定义了与具体应用相关的安全功能，也有4条。

- **C1**：可信数据必须经过与真实世界一致性表达的检验。
- **C2**：程序以合式交易的形式执行操作。
- **C3**：系统必须支持职责分离。
- **C4**：由操作检验输入、接收或者拒绝。

Clark-Wilson模型通过这些规则定义了一个完整性策略系统，给出了在商业数据处理系统中实现完整性的基本方法，同时也展示了商业应用系统对信息安全的特定需求。

## ■3.6.4 基于角色的访问控制模型

基于角色的访问控制（role based access control，RBAC）模型是一种访问控制技术，目的是简化授权管理的复杂性，降低管理开销，为管理员提供一个实现复杂安全策略的良好环境。

RBAC的基本思路是：给用户所授予的访问权限是由用户在一个组织中担任的角色确定的。例如，在一个单位中，角色可以有出纳员、会计师、信贷员等，他们的职能不同，所拥有的访问权限也各不相同。RBAC将根据用户在其中所担任的角色来授予相应的访问权限，但用户不能随意将访问权限转授他人。这一点是RBAC模型与其他自主访问控制模型最根本的区别。

在RBAC模型中，可定义主体、客体、角色和事务处理等术语。这里的角色是指一个或一群用户在组织中可执行的事务处理集合，而事务处理是指数据和对数据执行的操作，如读一个文件。为了叙述方便，下面将事务处理简称为操作，它们之间的关系如图3-20所示。

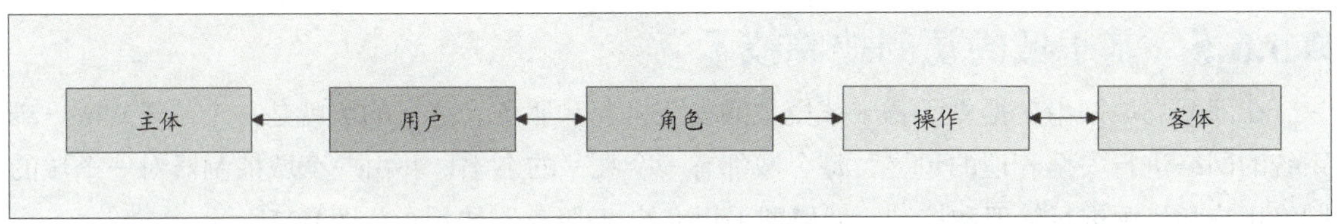


图 3-20 RBAC 模型中各术语之间的关系

一个用户经过授权后可以拥有多个角色，一个角色也可以由多个用户拥有。每个角色可以执行多种操作，每个操作也可以由不同角色执行。一个用户可以拥有多个主体，即可以拥有多个处于活动状态且以用户身份运行的进程，但每个主体只对应一个用户。每个操作可以施加于多个客体，每个客体也可以接受多个操作。

用户对一个客体执行访问操作的必要条件是：该用户被授权拥有一定的角色，其中一个角色在当前时刻处于活动状态，并且该角色对客体拥有相应的访问权限。

RBAC的概念模型是由Ravi等人提出的，也称为RBAC96概念模型。它由基本模型RBAC0、等级模型RBAC1、约束模型RBAC2和合并模型RBAC3组成。

RBAC0模型包括3个实体集：用户、角色和权限，此外还包括会话。其中，用户是指一个人，其概念可以扩展到各种智能体，如软件代理、移动计算机以及网络中的计算机等；角色是一个与一定职能和权限相联系的策略部件；权限是对客体的特定访问方式；会话是一个用户与角色之间的映射。RBAC1模型在RBAC0模型的基础上引入了角色等级概念。由于RBAC1和RBAC2互不兼容，因此引入了它们的兼容模型RBAC3。

RBAC模型的主要特点是：

（1）角色与权限的关联。不同的角色拥有不同的访问权限，一个用户被授权拥有何种角色，也就决定了该用户所拥有的访问权限以及所能执行的操作。

（2）角色继承关系。角色之间可能有相互重叠的职责和权力，属于不同角色的用户可能需要执行某些相同的操作。为了提高效率，RBAC定义了“角色继承”的概念和功能，通过角色继承关系可以指定一些角色除了拥有自己的属性外，还可以继承其他角色的属性和拥有的权限，以避免重复定义。

（3）最小权限原则。它是指一个用户所拥有的权限不能超过其工作任务所需的权限。为了实现最小权限原则，必须分清用户的工作任务和内容，确定完成该工作所需的最小权限集，并将用户限制在最小权限集的范围内。RBAC允许根据一个组织内的规章制度和职能分工，设计拥有不同权限的角色，只将角色必须执行的操作权限授予角色。

（4）职责分离原则。职责分离是防止欺诈行为最重要的手段，例如，在银行业务中，“授权付款”和“实施付款”是职责分离的两个操作，必须将它们分离开，否则将会引起欺诈行为。

（5）角色容量。在一个特定的时间段内，某些角色只能容纳一定数量的用户。例如，“经理”这一角色虽然可以授予多个用户，但在实际的业务中，任何时刻只能由一个人来行使经理职能。

## ■3.6.5 基于域的访问控制技术

在部分局域网中，提供了基于域模型的安全机制和服务。这里的域就是一个基于Windows系统的网络进行安全管理的边界，每个域都有一个唯一的名字，并由一个域控制器对一个域的网络用户和资源进行管理和控制。域模型采用客户机/服务器结构，如图3-21所示。

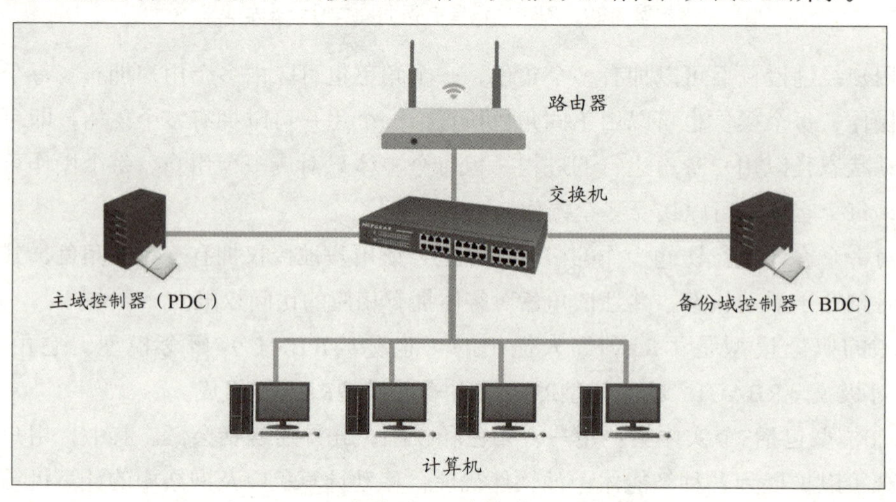


图 3-21　域模型

域控制器必须由安装和运行Windows Server系统的服务器来充当，域控制器可分成主域控制器（primary domain controller，PDC）和备份域控制器（backup domain controller，BDC）两种。对于一个域，PDC是必需的，且只能有一个PDC，在PDC上存放了用户账户数据库和访问控制列表，对登录入网的用户实施强制性身份鉴别和访问控制。对于一个域，BDC不是必需的，可以根据需要安装或不安装BDC；如果安装了BDC，则必须处于由PDC构成的域中，而不能单独存在。PDC将周期性地复制域账户数据库信息给BDC，BDC可以协助PDC进行身份验证，以减轻PDC的负担，并且在PDC发生故障时，可以将BDC升级为PDC。一个域中可以有多个BDC。在PDC上，提供了以下的身份鉴别和访问控制功能。

### 1. 身份鉴别

在Windows Server系统安装完成后，系统会自动建立两个特殊的用户：一个是拥有最大权限的网络管理员，主要负责管理本域网络的用户和资源；另一个是拥有最小权限的来客(guest)，主要提供给临时用户登录系统使用。网络管理员应当把guest用户删除，以避免安全漏洞。其他用户都要通过网络管理员的用户注册，成为合法用户后才能登录系统。

网络管理员注册用户就是在PDC的账户数据库中为用户建立一个账户。一个用户账户可以用下列相关信息来描述。

(1) 用户名。

每个用户都有一个唯一的名字，用户必须使用用户名登录系统，这是第一级安全性。

(2) 口令。

每个用户都可以设置一个口令，口令将被加密存储起来，这是第二级安全性。

(3) 口令限制。

如口令的最小长度、定期改变的周期、口令唯一性和下次登录是否更改口令等限制。

(4) 连接限制。

限制用户登录入网所使用的客户机数量，即在同一时间使用某一用户名登录入网的客户机数量不能超过限制值。

(5) 时间限制。

限制用户登录系统的时间段。

(6) 登录限制。

限制用户登录系统所使用的客户机，即某用户只能在某个特定的客户机上登录系统。

### 2. 访问权限

用户登录系统后，并不意味着能够访问网络系统中所有的资源。用户访问网络资源的权限将受到访问权限的控制。Windows Server同样采用两种访问控制权限：用户访问权限和资源访问权限。

(1) 用户访问权限。

用户访问权限规定了登录系统的用户以何种权限使用网络共享资源，它也称为共享权限。Windows Server提供以下4种共享权限。

- **完全控制：**用户拥有对一个共享资源（目录或文件，下同）的完全控制权，用户可以对该共享资源执行读取、修改、删除及设置权限等操作。
- **更改：**允许用户对一个共享资源执行读取、修改、删除及更改属性等操作。例如，对共享目录下的子目录和文件执行读取、修改、删除及更改属性等操作。
- **读取：**允许用户查看共享目录下的子目录和文件，但不能创建文件；允许用户打开、拷贝和执行（如果是可执行文件）共享文件，以及查看该文件的内容、属性、权限及所有权等信息。

- **拒绝访问：** 禁止用户访问一个共享资源。如果一个用户组被指定了该权限，则这个组下的所有用户都不能访问该共享资源。

如果允许一个用户在网络共享资源上执行某种操作，则必须为该用户授予相应的访问权限。执行目录和文件操作所对应的共享权限如表3-1所示。

**表 3-1 执行目录和文件操作所对应的共享权限**

| 目录和文件操作 | 权限 |
| --- | --- |
| 显示子目录名和文件名 | 读取，更改，完全控制 |
| 显示文件内容和属性 | 读取，更改，完全控制 |
| 访问指定目录的子目录 | 读取，更改，完全控制 |
| 运行程序文件 | 读取，更改，完全控制 |
| 更改文件内容和属性 | 更改，完全控制 |
| 创建子目录和增加文件 | 更改，完全控制 |
| 删除子目录和文件 | 更改，完全控制 |
| 更改权限（仅限于NTFS文件和目录） | 完全控制 |
| 获得所有权（仅限于NTFS文件和目录） | 完全控制 |

（2）资源访问权限。

资源访问权限是由资源的属性提供的。在Windows NT网络中，磁盘文件/目录资源属性称为访问权限，并且取决于Windows系统安装时所采用的文件系统。Windows网络支持两种文件系统：FAT和NTFS。其中，FAT是与DOS相兼容的文件系统，但不提供任何资源访问权限，网络访问控制只能依赖于共享权限；NTFS是Windows特有的文件系统，拥有严格的目录和文件访问权限，用户对网络资源的访问将受到NTFS访问权限和共享权限的双重控制，并以NTFS访问权限为主。

NTFS提供了两种访问权限来控制用户对特定目录和文件的访问：一种是标准权限，是口径较宽的基本安全性措施；另一种是特殊权限，是口径较窄的精确安全性措施。标准权限是特殊权限的组合，在一般情况下，使用标准权限来控制用户对特定目录和文件的访问。当标准权限不能满足系统安全性需要时，可以进一步使用特殊权限进行更精确的访问控制。NTFS的特殊权限如表3-2所示，NTFS的标准权限如表3-3所示。

**表 3-2 NTFS的特殊权限**

| 特殊权限 | 文件访问权限 | 目录访问权限 |
| --- | --- | --- |
| 读取（R） | 允许用户打开文件、查看文件内容和拷贝文件，并允许用户查看文件的属性、权限上所有权等信息 | 允许用户查看目录中文件的名字以及目录的属性 |
| 写入（W） | 允许用户打开并更改文件内容。必须和R特殊文件权限相结合，才能从文件中读出数据 | 允许用户在目录中创建文件以及更改目录的属性 |

（续表）

| 特殊权限 | 文件访问权限 | 目录访问权限 |
| --- | --- | --- |
| 执行（X） | 允许用户执行文件。如果和R特殊文件权限相结合，则可以执行一个批文件 | 允许用户访问该目录下的子目录，并允许用户显示目录的属性和权限 |
| 删除（D） | 允许用户删除或移动文件 | 允许用户删除目录，但该目录必须为空。如果目录非空，则用户还应拥有R和W特殊目录权限以及这些文件的D权限，才能删除该目录 |
| 更改权限（P） | 允许用户更改文件的权限，包括阻止访问文件的任何特殊权限，相当于拥有该文件的完全控制权 | 允许用户更改目录的权限，包括阻止所有者访问目录的任何特殊权限，相当于拥有该目录的控制权 |
| 取得所有权（O） | 可使用户成为文件的所有者。这时文件的原有所有者便丧失了对该文件的控制权，并能禁止原有所有者对该文件的访问 | 可使用户成为目录的所有者。这时目录的原来所有者便丧失了对该目录的控制权，而且禁止原有所有者对该目录的访问 |

**表 3-3　NTFS的标准权限**

| 标准权限 | 含义 |
| --- | --- |
| | 目录 |
| 拒绝访问（None） | 禁止用户查看该目录下的所有文件，并且该目录下的所有文件都被标记成“拒绝访问”标准文件权限 |
| 列表（RX） | 允许用户列表显示该目录下的所有文件名，并允许访问子目录，但不能查看文件内容或创建文件 |
| 读取（RX） | 允许用户查看该目录下的子目录和文件，但不能创建文件 |
| 增加（WX） | 允许用户在该目录下创建文件，但不能列表显示该目录下的文件 |
| 增加和读取（RWX） | 允许用户查看该目录下的文件及文件内容，并能创建文件 |
| 更改（RWXD） | 允许用户创建、查看该目录下的子目录和文件，并允许用户显示和更改目录的属性 |
| 完全控制（All） | 允许用户创建、查看该目录下的子目录和文件；显示和更改目录的属性和权限；获取目录的所有权 |
| | 文件 |
| 拒绝访问（None） | 禁止用户对该文件的访问。如果一个用户组被指定了该权限，则这个组下的所有用户都不能访问该文件 |
| 读取（RX） | 允许用户打开、拷贝和执行（如果是可执行文件）文件以及查看文件的内容、属性、权限及所有权等 |
| 更改（RWXD） | 允许用户读取、修改和删除该文件 |
| 完全控制（All） | 用户拥有该文件的完全控制权，用户可以读取、修改、删除该文件以及设置文件的权限 |

另外，需要注意以下内容。

- 在表3-3中，括号内是该标准权限的特殊权限组合，例如："读取（RX）"表示"读取"标准权限是R和X特殊权限的组合。
- 除了标准权限外，还允许为目录和文件定义特定的特殊权限组合。
- 用户在使用目录或文件前，必须被授予适当权限或加入具有访问权限的用户组。
- 权限是累积的，但是"拒绝访问"权限优先于其他所有权限。
- 权限是继承的，在目录中所创建的文件和子目录将继承该目录的权限。
- 创建文件或目录的用户是该文件或目录的所有者。所有者可以通过设置文件或目录权限来控制其他用户对文件或目录的访问。
- 文件权限始终优先于目录权限。

### 3. 多个域的访问控制

如果局域网是按域来组织和管理网络的，通常一个域最多可容纳26 000个用户和250个用户组，因此，对于大多数网络应用来说，单一域是适用的，并能够保证较好的网络性能。如果用户数量过多或者根据工作性质需要划分多个网络，则可以采用多域模型来组织网络。

在多域模型中，网络被分成两个以上的域，每个域由各自的PDC进行管理，各个域之间可以通过委托关系实现资源共享和相互通信。如果一个域的用户要访问另一域中的资源，则有两个方法来实现：该用户要在资源所在域中注册一个用户账号，成为该域的合法用户后方能访问该域中的资源，这是一种笨拙的方法；在该用户的账号所在域（称为账号域）和所要访问资源的域（称为资源域）之间建立一个委托关系，资源域（或称委托域）可以委托账号域（或称受托域）对该用户的身份进行验证，只要该用户在账号域中是合法的，就允许访问资源域，而不必在资源域中注册账号，其委托验证模型如图3-22所示。通过委托关系是提供一种多域之间资源共享的简便方法。委托关系可以是单向委托，也可以是双向委托。

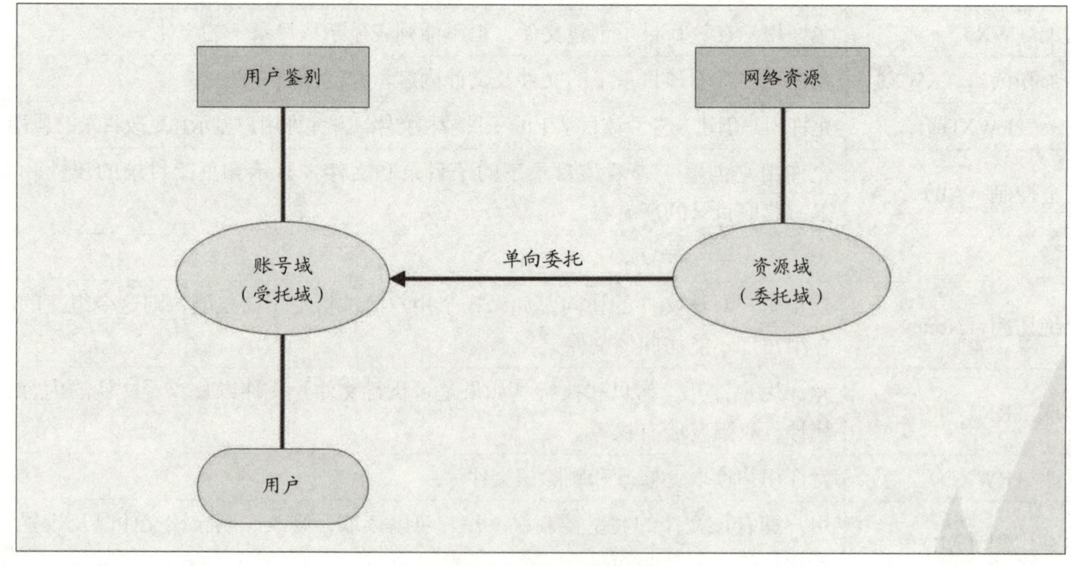


图 3-22　委托验证模型

**拓展阅读**

优化全国一体化政务服务平台服务水平，完善统一身份认证、电子证照等共性支撑体系，有力支撑政务服务标准化、规范化、便利化，实现全国范围内“一次认证、全网通办”。建立政务服务事项动态管理机制，在推动政务服务事项“四级四同”基础上，进一步规范受理条件、法定时限、数量限制、年审年报、服务对象等要素。扩大电子证照应用领域和“证照免提交”范围，推动全国互通互认，实现绝大多数政务服务事项“不用跑就能办”。提升全流程一体化在线服务平台功能，积极开展“高效办成一件事”，实现更多高频政务服务事项“跨省通办”。促进政务服务线上线下融合，构建多样化、无缝衔接的线上线下一体化政务服务渠道。

——《“十四五”国家信息化规划》

## 课后作业

### 一、单选题

1. 不属于常见身份认证方法的是（　　）。

A. 基于生物特征　　B. 基于资源

C. 基于信任物体　　D. 基于信息秘密

2. 常见的动态口令包括（　　）。

A. 自己设置的口令　　B. 人脸识别

C. 短信密码　　D. 指纹识别

### 二、多选题

1. 数字签名技术从原理上可以分为（　　）。

A. 基于共享密钥　　B. 对称密钥

C. 非对称密钥　　D. 基于公开密钥

2. 以下属于PKI的组成部分的有（　　）。

A. 认证机构（CA）　　B. 数字证书库

C. 密钥备份及恢复系统　　D. 证书作废系统

3. Windows Server服务器系统默认提供的共享权限包括（　　）。

A. 完全控制　　B. 更改

C. 读取　　D. 拒绝访问

### 三、简答题

1. 简述数字签名的原理。
2. 简述数字证书的功能。
3. 简述CA的功能及组成。
4. 简述PKI的功能。
5. 简述Windows Server中对域的访问权限控制。

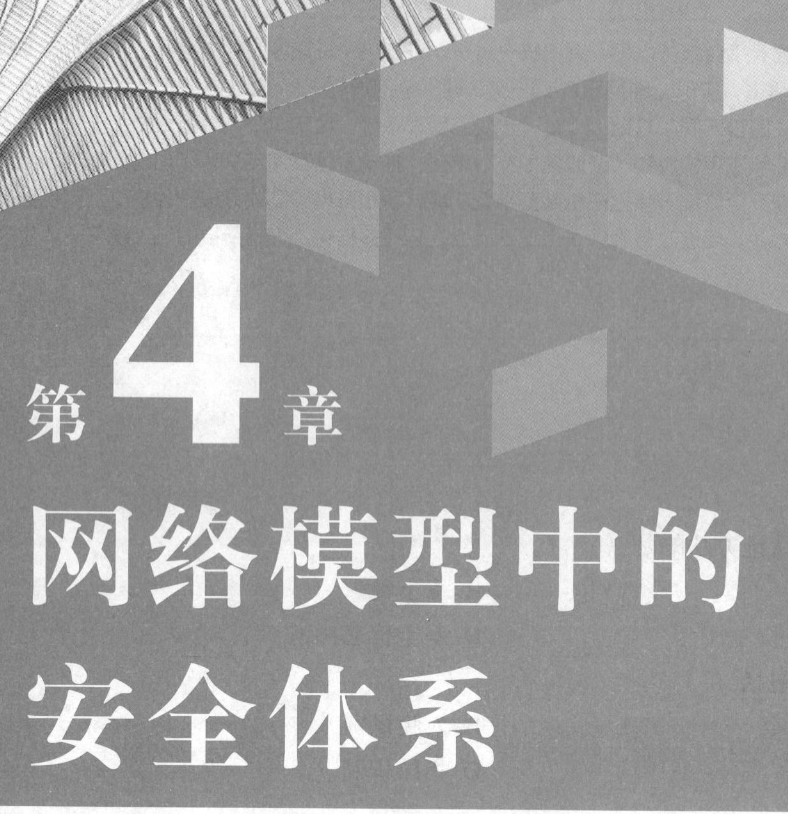

# 第4章 网络模型中的安全体系

## 内容概要

计算机网络参考模型是深入理解网络的基础，常见的参考模型包括OSI七层模型和TCP/IP四层参考模型，在网络中使用的各种网络协议除了考虑数据的传输外，还需要考虑信息的安全性。本章从网络参考模型入手，介绍安全体系在网络中的应用。

## 知识要点

计算机网络安全体系结构。

数据链路层的主要安全协议。

网络层的主要安全协议。

传输层的主要安全协议。

应用层的主要安全协议。

# 4.1 计算机网络安全体系结构

在计算机网络中，最著名的网络参考模型就是OSI参考模型与TCP/IP参考模型。1983年，国际标准化组织（ISO）制定了ISO 7498标准，在计算机网络通信领域提出了开放系统互连（open system interconnection，OSI）参考模型。这一标准将网络通信协议分为七层，遵循参考模型的网络就能够互联互通。OSI参考模型和TCP/IP参考模型及其对应关系，如图4-1所示。

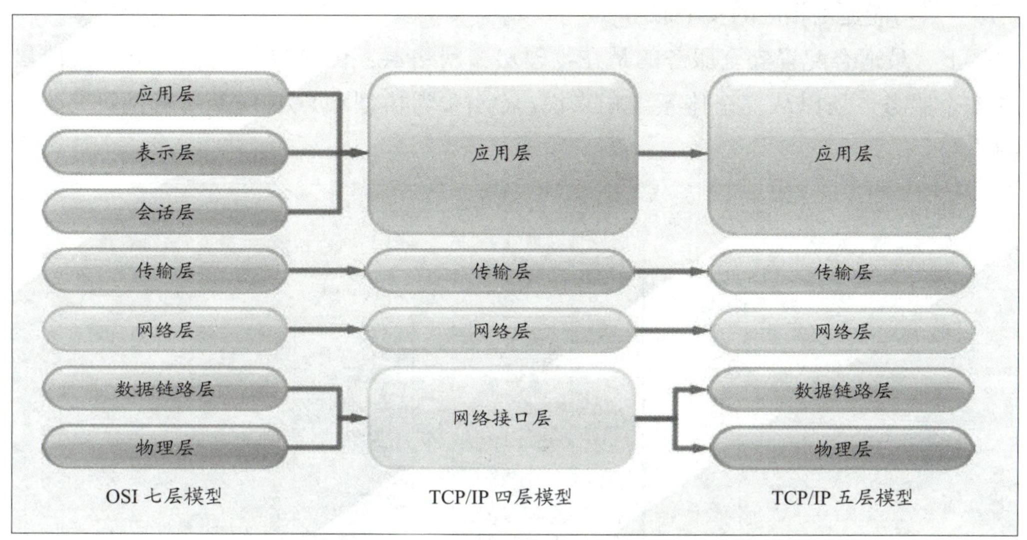


图 4-1 OSI 参考模型和 TCP/IP 参考模型及其对应关系

## 4.1.1 OSI模型中的安全体系结构

建立七层模型主要是为解决异种网络互联时所遇到的兼容性问题。它的最大优点是将服务、接口和协议这3个概念明确区分开来，也使网络的不同功能模块分担不同的职责，也就是说建立的初衷在于解决兼容性。当网络发展到一定规模的时候，安全性问题就凸显出来，这就要求有一套体系结构来解决安全问题，OSI安全体系结构便应运而生。

为了增强OSI参考模型的安全性，ISO在1988年提出了ISO 7498-2标准，它提高了ISO 7498标准的安全等级，提出了网络安全系统的体系结构。它和以后相应的安全标准给出的网络信息安全架构被统称为OSI安全体系结构。OSI安全体系结构指出了计算机网络需要的安全服务和解决方案，并明确了各类安全服务在OSI网络层次中的位置，这种在不同网络层次满足不同安全需求的技术路线对后来网络安全的发展起到了重要的作用。

OSI安全体系结构是一个普遍适用的安全体系结构，其核心内容是保证异构计算机系统进程与进程之间远距离交换信息的安全，其基本思想是：为了全面而准确地满足一个开放系统的安全需求，必须在七个层次中提供必需的安全服务、安全机制和技术管理，以及它们在系统上的合理部署和关系配置。这个体系结构如图4-2所示。

OSI安全体系结构提供的内容如下：

- 提供安全体系结构所配备的安全服务（也称安全功能）和有关安全机制在体系结构下的

一般描述。

- 确定体系结构内部可以提供相关安全服务的位置。
- 保证完全准确地配置安全服务，并且在信息系统安全的生命周期中持续，安全服务必须满足一定的强度要求。
- 一种安全服务可以通过某种单独的安全机制提供，也可以通过多种安全机制联合提供。一种安全机制可用于提供一种或多种安全服务，在七层协议中除第五层（会话层）外，每一层均能提供相应的安全服务。

实际上，最适合配置安全服务的是在物理层、网络层、传输层和应用层上，其他层都不宜配置安全服务，所以从安全体系结构来说，OSI参考模型和TCP/IP参考模型研究的内容是相同的。

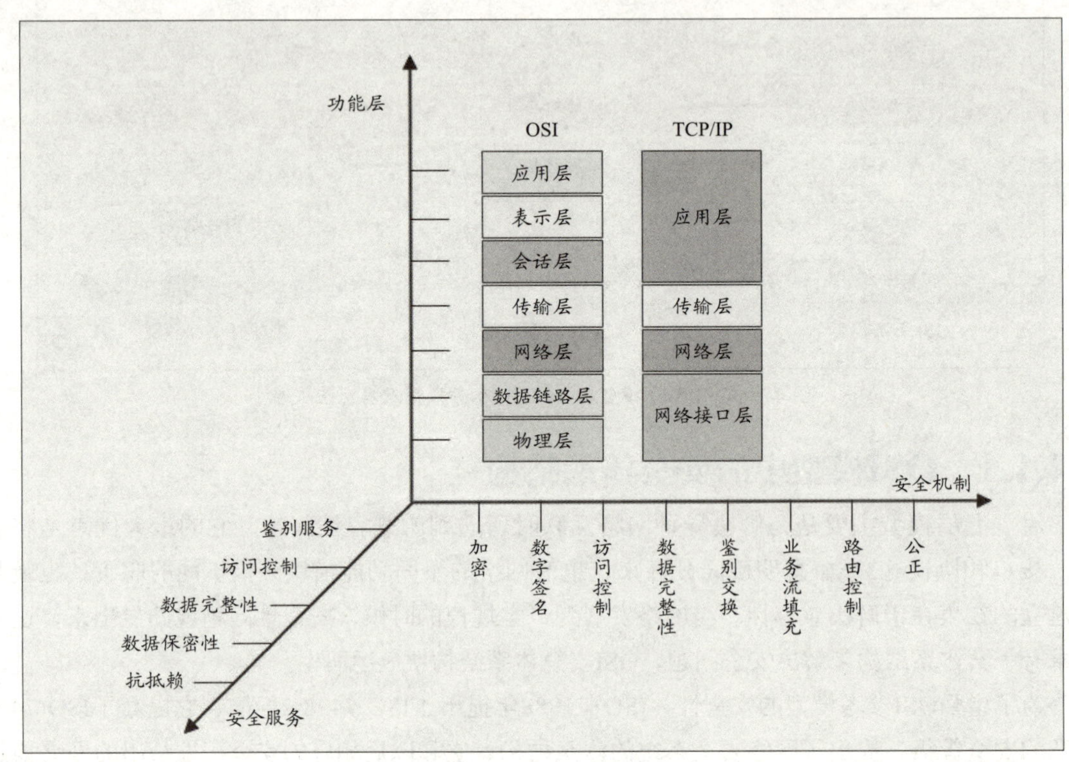


图 4-2　OSI 安全体系结构

## 4.1.2　OSI安全体系结构中的安全服务

在OSI安全体系结构中，定义了五大类安全服务。

### 1. 鉴别服务

鉴别是最基本的安全服务，是对付假冒攻击的有效方法。鉴别可以分为对等实体鉴别和数据源鉴别。

（1）对等实体鉴别。

对等实体鉴别是在开放系统的两个同层对等实体间建立连接和传输数据期间，为证实一个或多个连接实体的身份而提供的一种安全服务。这种服务可以是单向的，也可以是双向的；可以带有有效期检验，也可以不带。从七层参考模型看，当由$n$层提供这种服务时，将使$n+1$层实体确信与之打交道的对等实体正是它所需要的对等$n+1$层的实体。

（2）数据源鉴别。

数据源鉴别服务是对数据单元的来源提供识别，但对数据单元的重复或篡改不提供鉴别保护。从七层参考模型看，当由$n$层提供这种服务时，将使$n+1$层实体确信数据来源正是它所需要的对等$n+1$层的实体。

### 2. 访问控制

访问控制用于防止资源未经授权被使用。在OSI安全体系结构中，访问控制安全目标如下：

- 通过进程（可以代表人员或其他进程行为）对数据的不同进程或其他计算资源的访问控制。
- 在一个安全域内的访问或跨越一个或多个安全域的访问控制。
- 按照上下文进行的访问控制。如根据试图访问的时间、地点或访问路由等因素的访问控制。
- 在访问期间对授权更改做出反应的访问控制。

### 3. 数据完整性

数据完整性服务用于对抗数据在存储、传输等处理过程中受到的非授权修改，可分为以下3种重要类型。

- 连接完整性服务。
- 无连接完整性服务。
- 选择字段完整性服务。

完整性服务还可以按是否具有恢复功能分为以下两种类型。

- 不具有恢复功能的完整性服务。
- 具有恢复功能的完整性服务。

OSI安全体系把完整性服务概括为以下5个方面。

（1）带恢复的连接完整性。

为（$n$）连接上的所有（$n$）用户数据保证其完整性，并检测整个SDU序列中的数据遭受到的任何篡改、插入和删除，或者同时进行补救和/或恢复。

（2）不带恢复的连接完整性。

服务同带恢复的连接完整性，只是不做补救恢复。

（3）选择字段的连接完整性。

为一次连接上传送的（$n$）SDU的（$n'$）用户数据中的选择字段提供完整性保护，确定被选择字段是否遭受了篡改、插入、删除或不可用。

（4）无连接完整性。

为单个无连接上的SDU提供完整性保护，检测一个接收到的SDU是否遭受了篡改，并在一定程度上提供对连接重放的检测。当这种服务由（$n$）提供时，对发出请求的那个（$n+1$）实体也就提供了完整性保护。

（5）选择字段的无连接完整性。

为单个无连接上的SDU中的选择字段提供完整性保护，检测被选择字段是否被篡改。

### 4. 数据保密性

数据保密性就是保护信息（数据）不泄露或不泄露给那些未经授权掌握这一信息的实体。在信息系统安全中需要区分两类机密性服务。

（1）数据机密性服务。

使攻击者想要从某个数据项中获取敏感信息是十分困难的。

（2）业务流机密性服务。

攻击者想要通过观察通信系统的业务流来获取敏感信息是十分困难的。

### 5. 抗抵赖

前述的安全服务是针对来自未知攻击者的威胁，而抗抵赖服务的目的是保护通信实体免遭来自其他合法实体的威胁。OSI定义的抗抵赖服务有两种类型。

（1）有数据原发证明的抗抵赖。

为数据的接收者提供数据的原发证据，使发送者不能抵赖这些数据的发送或否认发送内容。

（2）有交付证明的抗抵赖。

为数据的发送者提供数据交付证据，使接收者不能抵赖收到这些数据或否认接收内容。

## ■4.1.3 OSI安全体系的安全服务配置

在OSI安全体系中，针对不同类的安全服务，可以在不同层级中实现各种配置。

### 1. 安全分层及服务配置原则

安全服务分层以及安全机制在OSI七层上的配置应按照下列原则进行。

- 实现一种服务的不同方法越少越好。
- 在多层上提供安全服务来建立安全系统是可取的。
- 为安全所需的附加功能不应该也不必要重复OSI的现有功能。
- 避免破坏层的独立性。
- 可信功能度的总量应尽量少。
- 只要一个实体依赖于由位于较低层的实体提供的安全机制，那么任何中间层应该按不违反安全的方式构建。
- 只要可能，就应以作为自容纳模块起作用的方法来定义一个层的附加安全功能。本标准被认定用于由包含所有七层的端系统组成的开放系统以及中继系统。

### 2. OSI各层中的安全服务配置

OSI各层提供的安全服务配置如表4-1所示，不论所要求的安全服务是由该层提供还是由下层提供，各层的服务定义都有可能需要修改。

表 4-1 OSI各层提供的安全服务配置

| 安全服务 | 协议层 | | | | | | |
|---|---|---|---|---|---|---|---|
| | 1 | 2 | 3 | 4 | 5 | 6 | 7 |
| 对等实体鉴别 | | | √ | √ | | | √ |
| 数据源鉴别 | | | √ | √ | | | √ |
| 访问控制 | | | √ | √ | | | √ |
| 连接保密性 | √ | √ | √ | √ | | √ | √ |
| 无连接保密性 | | √ | √ | √ | | √ | √ |
| 连接字段保密性 | | | | | | | √ |
| 通信业务流保密性 | | | | | | √ | √ |
| 带恢复的连接完整性 | √ | | √ | | | | √ |
| 不带恢复的连接完整性 | | | | √ | | | √ |
| 选择字段的连接完整性 | | | √ | √ | | | √ |
| 无连接完整性 | | | | | | | √ |
| 选择字段的无连接完整性 | | | √ | √ | | | √ |
| 有数据原发证明的抗抵赖 | | | | | | | √ |
| 有交付证明的抗抵赖 | | | | | | | √ |

## 4.1.4 OSI安全体系的安全机制

OSI安全体系结构没有说明5种安全服务如何实现，但是它给出了8种基本（特定的）安全机制。使用这8种安全机制，再加上几种普遍性的安全机制，将它们设置在适当的（$n$）层上，可用以提供OSI安全体系结构的安全服务。

### 1. 8种特定安全机制

下面介绍OSI安全体系结构的8种特定的安全机制及其作用。

（1）加密。

在OSI安全体系结构的安全机制中，加密涉及3个方面的内容。

- 密码体制的类型：对称密码体制和非对称密码体制。
- 密钥管理。
- 加密层的选取。选取时要考虑的因素如表4-2所示，不推荐在数据链路层上的加密。

表 4-2 加密层的选取

| 加密要求 | 加密层 |
|---|---|
| 对全部通信业务提供加密 | 物理层 |
| 细精度保护（对每个应用提供不同的密钥）<br>抗抵赖或选择字段保护 | 表示层 |

（续表）

| 加密要求 | 加密层 |
|---|---|
| 提供机密性与不带恢复的完整性<br>对所有端对端之间通信的简单块进行保护<br>希望有一个外部的加密设备（如为了给算法和密钥提供物理保护或防止软件错误） | 网络层 |
| 提供带恢复的完整性及细粒度保护 | 传输层 |

（2）数字签名。

数字签名是附加在数据单元上的一些数据，或是对数据单元所做的密码变换，这种附加数据或变换的作用如下：

- 供接收者确认数据来源。
- 供接收者确认数据完整性。
- 保护数据，防止他人伪造。

数字签名需要确定如下两个过程。

- 对数据单元签名，使用签名者的私有（独有或机密的）信息。
- 验证签过名的数据单元，使用的规程和信息是公开的，但不能推断出签名者的私有信息。

（3）访问控制。

访问控制是一种对资源访问或操作加以限制的策略，此外它还可以支持数据的机密性、数据完整性、可用性以及合法使用的安全目标。访问控制机制可应用于通信联系中的任一端点或任一中间点。在访问控制信息库中保存了对等实体的访问权限。

访问控制机制可以建立在以下的一种或多种手段之上。

- 鉴别信息，如口令等。
- 权限。
- 安全标记。
- 试图访问的时间。
- 试图访问的路由。
- 访问持续期。

（4）数据完整性。

数据完整性保护的目的是避免未经授权的数据乱序、丢失、重放、插入和篡改。数据完整性包括两个方面：单个数据或字段的完整性和数据单元流或字段流的完整性。

决定单个数据单元的完整性涉及两个实体：一个在发送实体上，一个在接收实体上。发送实体给数据单元附上一个附加量，接收实体也产生一个相应的量，通过比较二者，可以判定数据在传输过程中是否被篡改。

对于连接方式数据传送，保护数据单元序列的完整性（包括防止乱序、数据丢失、重放或篡改），还需要明显的排序标记，如顺序号、时间标记或密码链；对于无连接数据传送，时间标记可以提供一定程度的保护，防止个别数据单元重放。

（5）鉴别交换。

可用于鉴别交换的技术有：鉴别信息，如口令；密码技术；使用实体特征（生物信息等）或占有物（信物等）。可以结合使用的技术有：时间标记与同步时钟；两次握手（单方鉴定）和三次握手（双方鉴定）；数字签名和公证。

（6）业务流填充。

业务流填充是一种反分析技术，通过虚假填充将协议数据单元达到一个固定长度。它只有受到机密服务保护才有效。

（7）路由控制。

路由选择控制机制可以使敏感数据只在具有适当保护级别的路由上传输，并且进行如下处理。

- 检测到持续的攻击，可以为端系统建立不同的路由连接。
- 依据安全策略，使某些带有安全标记的数据禁止通过某些子网、中继或链路。
- 允许连接的发起者（或无连接数据单元的发送者）指定路由选择，或回避某些子网、中继或链路。

（8）公证。

公证机制是由可信的第三方提供数据完整性、数据源、时间和目的地等的认证和保证。

## 2. OSI安全服务与安全机制之间的关系

OSI安全服务与安全机制之间的关系可以参考表4-3中的内容。

**表 4-3　OSI安全服务与安全机制之间的关系**

| 安全服务 | 安全机制 | | | | | | | |
|---|---|---|---|---|---|---|---|---|
| | 加密 | 数字签名 | 访问控制 | 数据完整性 | 鉴别交换 | 业务流填充 | 路由控制 | 公证 |
| 对等实体鉴别 | √ | √ | | | √ | | | |
| 数据源鉴别 | √ | √ | | | | | | |
| 访问控制 | | | √ | | | | | |
| 连接保密性 | √ | | | | | | √ | |
| 无连接保密性 | √ | | | | | | √ | |
| 连接字段保密性 | √ | | | | | | | |
| 流量保密性 | √ | | | | | √ | √ | |
| 带恢复的连接完整性 | √ | | | √ | | | | |
| 不带恢复的连接完整性 | √ | | | √ | | | | |
| 选择字段的连接完整性 | √ | | | √ | | | | |
| 无连接完整性 | √ | √ | | √ | | | | |

（续表）

| 安全服务 | 安全机制 | | | | | | | |
|---|---|---|---|---|---|---|---|---|
| | 加密 | 数字签名 | 访问控制 | 数据完整性 | 鉴别交换 | 业务流填充 | 路由控制 | 公证 |
| 选择字段的无连接完整性 | ✓ | ✓ | | ✓ | | | | |
| 原发方抗抵赖 | ✓ | ✓ | | ✓ | | | | ✓ |
| 接收方抗抵赖 | | ✓ | | ✓ | | | | ✓ |

## ■4.1.5 TCP/IP模型中的安全体系结构

TCP/IP协议族在设计之初并没有认真地考虑网络安全功能，为了解决TCP/IP协议族带来的安全问题，Internet工程任务组不断地改进现有协议和设计新的安全通信协议来为现有的TCP/IP协议族提供更强有力的安全保障，在互联网安全性研究方面取得了丰硕的成果。由于TCP/IP各层协议提供了不同的功能，为各层提供了不同层次的安全保障，因此专家为协议的不同层次设计了不同的安全通信协议，为网络的各个层次提供了安全保障。目前，TCP/IP安全体系结构已经制定了一系列的安全通信协议，为各个层次提供了一定程度上的安全保障。这样，由各层安全通信协议构成的TCP/IP协议族的安全架构业已形成。

TCP/IP的安全性可分为多层，各安全层是包含多个特征的实体。在不同层次，可增加不同的安全策略和措施。如在传输层提供安全套接层服务SSL和其继任者传输层安全TLS，它是为网络通信提供安全及数据完整性的一种安全协议；在网络层提供虚拟专用网VPN技术等。TCP/IP网络安全技术层次体系如表4-4所示。

**表 4-4 TCP/IP网络安全技术层次体系**

<table>
<tr><th></th><th>认证</th><th>访问控制</th><th>数据完整性</th><th>数据保密性</th><th>抗抵赖</th><th>可控性</th><th>可审计性</th><th>可用性</th></tr>
<tr><td rowspan="2">应用层</td><td colspan="4">应用层安全协议（如S/MIME、SHTTP、SNMPv3）</td><td rowspan="7">第三方公证（如Keberos）数字签名</td><td rowspan="7">响应<br>恢复<br>审计<br>日志<br>入侵检测（IDS）<br>漏洞<br>扫描</td><td rowspan="7">安全服务管理<br>安全机制管理<br>安全设备管理<br>物理保护</td><td rowspan="7">系统安全管理</td></tr>
<tr><td>用户身份认证</td><td colspan="2">授权与代理服务器<br>防火墙、CA</td><td></td></tr>
<tr><td rowspan="2">传输层</td><td colspan="4">传输层安全协议（如SSL/TLS、PCT、SSH、SOCKS）</td></tr>
<tr><td colspan="4">电路级防火</td></tr>
<tr><td rowspan="2">网络层（IP）</td><td colspan="4">网络层安全协议（如IPSec）</td></tr>
<tr><td>数据源认证<br>IPSec-AH</td><td colspan="2">包过滤<br>防火墙</td><td>如VPN</td></tr>
<tr><td>网络接口层</td><td>相邻节点间的认证（如MS-CHAP）</td><td>子网划分<br>VLAN<br>物理隔绝</td><td>MDC<br>MAC</td><td>点对点加密（MPPE）</td></tr>
</table>

## 4.1.6 TCP/IP模型中的安全隐患和应对

TCP/IP参考模型在设计之初并没有过多考虑网络威胁，但随着网络的发展，TCP/IP参考模型中的安全隐患逐渐暴露，当然隐患也被逐渐消除。TCP/IP模型中存在的主要安全隐患及应对方法如图4-3所示。

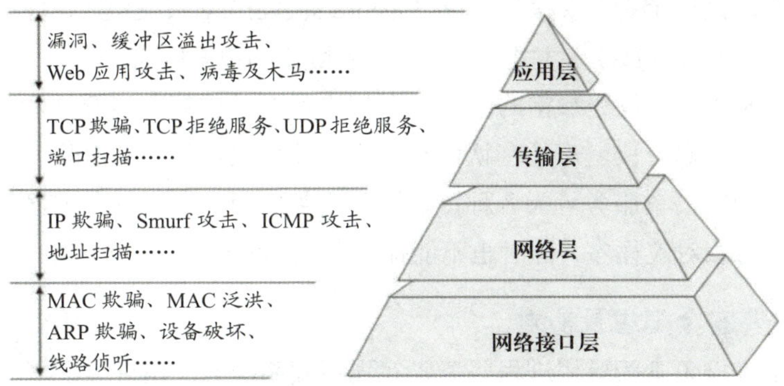


图 4-3 TCP/IP 参考模型中的安全隐患

### 1. 网络接口层的主要安全隐患及应对

TCP/IP模型的网络接口层对应着OSI模型的物理层和数据链路层。物理层安全问题是指由于网络环境及物理特性产生的网络设施和线路安全性问题，致使网络系统出现安全风险，如设备问题、意外故障、信息探测与窃听等。由于以太网上存在交换设备并采用广播方式，可能在某个广播域中侦听、窃取并分析信息。因此，保护链路上的设施安全极为重要，物理层的安全措施相对较少，最好采用“隔离技术”将每两个网络保证在逻辑上能够连通，同时从物理上隔断，并加强实体的安全管理与维护。网络接口层安全通信协议为通过通信链路连接起来的主机或路由器之间的安全提供了保证，PPTP、L2TP是主要的数据链路层安全通信协议。数据链路层安全通信协议拥有较高的效率，但是通用性和扩展性较差。

### 2. 网络层的主要安全隐患及应对

网络层的主要功能是数据包的网络传输，其中IP协议是整个TCP/IP协议体系结构的重要基础，TCP/IP中所有协议的数据都是以IP数据报形式进行传输的。

TCP/IP协议族常用的两种IP版本是IPv4和IPv6。IPv4在设计之初根本没有考虑到网络安全问题，IP包本身不具有任何安全特性，从而导致在网络上传输的数据包很容易泄漏或受到攻击，IP欺骗和ICMP攻击都是针对IP层的攻击手段，如伪造IP包地址、拦截、窃取、篡改、重播等。因此，通信双方无法保证收到的IP数据报的真实性。IPv6简化了IPv4中的IP头结构，并增加了安全性设计。

网络层安全通信协议旨在解决网络层通信中产生的安全问题，对TCP/IP协议而言，主要解决IP协议中存在的安全问题。目前，IPSec是最重要的网络层安全通信协议。网络层安全通信协议对网络层以上各层透明，但是难以提供不可否认服务。

### 3. 传输层的主要安全隐患及应对

TCP/IP传输层主要包括传输控制协议TCP和用户数据报协议UDP，其安全措施主要取决于具体的协议。传输层的安全主要包括：传输与控制安全、数据交换与认证安全、数据保密性与完整性等。TCP是一个面向连接的协议，用于多数互联网服务，如HTTP、FTP和SMTP等。为了保证传输层的安全，设计了安全套接层协议（secure socket layer，SSL），现更名为传输层协议（transport layer security，TLS），主要包括SSL握手协议和记录协议。

SSL协议用于数据认证和数据加密的过程，利用多种有效密钥交换算法和机制，SSL记录协议对应用程序提供了信息分段、压缩、认证和加密，此协议提供了身份验证、完整性检验和保密性服务。密钥管理的安全服务可为各种传输协议重复使用，它可以在进程与进程之间实现安全通信，但是需要修改对应程序，同时也不能提供透明的安全保障。

### 4. 应用层的主要安全隐患及应对

应用层的功能是直接负责为应用进程服务，实现不同系统的应用进程之间的互相通信，完成特定的业务处理和服务。应用层提供的服务有电子邮件、文件传输、虚拟终端和远程数据输入等。网络层的安全协议为网络传输和连接建立安全的通信管道，传输层的安全协议保障传输数据可靠、安全地到达目的地，但无法根据所传输的不同内容的安全需求予以区别对待。灵活处理具体数据的不同安全需求的方案就是在应用层建立相应的安全机制，如IETF规定了私用强化邮件PEM为基于SMTP的电子邮件系统提供安全服务；免费电子邮件系统PGP提供了数字签名和加密功能；HTTPS是Web上使用的超文本传输协议的安全增强版本。

HTTP是互联网上应用最广泛的协议。它使用80端口建立连接，进行浏览、数据传输和对外服务，用户使用浏览器访问并接收从服务器返回的Web网页数据。HTTP主要的安全隐患是网站如果含有破坏性的控件或插件，用户访问时会自动运行这些恶意代码，或者胁持浏览器下载病毒、木马等，危害用户设备和数据的安全。HTTPS协议是HTTP协议的安全版本，现在基本已经取代了HTTP协议。

FTP是建立在TCP/IP连接上的文件发送与接收协议，由服务器和客户端组成，每个TCP/IP主机都有内置的FTP客户端，且多数服务器都有FTP程序。FTP通常使用20和21两个端口，由21端口建立连接，使连接端口在整个FTP会话中保持开放，用于在客户端和服务器之间发送控制信息和客户端命令。在FTP主动模式下，常用20端口进行数据传输，在客户端和服务器之间每传输一个文件就要建立一个数据连接。

网络通过DNS在解析域名请求时使用53端口。黑客可以进行区域传输或利用攻击DNS服务器窃取区域文件，并从中窃取区域中所有系统的IP地址和主机名。通常可采用防火墙保护DNS服务器并阻止各种区域传输，还可通过配置系统限制接收特定主机的区域传输。

Telnet的功能是进行远程终端登录访问，曾用于管理Unix设备。允许远程用户登录是产生Telnet安全问题的主要问题，另外，Telnet以明文方式发送所有用户名和密码，也给非法者以可乘之机，只要利用一个Telnet会话即可远程作案。因此，现今Telnet已成为防范重点。

# 4.2 数据链路层安全协议

数据链路层常见的PPP协议（point-to-point protocol，点对点协议）为在点对点连接上传输多协议数据报提供了一个标准方法。PPP为两个对等节点之间的IP流量传输提供了一种封装协议。在PPP中为了保证通信的安全，提供了认证功能，认证使用的协议包括PAP、CHAP。另外，数据链路层还提供了数据的加密技术，如隧道协议的L2F及L2TP等。下面将详细介绍这些常见的安全协议的功能。

## 4.2.1 PAP协议的安全认证

面向连接的点对点通信的第一步是在双方之间先建立信道的连接，并且要进行通信双方的身份认证，包括用户对电信运营商的身份确认和电信运营商对用户的身份确认。有两个协议进行用户的身份认证：口令验证协议（password authentication protocol，PAP）和挑战握手身份认证协议（challenge handshake authentication protocol，CHAP）。只有身份认证通过后才允许进行通信。

PAP身份认证的过程只有两个步骤。

（1）当PPP用户要访问互联网服务商ISP的系统时，就向系统发送认证的标识，通常是用户名和口令。

（2）ISP系统对收到的用户名和口令进行鉴别，以确定接受或拒绝连接。

PAP认证所使用的3种包如图4-4所示。无论PPP帧传输哪一种包，它的协议类型字段的值为0xC023。第1种包是身份认证请求，用户用它向系统发送用户名和口令，请求接入系统。第2种包是身份确认，系统用它告诉用户，其身份已被认可，允许用户访问系统。第3种包是身份否定，系统用它告诉用户，该用户名或口令未通过认证，拒绝其访问系统。PAP协议将用户名和口令用ASCII编码的明文方式在链路上传输，很容易被截获，存在用户名和口令泄露等安全问题。

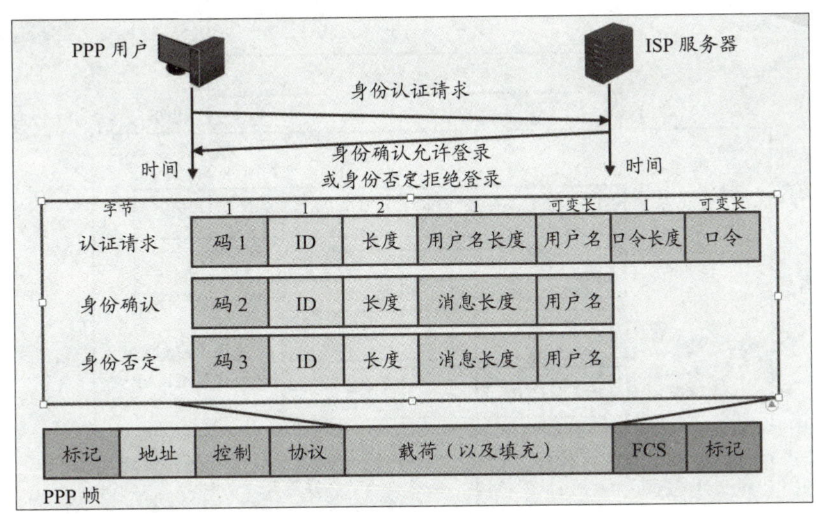


图 4-4 PAP 认证所使用的 3 种包

## ■4.2.2 CHAP协议的安全认证

CHAP采用三次握手进行身份认证，它的安全性比PAP好，因为用户登录系统时用于认证的口令不直接在链路上传输，对口令的保密较好。CHAP协议执行过程如下：

第一步，当互联网服务商ISP收到用户的认证请求后，认证系统向用户发送一个挑战包，其中包含一个挑战值，或一个一次性使用的随机数，长度为几个字节。

第二步，用户收到认证系统发来的挑战值后，按照事先双方约定的算法，将挑战值与自己的口令进行计算并生成一个结果；用户将此计算结果封装到一个响应包中发给ISP系统。

第三步，认证系统也执行同样的过程，它将发给用户的挑战值与事先存储在内部的用户口令用同样的算法进行计算，将此计算结果与用户发来的响应包中的数值进行比较。如果两者相同，则用户身份确认，允许访问ISP系统；否则，拒绝该用户访问。

认证系统每次发送给用户的挑战值都不同，这样可以防止重放攻击。CHAP的优点是：即使入侵者通过对链路的数据捕获知道了系统发给用户的挑战值和用户返回的计算结果，仍然无法知道口令，因为采用的算法是单向的和不可逆的，不可能利用计算的结果反向推算出口令。另外的改进是：将挑战值用图片方式传输，用户收到后阅读出图片中的数字，再将其输入计算程序，这可防止服务器发给客户端的挑战值在传输途中被截获，还可在图片形式的挑战值中加入黑点等干扰像素，改变挑战值图形的大小和倾斜程度等，也能加大挑战值被截获与破译的难度。此方法在访问电子邮件和网络银行等服务器的认证中得到广泛应用。

挑战握手身份认证协议在PPP拨号上网系统中的执行过程如图4-5所示。挑战握手身份认证协议的包被封装到PPP帧中。有4种CHAP包：第1种是挑战包，系统向用户发送挑战值；第2种是响应包，用户向系统发送计算结果；第3种是身份确认包，系统告诉用户允许访问系统；第4种是身份否定包，系统告诉用户拒绝访问系统。

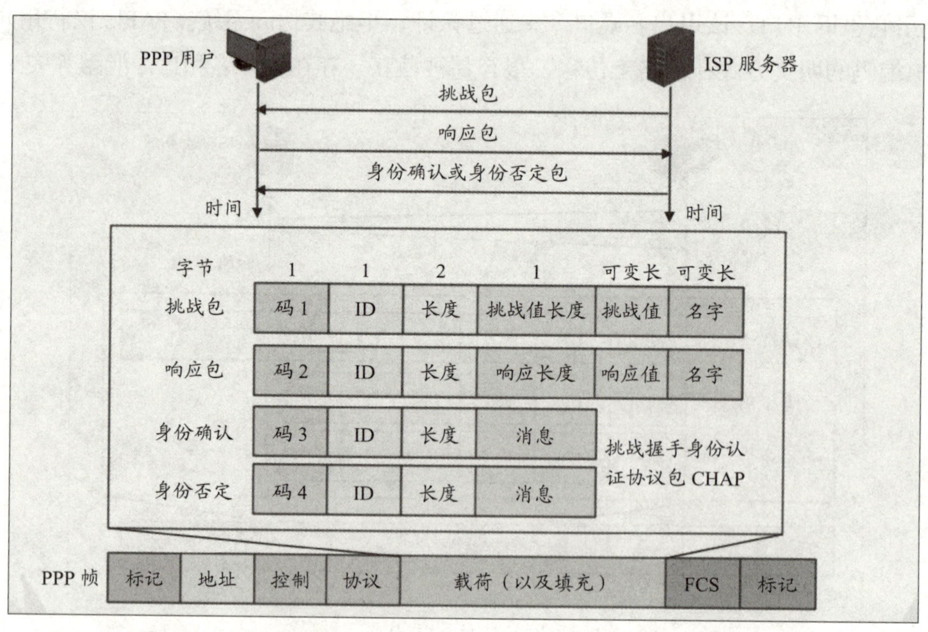

图 4-5　挑战握手身份认证协议在 PPP 拨号上网系统中的执行过程

### ■4.2.3 PPTP协议

点对点隧道协议（point-to-point tunneling protocol，PPTP）是实现虚拟专用网的方式之一。PPTP使用传输控制协议创建控制通道来发送控制命令，以及利用通用路由封装通道来封装点对点协议数据报以发送数据。这个协议最早由微软等厂商主导开发，但因为它的加密方式容易被破解，微软已经不再建议使用这个协议。

PPTP的协议规范本身并未描述加密或身份验证的部分，它依靠点对点协议来实现这些安全性功能。因为PPTP协议内置在Windows系统家族的各个产品中，在微软点对点协议堆栈中提供了各种标准的身份验证与加密机制来支持PPTP。在微软Windows系统中，它可以搭配PAP、CHAP、MS-CHAPv1/v2或EAP-TLS来进行身份验证。通常也可以搭配微软点对点加密或IPSec的加密机制来提高安全性。

### ■4.2.4 L2TP协议

第二层隧道协议（layer two tunneling protocol，L2TP）是一种工业标准的Internet隧道协议，功能大致和PPTP协议类似，不过也有不同之处，例如，PPTP要求网络为IP网络，L2TP要求面向数据报的点对点连接；PPTP使用单一隧道，L2TP使用多隧道；L2TP提供包头压缩、隧道验证，而PPTP不支持。

L2TP协议自身不提供加密与可靠性验证的功能，可以和其他安全协议搭配使用，从而实现数据的加密传输。经常与L2TP协议搭配的加密协议是IPsec，当这两个协议搭配使用时，通常合称L2TP/IPsec。

L2TP支持包括IP、ATM（asynchronous transfer mode，异步传输模式）、帧中继、X.25在内的多种网络。在IP网络中，L2TP协议使用注册端口UDP 1701。因此，在某种意义上，尽管L2TP协议的确是一个数据链路层协议，但在IP网络中，它又是一个会话层协议。

## 4.3 网络层安全协议

网络层提供了一种端到端的数据传输服务，网络层安全性主要是解决两个端点之间的数据安全交换问题，涉及数据传输的保密性和完整性，要防止在数据交换过程中数据被非法窃听和篡改。本节将着重介绍网络层的安全协议。

### ■4.3.1 IPSec安全体系结构

网络层安全协议通常是对网络层协议安全性的增强，即在网络层协议的基础上增加了数据加密和认证等安全机制。由于目前的网络层协议主要是IP协议，因此本节主要介绍基于IP协议的安全协议：IP安全协议（IP security，IPSec）。IPSec安全体系结构由3个主要部分组成：安全协议、安全联盟和密钥管理。

#### 1. 安全协议

IPSec是在IP协议（IPv4和IPv6）的基础上提供了数据保密性、数据完整性以及抗重播保护等安全机制和服务，保证了IP协议及上层协议能够安全地交换数据。

IPSec提供两种安全协议：认证头（authentication header，AH）和封装安全有效负载（encapsulating security payload，ESP），用于对IP数据报或上层协议数据报进行安全保护。其中，AH只提供了数据完整性认证机制，可以证明数据源端点，保证数据完整性，防止数据篡改和重播；ESP同时提供了数据完整性认证和数据加密传输机制，它除了具有AH所有的安全能力之外，还提供了数据传输保密性。

AH和ESP可以分别单独使用，也可以联合使用。每个协议都支持以下两种应用模式。

- **传输模式：**为上层协议数据提供安全保护。
- **隧道模式：**以隧道方式传输IP数据报。

AH或ESP提供的安全性完全依赖于它们所采用的密码算法。为保证一致性和不同实现方案之间的互通性，必须定义一些需要强制实现的密码算法。因此，在使用认证和加密机制进行安全通信时，必须解决以下3个问题。

- 通信双方必须协商所要使用的安全协议、密码算法和密钥。
- 必须方便和安全地交换密钥（包括定期改变密钥）。
- 能够对所有协商的细节和过程进行记录和管理。

### 2. 安全联盟

IPSec使用一种称为安全联盟（security associations，SA）的概念性实体集，在其中存放所有需要记录的协商细节。因此，在SA中包含了安全通信所需的所有信息，可以将SA看作一个由通信双方共同签署的有关安全通信的“合同”。

SA使用一个安全参数索引（security parameter index，SPI）来唯一标识，SPI是一个32位的随机数，通信双方要使用SPI来指定一个协商好的SA。

使用SA的好处是可以建立不同等级的安全通道。例如，一个用户可以分别与A网和B网建立安全通道，分别设置两个SA：SA（a）和SA（b），在SA（a）中可以协商使用更加健壮的密码算法和更长的密钥。

### 3. 安全策略

IPSec通过安全策略为用户提供了一种描述安全需求的方法，允许用户使用安全策略定义所保护的对象、安全措施以及密码算法等。安全策略由安全策略数据库维护和管理。

在受保护的网络中，各种通信的安全需求和保护措施可能有所不同。用户可以通过安全策略描述不同通信的安全需求和保护措施。例如，在一个内部网的安全网关上可以设置不同的安全策略，对于本地子网和远程子网之间的所有数据通信，使用DES算法加密数据，使用MD5算法进行数据验证；对于远程子网发送给一个邮件服务器的所有数据，则使用3DES算法加密，使用SHA算法进行数据验证。在这两个安全策略中，前者是一种基本的安全策略，后者是一种安全级较高的安全策略。

### 4. 密钥管理

IPSec支持两种密钥管理协议：手工密钥管理和自动密钥管理（Internet key exchange，IKE）。其中，IKE是基于Internet的密钥交换协议，它提供的功能如下：

- **协商服务：**通信双方协商所使用的协议、密码算法和密钥。
- **身份鉴别服务：**对参与协商的双方身份进行认证，确保双方身份的合法性。
- **密钥管理：**对协商的结果进行管理。
- **安全交换：**生成和交换所有密钥的密码源物质。

IKE是一个混合型协议，集成了ISAKMP和部分Oakley密钥交换方案。

## 4.3.2 安全联盟

安全联盟SA是IPSec的重要组成部分，AH和ESP协议都必须使用SA。IKE协议的主要功能之一就是建立和维护SA。IPSec规定，所有AH和ESP的实现都必须支持SA。

### 1. 安全联盟的基本特性

一个SA是一个单一的“连接”，它为其承载的通信提供安全服务。SA的安全服务是通过使用AH或ESP（不能同时使用）建立的。如果一个通信流需要同时使用AH和ESP进行保护，则要创建两个或更多的SA来提供所需的保护。SA是单向的，为了保证两个主机或两个安全网关之间双向通信的安全，需要建立两个SA，各自负责一个方向。

一个SA由一个三元组唯一标识，三元组的元素是安全参数索引（SPI）、IP目的地址、安全协议（AH或ESP）标识符。

理论上讲，目的地址可以是一个单播地址、组播地址或广播地址。目前，IPSec的SA管理机制只支持单播SA。因此，下面的SA描述是基于点到点通信环境的。

根据IPSec的应用模式，SA可以分成两种类型：传输模式的SA和隧道模式的SA。

（1）传输模式的SA。

传输模式的SA是一个位于两个主机之间的“连接”。在该模式下，经过IPSec处理的IP数据报格式如图4-6所示。

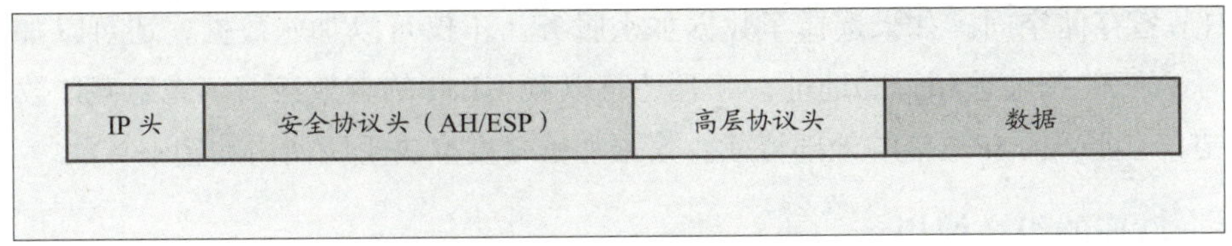


图 4-6 传输模式下 IP 数据报格式

为了和原始IP数据报相区别，将经过IPSec处理的IP数据报称为IPSec数据报。如果选择了ESP作为安全协议，则传输模式的SA只为高层协议提供安全服务；如果选择了AH，则可将安全服务扩展到IP头的某些在传输过程中不变的字段。

（2）隧道模式的SA。

隧道模式的SA将在安全网关与安全网关之间或者主机与安全网关之间建立一个IP隧道。在隧道模式中，IP数据报有两个IP头：一个是外部IP头，用于指明IPSec数据报的目的地；另一个是内部IP头，用于指明IP数据报的最终目的地。安全协议头位于外部IP头与内部IP头之间，如图4-7所示。

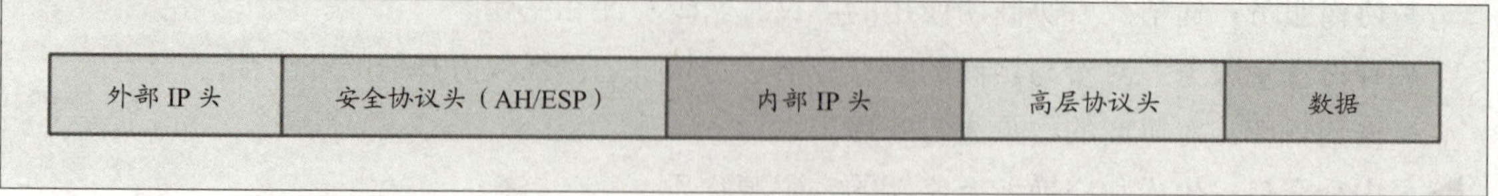


图 4-7　隧道模式下 IP 数据报格式

如果选择ESP作为安全协议，则受保护部分只有内部IP头、高层协议头和数据；如果选择使用AH，则受保护部分被扩展到外部IP头中某些在传输过程中不变的字段。

因此，对于主机节点的SA，必须同时支持传输模式和隧道模式；对于网关节点的SA，只要求支持隧道模式。

### 2. 安全联盟的服务功能

一个SA所能提供的安全服务集是由以下因素决定的。

（1）所选择的安全协议（AH/ESP）。

（2）SA的应用模式（传输模式/隧道模式）。

（3）SA的节点类型（主机/安全网关）。

（4）对安全协议提供可选服务的选择（如抗重播服务）。

AH提供了数据的原始认证和IP数据报的无连接完整性认证。认证服务的精度是由SA的精度决定的，AH将按照这个精度为IP提供认证服务。当不需要对数据加密保护时，AH是一个合适的协议。AH还为IP头的某些字段提供认证，这在某些情况下是需要的。例如，在IP数据报传输过程中，如果要保护IP头某些字段的完整性，防止路由器对其进行修改，AH就可以提供这种服务。

ESP可以为通信提供数据加密服务和数据认证服务。ESP数据认证服务的保护范围要比AH小，如不能保护ESP头前面的IP头部分。如果只需认证上层协议，ESP是一种合适的选择，比使用AH节省存储空间。如果选择了数据加密服务，不仅可以加密数据，还可以加密内部IP头，隐藏了真正的源地址和目的地址，并且还可以利用ESP的有效载荷填充隐藏IP数据报的实际尺寸，进一步隐藏了IP通信的外部特征。数据加密强度取决于所使用的密码算法。

### 3. 安全联盟的组合使用

一个单一的SA只能从AH或ESP中选择一种安全协议对IP数据报提供安全保护。在有些情况下，一个安全策略要求对一个通信提供多种安全服务，这是用一个SA无法实现的。在这种情况下，需要利用多个SA来实现所需的安全策略。

在多个SA的情况下，必须将一个SA序列组合成SA束，经过SA束处理后的通信能够满足一个安全策略。SA束中的SA顺序是由安全策略定义的，各个SA可以终止于不同的端点。将多个SA组合成SA束的两种方法如下：

（1）传输邻接。

这种方法是将AH和ESP的传输模式组合使用来保护一个IP数据报，它不涉及隧道，如图4-8所示。通常，这种方法只允许一层组合。因为每个协议只要使用足够健壮的密码算法，其安全性是有保证的，并不需要多层嵌套使用，可以减少协议的处理开销。

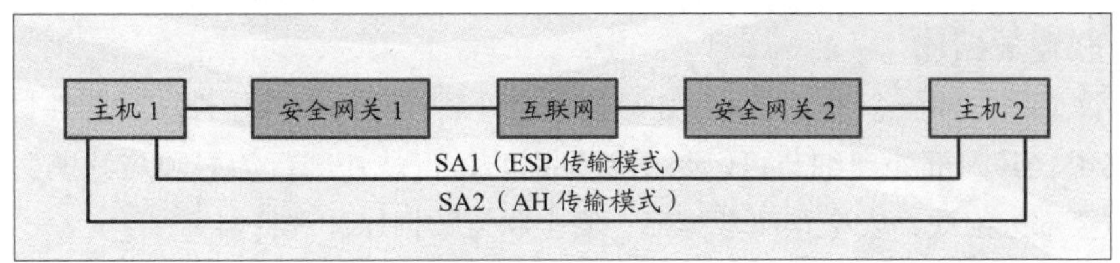


图 4-8 传输邻接

（2）多重隧道。

这种方法是由多个SA组合成一个多重隧道来保护IP数据报，每个隧道都可以在不同的IPSec节点（可以进行IPSec处理的设备）上开始或终止。多重隧道可以分成以下3种形式。

①由两个多SA端点组合而成，每个隧道都可以用AH或ESP建立，主机1和主机2都是多SA端点，如图4-9所示。

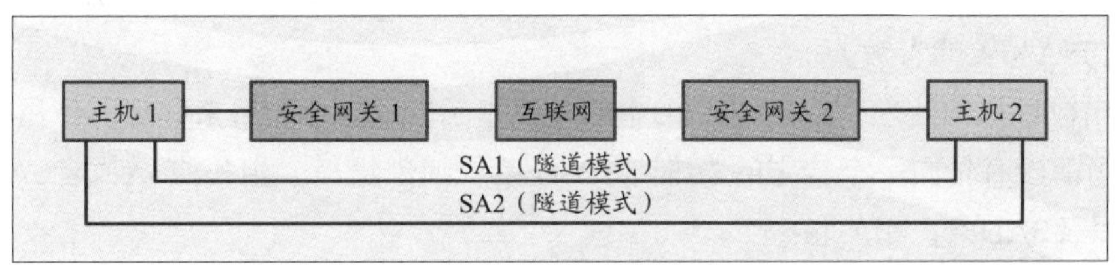


图 4-9 多重隧道 -1

②由一个多SA端点和一个单SA端点组合而成，每个隧道都可以用AH或ESP建立，主机1是多SA端点，安全网关2和主机2都是单SA端点，如图4-10所示。

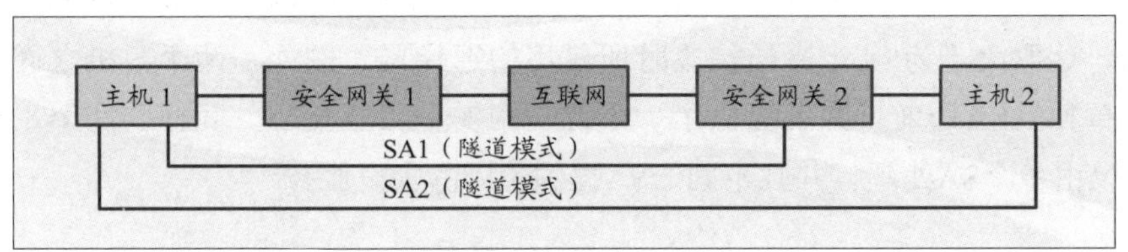


图 4-10 多重隧道 -2

③由多个单SA端点组合而成，这里没有多SA端点，每个隧道都可以用AH或ESP建立，主机1、安全网关1、安全网关2和主机2都是单SA端点，如图4-11所示。

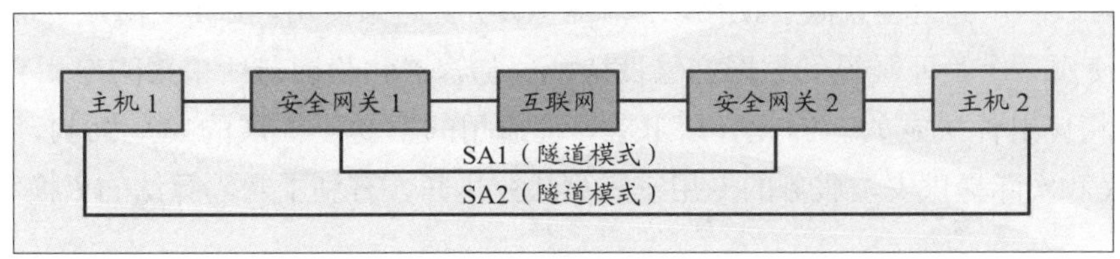


图 4-11 多重隧道 -3

此外，传输模式和隧道模式还可以组合使用。例如，用一个隧道模式的SA和一个传输模式的SA按顺序组合成一个SA束。对于安全协议的使用顺序，在传输模式下，如果AH和ESP组合使用，则AH应当位于ESP之前，AH作用于ESP生成的密文；在隧道模式下，可以按照不同的顺序使用AH和ESP。

#### 4. 安全联盟数据库

IPSec协议采用一种概念模型定义了IP通信安全处理过程的互操作性和功能性目标。对于具体的IPSec实现，其内部处理细节可以是千差万别的，但是外部行为必须与该模型相一致。该模型由3个主要部分组成：安全策略数据库、安全联盟数据库和选择器。

（1）安全策略数据库。

安全策略数据库（SPD）定义了安全策略相关参数的存储和管理结构。实际上，SA就是一种在IPSec环境中实施安全策略的管理结构。由于SPD指明了以何种方式为IP数据报提供安全服务，因此，SPD是SA处理的重要元素之一。本节不讨论数据库的形式和接口，而是重点介绍SPD应支持的最小管理功能。

（2）安全联盟数据库。

安全联盟数据库（SAD）是一种形式上的数据库，每个SA都对应于SAD中的一个条目，定义了一个与SA相关的参数。

对于外出数据报的处理，SA是由SPD中的条目指示的，即由SPD来确定所使用的SA。当一个SPD条目当前没有指向一个特定的SA时，IPSec系统则创建一个相关的SA或者SA束，并且与一个SPD条目及SAD条目相关联。

对于进入数据报的处理，每个SAD中的条目通过一个三元组（〈目的IP地址；安全协议标识符；SPI〉）来索引和查找，以确定对进入数据报进行处理的SA或者SA束。

（3）选择器。

选择器用来定位安全策略数据库中的一个策略。一个SA或SA束可以是细精度的，也可以是粗精度的，这取决于为SA定义通信集时所使用的选择器。例如，两个主机之间所有的通信可以由一个单独的SA处理，并且提供了一个统一的安全服务集合。同样，两个主机之间所有的通信也可以由多个SA处理，并且不同的SA提供不同的安全服务。

### ■4.3.3 ESP协议

ESP是插入IP数据报内的一个协议头，为IP数据报提供数据保密性、数据完整性、抗重播以及数据源验证等安全服务。ESP可以应用于传输模式和隧道模式两种不同模式。ESP可以单独使用，也可以利用隧道模式嵌套使用，或者和AH组合起来使用。ESP使用一个加密器提供数据保密性，使用一个验证器提供数据完整性认证。加密器和验证器所采用的专用算法是由ESP安全联盟的相应组件决定的。因此，ESP是一种通用的、易于扩展的安全机制，它将基本的ESP功能定义和实际提供安全服务的专用密码算法分离开，有利于密码算法的更换和更新。

### 1. ESP头格式

在任何模式下，ESP头总是跟随在一个IP头之后，ESP头格式如图4-12所示。在IPv4中，IP头的协议号字段值为50，表示在IP头之后是一个ESP头。跟随在ESP头后的内容取决于ESP的应用模式。如果是传输模式，则是一个上层协议头（TCP/UDP）；如果是隧道模式，则是另一个IP头。

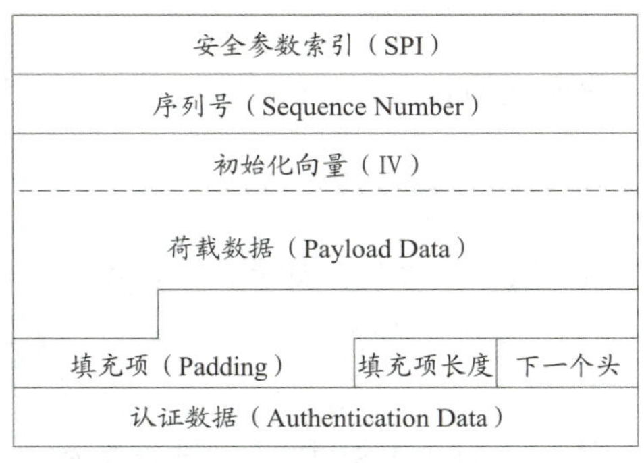


图 4-12 ESP 头格式

（1）安全参数索引（SPI）。

SPI是一个32位的随机数。SPI、目的IP地址和安全协议标识符组成一个三元组，用来唯一地确定一个特定的SA，以便对该数据报进行安全处理。通常，在密钥交换过程中由目标主机来选定SPI。SPI是经过验证的，但并没有加密，因为SPI是一种状态标识，由它来指定所采用的加密算法及密钥，以及对数据报进行解密。

（2）序列号。

序列号是一个单向递增的32位无符号整数。通过序列号，使ESP具有抗重播攻击的能力。尽管抗重播服务是可选的，但是发送端必须产生和发送序列号字段，只是接收端不一定要处理。建立SA时，发送端和接收端的计数器必须初始化为0（发送端通过特定SA发送的第1个数据报的序列号为1）。如果选择了抗重播服务（默认情况下），序列号是不能出现重复（循环）的。因此，发送端和接收端的计数器在传送第23个数据报时必须重新设置，可以通过建立一个新的SA和新的密钥来实现。序列号是经过验证的，但没有加密，因为接收端是根据序列号来判断一个数据报是否是重复的，如果先要解密序列号，然后再做出是否要丢弃该数据报的决定，就会造成处理资源的浪费。

（3）载荷数据。

被ESP保护的数据报包含在载荷数据字段中，其字段长度由数据长度来决定。如果密码算法需要密码同步数据〔如初始化向量（IV）〕，则该数据要显式地包含在载荷数据中。任何需要这种显式密码同步数据的密码算法都必须指定该数据的长度、结构及其在载荷中的位置。对于强制实施的密码算法（DES-CBC）来说，IV是该字段中的第1个8位组。如果需要隐式密码同步数据，则生成该数据的算法由RFC指定。

（4）填充项。

在0～255个字节之间，填充内容可以由密码算法来指定。如果密码算法没有指定，则由

ESP指定，填充项的第1个字节值是1，后面的所有字节值都是单向递增的。填充的作用是：

①某些密码算法要求明文的长度是密码分组长度的整数倍，因此需要通过填充项使明文（包括载荷数据、填充项、填充项长度和下一个头）长度达到密码算法的要求。

②通过填充项把ESP头的“填充项长度”和“下一个头”两个字段靠后排列。

③用来隐藏载荷的实际长度，从而支持部分数据流保密性。

（5）填充项长度。

该字段为8位，用于指明填充项的长度，接收端利用它恢复载荷数据的实际长度。该字段必须存在，当没有填充项时，其值为0。

（6）下一个头。

该字段为8位，用于指明载荷数据的类型。如果在隧道模式下使用ESP，则其值为4，表示IP-in-IP；如果在传输模式下使用，则其值为上层协议的类型，如TCP对应的值为6。

（7）认证数据。

该字段可变长，它是由认证算法对ESP数据报进行散列计算所得到的完整性检查值（ICV）。该字段是可选的，只有对ESP数据报进行处理的SA提供了完整性认证服务，才会有该字段。SA使用的认证算法必须指明ICV的长度、比较规则及认证的步骤。

### 2. ESP应用模式

ESP可采用传输模式或隧道模式对IP数据报进行保护。在传输模式下，ESP头插在IP头和上层协议头之间，如图4-13所示。

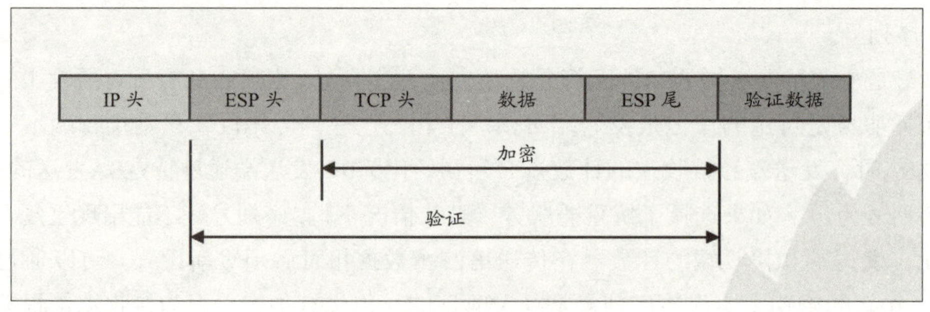


图 4-13　传输模式下 ESP 应用

在隧道模式下，整个IP数据报都封装在一个ESP头中进行保护，并增加一个新的IP头，如图4-14所示。

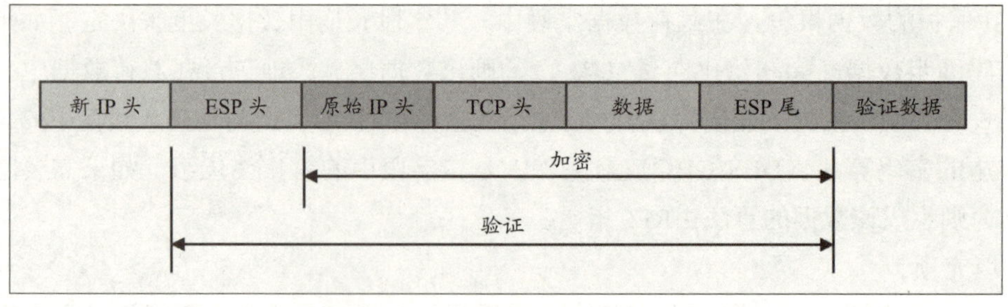


图 4-14　隧道模式下 ESP 应用

## 4.3.4　AH协议

AH协议为IP数据报提供了数据完整性、数据源验证以及抗重播等安全服务，但不提供数据保密性服务。也就是说，除了数据保密性之外，AH提供了ESP所能提供的一切服务。

AH可以采用隧道模式来保护整个IP数据报，也可以采用传输模式只保护一个上层协议报文。在任何一种模式下，AH头都会紧跟在一个IP头之后。AH不仅可以为上层协议提供认证，还可以为IP头某些字段提供认证。由于IP头中的某些字段在传输中可能会被改变（如服务类型、标志、分段偏移、生存期以及头校验和等字段），发送方无法预测最终到达接收方时这些字段的值，因此，这些字段不能受AH保护。

AH可以单独使用，也可以和ESP结合使用，或者利用隧道模式以嵌套方式使用。AH提供的数据完整性认证的范围和ESP有所不同，AH可以对外部IP头的某些固定字段（包括版本、头长度、报文总长度、标识、协议号、源IP地址、目的IP地址等字段）进行认证。

### 1. AH头格式

在任何模式下，AH头总是跟随在一个IP头之后，AH头格式如图4-15所示。

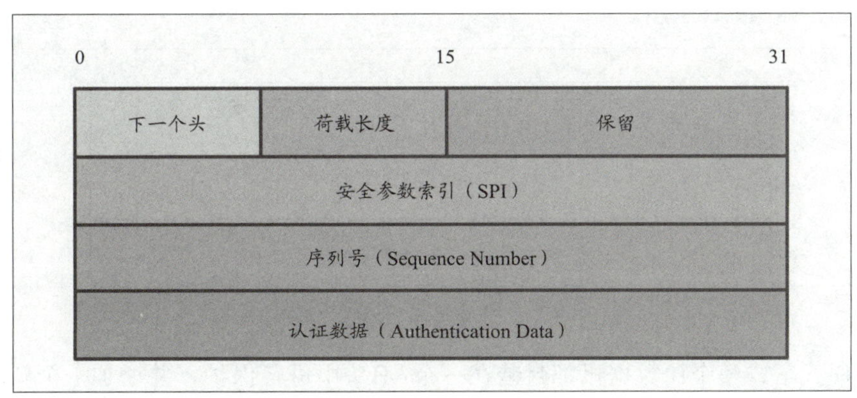


图 4-15　AH 头格式

在IPv4中，IP头的协议号字段值为51，表示在IP头之后是一个AH头。跟随在AH头后的内容取决于AH的应用模式：如果是传输模式，则是一个上层协议头（TCP/UDP）；如果是隧道模式，则是另一个IP头。

（1）下一个头。

该字段为8位，与ESP头中对应字段的含义相同。

（2）载荷长度。

该字段为8位，以32位为长度单位指定了AH的长度，其值是AH头的实际长度减2。这是因为AH是一个IPv6扩展头，而IPv6扩展头长度的计算方法是实际长度减1。由于IPv6是以64位为长度单位，而AH是以32位为长度单位进行计算的，所以将减1变换为减2（1个64位长度单位=2个32位长度单位）。如果采用标准的认证算法，认证数据字段长度为96位，加上3个32位固定长度的部分，则载荷长度字段值为4（96÷32+3–2=4）。如果使用“空”认证算法，将不会出现认证数据字段，则载荷长度字段值为1。

(3) 保留。

该字段为16位，保留给将来使用，其值必须为0。该字段值包含在认证数据计算中，但被接收者忽略。

(4) 安全参数索引（SPI）。

该字段为32位，与ESP头中对应字段的含义相同。

(5) 序列号。

该字段为32位，与 ESP头中对应字段的含义相同。

(6) 认证数据。

认证数据是可变长字段，它是认证算法对AH数据报进行完整性计算所得到的完整性检查值。该字段的长度必须是32位的整数倍，因此可能会包含填充项。SA使用的认证算法必须指明ICV的长度、比较规则以及认证的步骤。

### 2. AH应用模式

AH可采用传输模式或隧道模式对IP数据报进行保护。在传输模式下，AH头插在IP头和上层协议头之间，如图4-16所示。

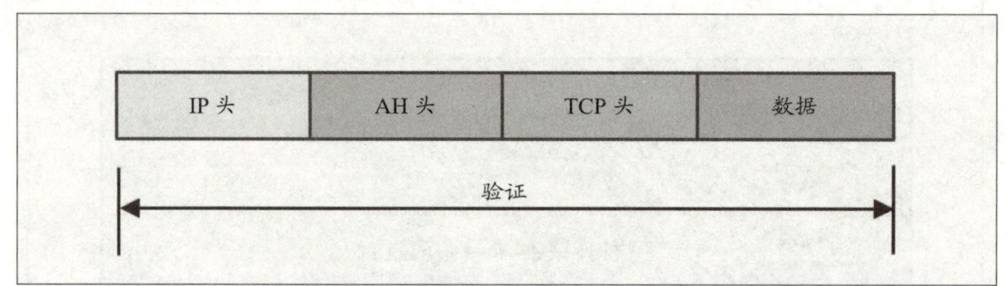


图 4-16　传输模式下 AH 头应用

在隧道模式下，整个IP数据报都封装在一个AH头中进行保护，并增加一个新的IP头，如图4-17所示。无论是哪种模式，AH都要对外部IP头的固定不变字段进行认证。

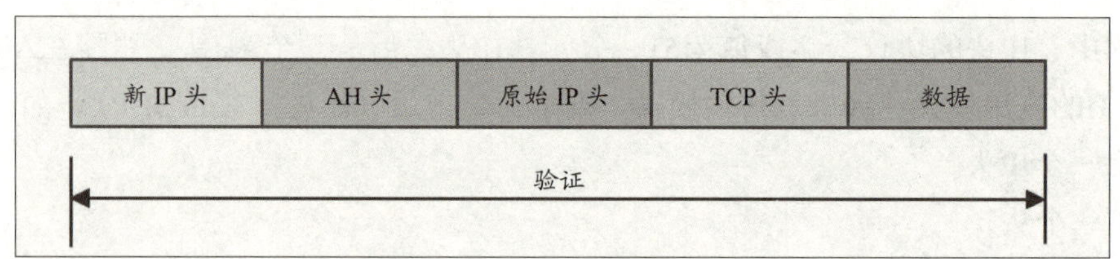


图 4-17　隧道模式下 AH 头应用

## 4.3.5　密钥管理

在使用IPSec保护一个IP数据报之前，必须先建立一个SA，SA可以手工创建，也可以自动建立。在自动建立SA时，要使用IKE协议。IKE代表IPSec进行SA的协商，并将协商好的SA填入SAD中。IKE是一种混合型协议，它建立在以下3个协议的基础上。

(1) ISAKMP协议。它是一种密钥交换框架，独立于具体的密钥交换协议。在这个框架上，可以支持多种不同的密钥交换协议。

（2）Oakley协议。描述了一系列的密钥交换模式，以及每种模式所提供服务的细节。

（3）SKEME协议。一种通用的密钥交换技术。这种技术提供了基于公钥的身份鉴别和快速密钥更新。

IKE沿用了ISAKMP的基础、Oakley的模式、SKEME的身份鉴别和密钥更新技术，定义了自己独特的生成密钥素材的技术，而且生成的密钥素材是经过验证的。

### 1. ISAKMP协议

ISAKMP定义了通信双方彼此沟通的方法和消息格式。ISAKMP提供了身份鉴别方法、密钥信息交换方法以及安全服务协商方法等。

ISAKMP定义了5种交换：NONE、基本交换、身份保护交换、纯验证交换和野蛮交换，其中，身份保护交换为主模式。IKE使用了主模式交换和野蛮交换。

ISAKMP描述了两个独立的协商阶段。在阶段1，通信各方彼此之间建立一个已通过身份鉴别的安全通道；在阶段2，使用此安全通道为另一个不同的协议（如IPSec）协商SA。

阶段1交换建立了一个ISAKMP SA。这个SA是安全策略的一个抽象和一个密钥素材，它不同于IPSec的SA。要想建立这个SA，通信各方首先必须协商好它的规则、认证它的方法以及建立它所需的参数。这个SA必须对后续的阶段2进行认证。阶段2交换可以为其他协议建立SA。由于ISAKMP SA已经通过认证，所以它可以为一次阶段2交换中的所有消息提供数据源认证、完整性认证以及保密性保护。在完成一次阶段2交换后，ISAKMP SA会继续存在下去，以保证后续阶段2交换的安全，直到过期。

要建立一个共享的安全联盟，必须首先协商好所采用的安全策略。由于安全策略可能非常复杂，所以必须采用灵活的解决方式。为此，ISAKMP同时使用了安全联盟、提议载荷及转码载荷等来表示策略。在一个安全联盟内，可能包含了一个或多个提议，而且每个提议可能包含一个或多个转码方式。

### 2. IKE协议

ISAKMP是一种密钥交换的框架，它本身没有定义具体的密钥交换协议，而是留给其他协议来定义和处理。对IPSec而言，所定义的密钥交换协议是IKE。

IKE是一种基于ISAKMP的密钥交换协议，为协商安全服务提供了一种方法。IKE协商的最终结果是一个IPSec SA，它提供了密钥素材认证服务。IKE并非IPSec专有，其他协议也可以用IKE协商具体的安全服务。

IKE使用了两个阶段的ISAKMP。阶段1建立IKE SA，可以采用主模式或野蛮模式；阶段2利用这个特定的IKE SA来协商具体的IPSec SA，采用快速模式。

## ■4.3.6 虚拟专用网络

IPSec协议主要用于构造虚拟专用网络（VPN）。VPN利用开放的公用网络作为用户信息传输媒体，通过隧道封装、信息加密、用户认证和访问控制等技术实现对信息传输过程的安全保护，从而向用户提供类似专用网络的安全性能。VPN使分布在不同地理位置的专用网络能在不可信任的公用网络上安全地通信，并可降低网络建设和维护费用。

VPN是利用VPN网关在互联网上建立的一种安全隧道，使基于互联网互联的内部网之间可以利用这个安全隧道进行安全的信息交换，将公用网转换成一个专用网，既避免了租用专用线路所带来的巨额费用，又保证了信息交换的安全。

VPN是建立在密码技术和网络安全协议基础上的，它利用网络安全协议中的数据加密封装、数据完整性认证、用户身份鉴别以及系统访问控制等安全技术实现一种隧道传输机制，防止信息在传输过程中被非法获取、篡改或盗取。因此，网络安全协议是实现VPN的关键。根据VPN类型不同，所采用的安全协议也有所不同。

根据不同需要，可以构造不同类型的VPN。不同环境对VPN的要求各不相同，VPN所起的作用也各不相同。VPN根据用途可分为内部网VPN和外部网VPN两种。

### 1. 内部网VPN

内部网VPN是将一家企业在各地分支机构的局域网通过公共网络互联起来，并利用VPN网关构成基于VPN的企业内联网，扩展了企业网络的覆盖范围。

VPN网关是一种基于IPSec协议的网络安全设备，一般部署在各个局域网出入口处，利用IPSec协议在VPN网关之间建立安全的传输隧道，为企业内联网之间的数据通信提供数据保密性、数据完整性以及身份合法性等安全服务，同时还能保护企业内部网不受外部入侵。

### 2. 外部网VPN

外部网VPN是为各个企业网之间的数据传输提供安全服务，保护网络资源不受外部威胁。外部网VPN可以为各种TCP/UDP应用（如E-mail、HTTP、FTP等）提供安全服务，保证这些应用能够安全地交换信息。同时，可以采用多种网络参数，如源地址、目的地址、应用程序类型、加密和认证类型、用户身份、工作组名、子网号等，对网络资源实施访问控制。

由于各个企业网环境各有不同，因此要求外部网VPN能够适用各种操作平台、网络协议以及各种不同的密码算法和认证方案。

外部网VPN可以采用多种网络安全协议来构建，形式上可以采用一个VPN服务器来实现，VPN服务器是一种将加密、认证和访问控制等安全功能集成于一体的集成系统。通常，VPN服务器设置在一个防火墙隔离之后，通过防火墙唯一的入口连接VPN服务器，经过防火墙和VPN服务器两级控制和保护，不仅保证了数据传输的安全，也保证了网络系统的安全。

### 3. VPN关键技术

VPN关键技术主要有隧道传输、安全性、系统性能和可管理性等。

（1）隧道传输。

VPN的基础是隧道传输技术，而隧道传输的关键是通过隧道协议将原始数据报封装成一种指定的数据格式，并嵌入另一种协议数据报（如IP数据报）中进行传输。只有源端和目的端能够解释和处理经过封装处理的数据报，而对其他节点而言都是无意义的信息。这样，在源端和目的端就形成一个基于这种传输隧道的VPN。

目前，支持隧道传输模式的网络协议有基于数据链路层的PPTP/L2TP协议、基于网络层协议的IPSec协议以及MPLS协议等。

（2）安全性。

VPN的安全性表现为两个方面：一是通过数据加密和数据认证等功能来保护通过公网传输数据的安全，以防止数据在传输过程中被窃听、泄露和篡改；二是通过身份鉴别和访问控制等功能来保护企业内部网的安全，VPN网关之间必须通过双方身份鉴别后才能建立VPN，以防止身份假冒和欺骗攻击；同时基于网络资源访问控制策略对VPN用户实施细粒度的访问控制，以实现对网络资源最大限度的保护。

（3）系统性能。

VPN系统性能主要通过数据转发速率、网络延迟和丢包率等指标来衡量，其中数据转发速率是主要的性能指标。由于VPN涉及数据加密、数据认证以及隧道封装等一系列附加操作，所以数据转发速度将会受到一定的影响，并会导致一定的网络延迟和性能损失。因此，VPN网关最好采用专用的硬件系统来实现，有关密码算法采用专用芯片，以最大限度地减少VPN引入的性能损失。

（4）可管理性。

可管理性包括VPN设备的管理和密钥管理。对于VPN设备的管理，应当支持远程管理，并提供多种管理功能，如配置管理、策略管理、日志管理等。由于VPN产品涉及数据加密，所以密钥管理是非常重要的，也是衡量可管理性的一个重要指标。密钥管理的好坏可以从以下几个方面考虑：密钥的安全性（密钥是否受限存取）、密钥是否能够自动交换、密钥是否能够自动定期修改、密钥取消是否方便安全、对加密算法的识别能力、加密算法是否可选等。

### 4. VPN实现技术

目前，基于IPSec的VPN实现方案主要有两种：主机实现方案和网关实现方案。主机实现方案是将IPSec协议集成到主机操作系统中，使主机成为一台VPN主机，可用于在两个VPN主机之间或者VPN主机与VPN网关之间构建VPN。对于前者，主要用于客户/服务器应用系统中，以保护客户与服务器之间数据通信的安全；对于后者，主要用于移动通信的场合，以保护移动IP用户与基地代理之间数据通信的安全。

网关实现方案是将IPSec协议的实现系统做成一种独立的网络设备，这种网络设备称为VPN网关，也是VPN的起点和终点，主要用于在两个网络之间构建VPN，如内部网VPN。VPN网关是IPSec协议的主要应用模式，市场上有很多这类VPN网关产品。

VPN网关一般部署在一个内部网的出入口处（即互联网接入点）。两个或多个基于互联网互联的内部网之间可以通过VPN网关在互联网上建立一个端到端的安全隧道，内部网用户可以利用这个隧道安全地交换信息。

# 4.4 传输层安全协议

传输层安全性主要是解决两个主机进程之间数据交换的安全问题，包括建立连接时的用户身份合法性、数据交换过程中的数据保密性和数据完整性。

传输层安全协议是对传输层协议安全性的增强，它在传输层协议的基础上增加了安全算法协商和数据加密等安全机制和功能。由于目前广泛应用的传输层协议是TCP协议，因此本节介绍基于TCP协议的安全协议——安全套接层（secure socket layer，SSL）协议。

## ■4.4.1 SSL协议结构

SSL主要为基于TCP协议的网络应用程序提供身份鉴别、数据加密和数据认证等安全服务。SSL得到业界的广泛认可，在实际中得到广泛应用，已成为事实上的国际标准。

SSL协议的基本目标是在两个通信实体之间建立安全的通信连接，为基于客户/服务器模式的网络应用提供安全保护。SSL协议提供了3种安全特性。

- **数据保密性**：采用对称加密算法（如DES、RC4等）加密数据，密钥是在双方握手时指定的。
- **数据完整性**：采用消息鉴别码（MAC）验证数据的完整性，MAC是采用Hash函数实现的。
- **身份合法性**：采用非对称密码算法和数字证书验证对等层实体之间的身份合法性。

SSL协议是一个分层协议，由两层组成：SSL握手协议和SSL记录协议。SSL握手协议用于数据交换前的双方（客户和服务器）身份鉴别以及密码算法和密钥的协商，它独立于应用层协议。SSL记录协议用于数据交换过程中的数据加密和数据认证，它建立在可靠的传输协议（如TCP协议）之上。因此，SSL协议是一个嵌入在TCP协议和应用层协议之间的安全协议，能够为基于TCP/IP的应用提供身份鉴别、数据加密和数据认证等安全服务。

## ■4.4.2 SSL握手过程

在SSL协议中，客户和服务器之间的通信分成两个阶段。第一阶段是握手协商阶段，双方利用握手协议协商和交换有关协议版本、压缩方法、加密算法和密钥等信息，同时还可以相互验证对方的身份；第二阶段是数据交换阶段，双方利用记录协议对数据实施加密和认证，确保数据交换的安全。因此，在数据交换之前，客户和服务器之间首先要使用握手协议进行有关参数的协商和确认。

SSL握手协议也包含两个阶段：第一阶段用于交换密钥等信息，第二阶段用于用户身份鉴别。在第一阶段，通信双方通过相互发送Hello消息进行初始化。通过Hello消息，双方就能够确定是否需要为本次会话产生一个新密钥。如果本次会话是一个新会话，则需要产生新的密钥，双方需要进入密钥交换过程；如果本次会话是建立在一个已有的连接上的，则不需要产生新的密钥，双方立即进入握手协议的第二阶段。第二阶段的主要任务是对用户身份进行认证，通常服务器方要求客户方提供经过签名的客户证书进行认证，并将认证结果返回给客户，至此，握手协议结束。

## ■4.4.3 SSL支持的密码算法

SSL协议使用了两种密码算法：不对称密码算法和对称密码算法。在SSL握手协议中，使用非对称密码算法来验证用户身份和交换共享密钥；在SSL记录协议中，使用对称密码算法来加密信息。

### 1. 非对称加密算法

在SSL协议中，支持3种非对称密码算法：RSA、Diffie-Hellman和FORTEZZA-KEA算法。它们可以用来确认双方身份，传送共享密钥和密码。

（1）RSA算法。

对控制密码进行加密，然后传送给服务器方。服务器方使用自己的私钥对控制密码进行解密。这样，双方就拥有了一个只有它们自己知道的控制密码。控制密码用来产生加密和认证数据所需的密钥和密码。

协议将用于数据加密的RSA密钥长度限制在512位之内，但没有限制用于数字签名的RSA密钥长度。在一些要求高安全的应用系统中，512位的RSA密钥是不能满足需求的。因此，在这种情况下，证书只能用于签名，而不能用于密钥交换。

当证书中的公钥不能用于加密时，服务器方则需要签发一个临时RSA密钥进行交换，临时RSA密钥允许达到所规定的最大长度，并且必须经常改变。例如，在典型的电子商务应用中，应当每天更改密钥，或者每500次交易更改一次。如果允许在多个事务中使用同样的密钥，则每次都应该签名。

（2）Diffie-Hellman算法。

在使用Diffie-Hellman算法时，双方通过Diffie-Hellman算法来协商控制密码。通常Diffie-Hellman参数由服务器方指定，可以是临时的，也可以包含在服务器方证书中。

（3）Fortezza-KEA算法。

Fortezza-KEA算法使用了公钥密码学的原理，结合了RSA和Diffie-Hellman两种算法，允许两个或多个通信方在不共享密钥的情况下建立一个共享的密钥，并确保该密钥在传输过程中保持机密性和完整性。

### 2. 对称加密算法

对称密码算法是用来对SSL记录数据进行加密和完整性认证的，典型的情况是采用DES算法加密数据，采用MD5算法验证数据完整性。其具体算法是由当前密码规范指定的，而当前密码规范则是通过SSL握手协议协商建立起来的。这里需要了解以下两个概念。

（1）控制密码。

由于采用了对称密码算法，因而客户方和服务器方之间必须拥有一个只有它们自己知道的共享密码信息。这个共享密码信息称为控制密码，共有48个字节。控制密码用来生成加密和认证数据所需的密钥和密码。对于FORTEZZA算法，使用自己的密钥生成程序和方法，控制密钥只用来做MAC计算。

（2）控制密码的转换。

当前密码规范是由一系列密码和密钥组成的，其中包括客户方写MAC密码、服务器方写MAC密码、客户方写密钥、服务器方写密钥、客户方写初始向量、服务器方写初始向量，它们是由控制密码按上面的顺序生成的，不用的值为空。在生成密钥和MAC密码时，控制密码作为信息源，其随机值为输出的密码提供解密的数据和初始向量。

# 4.5 应用层安全协议

应用层安全性主要是解决面向应用的信息安全问题，涉及信息交换的保密性和完整性，以及防止在信息交换过程中数据被非法窃听和篡改。

有些应用层安全协议是对应用层协议安全性的增强，即在应用层协议的基础上增加了安全算法协商和数据加密/解密等安全机制，如S-HTTP（secure HTTP）协议、S/MIME（secure/MIME）协议等；还有些应用层安全协议是为解决特定应用的安全问题而开发的，如PGP（pretty good privacy）协议等。

## 4.5.1 S-HTTP协议

解决Web通信安全问题的基本方法是通过HTTP安全协议来增强Web通信的安全性。目前，HTTP安全协议主要有两种：HTTPS和S-HTTP。

### 1. HTTP协议

Web系统是互联网中使用最为广泛的应用系统，它基于客户/服务器模式，整个系统由Web服务器、浏览器和通信协议3部分组成。其中，通信协议为超文本传输协议HTTP，它是为分布式超媒体信息系统设计的一种应用层协议，能够传送任意类型的数据对象，以满足Web服务器与客户之间多媒体通信的需要。

HTTP协议是一种面向TCP连接的协议，客户与服务器之间的TCP连接是一次性连接。它规定每次连接只处理一个请求，服务器返回本次请求的应答后便立即关闭连接，在下次请求时再重新建立连接。这种一次性连接主要考虑到Web服务器面向互联网中的成千上万个用户时只能提供有限个连接，及时地释放连接可以提高服务器的执行效率，避免服务器连接的等待状态。同时，服务器不保留与客户交易时的任何状态，以减轻服务器的存储负担，从而保持较快的响应速度。HTTP协议允许传送任意类型的数据对象，通过数据类型和长度来标识所传送的数据内容和大小，并允许对数据进行压缩传送。

用户在浏览器或HTML文档中定义了一个超文本链后，浏览器将通过HTTP协议请求与指定的服务器建立连接。如果该服务器一直在HTTP端口上侦听连接请求，该连接便会建立起来。然后客户通过该连接发送一个包含请求方法的请求消息块。HTTP协议定义了7种请求方法，每种请求方法规定了客户和服务器之间不同的信息交换方式，常用的请求方法是GET和POST。服务器将根据客户请求完成相应的操作，并以应答消息块的形式返回给客户，最后关闭连接。

HTTPS协议是基于SSL的HTTP安全协议，通常工作在标准的443端口上。在实际应用中，

HTTPS协议的使用比较简便。如果一个Web服务器提供基于HTTPS协议的安全服务，并在客户机上安装该服务器认可的数字证书，则用户便可以使用支持SSL协议的浏览器（通常浏览器都支持SSL协议），并通过https://www.服务器名.com域名访问该Web服务器，Web服务器与浏览器之间通过SSL协议进行安全通信，提供身份鉴别、数据加密和数据认证等安全服务。

### 2. S-HTTP协议

S-HTTP协议的目标是提供一种面向消息的可伸缩安全协议，以便广泛地应用于商业事务处理。因此，它支持多种安全操作模式：密钥管理机制、信任模型、密码算法和封装格式。在使用S-HTTP协议通信之前，通信双方可以协商加密、认证和签名等算法以及密钥管理机制、信任模型、消息封装格式等相关参数。在通信过程中，双方可以使用RSA、DSS等密码算法进行数字签名和身份鉴别，以保证用户身份的真实性；使用DES、3DES、RC2、RC4等密码算法加密数据，以保证数据的保密性；使用MD2、MD5、SHA等单向散列函数来验证数据和签名，以保证数据的完整性和签名的有效性，从而增强了Web应用系统中客户和服务器之间通信的安全性。

S-HTTP是一种面向安全消息的通信协议，它与HTTP消息模型共存，很容易实现与HTTP应用的集成。S-HTTP为HTTP客户和服务器提供了多种安全机制，进而为用户提供安全的Web服务。

在采用S-HTTP协议的客户和服务器中，主要采用CMS和MOSS消息格式，但并不限于CMS和MOSS两种，它还可以融合其他多种加密消息格式及其标准，并且支持多种与HTTP相兼容的系统实现。S-HTTP只支持对称密码操作模式，不需要客户提供公钥证书或公钥，这意味着客户能够自主地生成个人事务，并不要求有确定的公钥。

S-HTTP支持端到端的安全事务，客户可以事先初始化一个安全事务。S-HTTP中的密码算法、模式和参数是可伸缩的，客户和服务器之间可以协商事务模式（如请求/响应是否加密和签名）、密码算法（RSA或DSA签名算法，DES或RC2加密算法）以及证书选择等。

### 3. 消息处理

消息处理包括消息的创建、恢复和操作模式等。

（1）创建S-HTTP消息。

一个S-HTTP消息可以通过下列方法创建。

①Clear-text消息：这是一个HTTP消息或者一些其他的数据对象，Clear-text消息被封装在一个S-HTTP消息中进行传送。

②接收者的密码参数选择和密钥材料：这是由接收者或者一些默认参数集明确指定的。

③发送者的密码参数选择和密钥材料：这是由发送者输入的，只存在于发送者的内存中。

为了创建一个S-HTTP消息，发送者需要将发送者参数和接收者参数集成在一起，生成一个密码和密钥材料的列表；然后发送者使用列表中的数据来增强Clear-text消息的安全性，再通过发送者和接收者参数组合将Clear-text消息转换成S-HTTP消息。

（2）恢复S-HTTP消息。

接收者可以采用下列4种方法之一恢复一个输入的S-HTTP消息。

①S-HTTP消息。

②接收者规定的密码参数选择和密钥材料。

③接收者当前的密码参数选择和密钥材料。

④发送者事先规定的密码选项。

发送者可以规定在一个消息中所执行的加密操作。为了恢复一个S-HTTP消息，接收者需要读取消息头信息，以发现在该消息中的密码变换，并使用某种发送者与接收者参数组合去除该变换。接收者也可以选择校验，增强发送者和接收者之间的匹配。

（3）操作模式。

任何消息都可以采用签名、认证和加密来保护，这3种保护方法可以单独使用，也可以组合起来使用，并支持多种密钥管理机制，包括基于口令的人工共享私密和基于公钥的密钥交换。在交换密钥时，要事先建立一个会话密钥，以便将机密消息传递给没有公钥对的用户。

①签名：如果使用了数字签名，则可以将一个适当的证书与消息联系起来（可以沿着一个证书链），或者发送者可以认为接收者独立地获得了所需的证书。

②密钥交换和加密：为了支持对称密码算法，S-HTTP定义了两种密钥传递机制，一是使用被公钥密封的密钥交换，二是使用预先安排的密钥。对于前者，在传送对称密码系统的密钥时要使用接收者公钥来加密。对于后者，则使用预先安排的会话密钥来加密内容。密钥认证信息是由消息头指定的。

③消息完整性和发送者认证：S-HTTP通过计算MAC码来校验消息的完整性，并对消息的发送者进行认证。它使用一个共享密钥对关键的内容进行散列计算，共享密钥可以通过多种方法预先协商好，不必使用公钥密码系统，也不需要加密。

### 4. 消息头

从语句上看，S-HTTP消息与HTTP消息相类似，都是由消息头和消息体组成的。然而，S-HTTP消息头的范围不同于HTTP，消息体通常是加密保护的。

为了将S-HTTP消息与HTTP消息区分开，并允许特定的处理，S-HTTP将请求头中的method定义为Secure、version定义为Secure-HTTP/1.4、URL设置为*，以防止潜在的敏感信息泄露。在S-HTTP响应头中，状态始终为200 OK，它并不表示HTTP请求成功或失败的状态，主要是为防止通过对HTTP请求成功与否的状态分析来推测数据的接收者。在S-HTTP头中，除了Content-Type和Content-Privacy-Domain外都是可选的，消息体与消息头之间用两个连续的CRLF符分隔开。在S-HTTP中，定义了两种交换密钥的方法：Inband和Outband。Inband方法表明会话密钥是预先交换的，它使用了一个适当方法（method）的Key-Assign头。Outband方法表明通过一个确定的名字从外部访问密钥材料，名字可以通过访问数据库或者利用键盘输入来获得。

在消息头中，定义了一个MAC行，用于提供消息认证和完整性检查，它定义了散列算法、认证数据和密钥空间。散列计算可以采用MD2、MD5和SHA等算法。认证数据报包含消息文本散列值、时间值以及客户与服务器之间的共享秘密信息等。时间参数是可选的，不做散列计算，主要为防止重播攻击。消息文本应当是被封装的S-HTTP消息内容。MAC-Info允许快速的消息完整性认证，双方共享一个密钥（可以在前面的消息中使用Key-Assign参数）。

### 5. 消息内容

消息内容主要由Content-Privacy-Domain和Content-Transfer-Encoding字段来确定。对于一个CMS消息，使用8位Content-Transfer-Encoding，其内容就是CMS消息本身。如果Content-Privacy-Domain是MOSS，则内容是由MOSS多个安全部分组成的。

Content-Privacy-Domain的CMS符合CMS标准格式，任何消息都可以采用保护或无保护模式，其中保护模式有3种：加密、签名和加密+签名。S-HTTP的认证保护模式是由MAC-Info头中的CMS编码独立提供的，因为CMS只支持DigestedData类型，而不支持KeyDigestedData类型。

### 6. 密码参数

S-HTTP请求通过接收者所提供的密码参数选项进行预处理。此选项所处的两个地方如下：

- 在一个HTTP请求/响应头中。
- 在包含废弃锚的HTMI中。

这里可以提供两种密码选项：协商选项和密钥选项。协商选项给出了一个消息接收者的密码参数选择；密钥选项提供了密钥材料，发送者可以用它来增强一个消息。

双方可以通过permit/require形式来协商各自的密码强度需求和参数选择，协商选项的选取依赖于实现的能力和特定应用的需求。协商是通过一个协商头实现的，协商头位于被封装的HTTP头中，而不在S-HTTP头中。一个协商头是由4部分组成的。

- **属性：**被协商的选项，如分组密码算法。
- **值：**属性值，如DES-CBC等。
- **方向：**从源点观察的协商源或目的。
- **强度：**参数选择强度，有必须、可选和拒绝3种。

## 4.5.2 S/MIME协议

在互联网中，主要使用两种电子邮件协议传送电子邮件：SMTP和MIME。这两种协议都是为开放的互联网设计的，并没有考虑电子邮件的安全问题。为了保证基于电子邮件的信息交换的安全，必须采用信息安全技术增强电子邮件通信的安全性。比较成熟的电子邮件安全增强技术主要有S/MIME协议和PGP协议。

### 1. S/MIME协议简介

S/MIME协议是MIME协议的安全性扩展。它在MIME协议的基础上增加了分级安全方法，为电子邮件提供了数据保密性、消息完整性、源端抗抵赖性等安全服务。S/MIME协议是在早期信息安全技术的基础上发展起来的。RFC 2632和RFC 2633文档公布了S/MIME的详细规范。

由于S/MIME协议是针对企业级用户设计的，主要面向互联网和企业网环境，因而得到了许多厂商的支持，被认为是商业环境下首选的安全电子邮件协议。目前市场上已有多款支持S/MIME协议的产品，如微软的Outlook Express、Lotus Domino/Notes、Novell GroupWise及Netscape Communicator等。

传统的邮件用户代理可以使用S/MIME为所发送的邮件实施安全服务，并在接收时能够解释邮件中的安全服务。S/MIME提供的安全服务并不限于邮件，还可用于任何能够传送MIME数据的传送机制，如HTTP等。S/MIME利用了MIME面向对象的特性，允许在混合传送系统中安全地交换信息。

S/MIME协议通过签名和加密来增强MIME数据的安全性，它使用CMS来创建一个用密码增强的MIME体，并且定义一种叫做application/pkcs7-mime的MIME类型来传送MIME体。S/MIME还定义了两种用于传送S/MIME签名消息的MIME类型：multipart/signed和application/pkcs7-signature。

S/MIME协议有3个版本，目前使用的大部分是v3版本。

### 2. S/MIME密码算法

S/MIME密码算法包括消息摘要算法、数字签名算法和密钥交换算法。

（1）消息摘要算法。

S/MIME v3支持两种消息摘要算法：SHA和MD5，通过对消息摘要的散列和认证来保证消息的完整性。提供MD5算法的目的是保持与S/MIME v2的向后兼容性，这是因为S/MIME v2的消息摘要是基于MD5算法的。

（2）数字签名算法。

S/MIME v3支持两种数字签名算法：RSA和DSA，通过对外出消息的数字签名来实现对消息源的抗抵赖性。对于外出的消息，将使用发送用户的私钥来签名，其私钥长度是在生成密钥时确定的。对于S/MIME v2，只支持基于RSA的数字签名算法。

（3）密钥交换算法。

S/MIME v3在加密消息内容时采用了对称密码算法，如DES、3DES等，密钥必须经过加密后才能传送给对方。S/MIME v3支持两种密钥交换算法：Diffie-Hellman和RSA。使用RSA算法时，在进入的加密消息中包含了加密密钥，必须使用接收用户的私钥来解密，其私钥长度是在生成密钥时确定的。对于S/MIME v2，只支持基于RSA的密钥交换算法。

### 3. 内容类型

CMS定义了多种内容类型，在S/MIME中只使用了SignedData和EnvelopedData两种内容类型，用于指示对MIME数据所做的安全处理。对于签名的MIME数据，则使用SignedData内容类型来标识；对于加密的MIME数据，则使用EnvelopedData内容类型来标识。

（1）SignedData内容类型。

发送代理使用SignedData内容类型来传输一个消息的数字签名，或者在无数字签名信息的情况下用来传输证书。

（2）EnvelopedData内容类型。

发送代理使用EnvelopedData内容类型来传输一个被加密保护的消息。由于在加密消息内容时采用了对称密码算法，加密和解密消息使用相同的密钥，该密钥采用非对称密码算法来加密传输，即发送者使用接收者公钥来加密该密钥，因此，发送者必须获得接收者的公钥后才能使用这个服务。该内容类型不提供认证服务。

需要注意的是，一个S/MIME消息中的签名信息是用签名属性来描述的，这些属性分别是签名时间（signing time）、S/MIME能力（S/MIME capabilities）和S/MIME加密密钥首选项（S/MIME encryption key preference）。

### 4. 内容加密

S/MIME采用对称密码算法来加密与解密消息内容。发送和接收代理都要支持基于DES和3DES的密码算法，接收代理还应支持基于40位密钥长度的RC2（简称RC2/40），以及与其兼容的密码算法。

当一个发送代理创建一个加密的消息时，首先要确定它所使用的密码算法类型，并将结果存放在一个能力列表中。该能力列表包含了从接收者接收的消息以及out-of-band信息，如私人合同、用户参数选择和法定的限制等。

一个发送代理可以按其优先顺序来通告它的解密能力，对于进入的签名消息中的加密能力属性，将按下面的方法进行处理。

（1）如果接收代理还未建立起发送者公钥能力列表，则在验证进入消息中的签名和签名时间后，接收代理将创建一个包含签名时间的能力列表。

（2）如果已经建立了发送者公钥能力列表，则接收代理将验证进入消息中的签名和签名时间，如果签名时间大于存储在列表中的签名时间，则接收代理将更新能力列表中的签名时间和能力。

在发送一个消息之前，发送代理要确定是否同意使用弱密码算法来加密该消息中的特定数据。如果不同意，则不能使用弱密码算法（如RC2/40等）。

### 5. 消息格式

S/MIME消息是MIME体和CMS对象的组合，使用了多种MIME类型和CMS对象。被保护的数据总是一个规范化的MIME实体和其他便于对CMS对象进行处理的数据，如证书和算法标识符等，CMS对象将被嵌套封装在MIME实体中。为了适应多种特定的签名消息环境，S/MIME提供了多种消息格式：一种只封装数据格式、多种只签名数据格式、多种签名加封装数据格式。多种消息格式主要是为了适应多种特定的签名消息环境。

S/MIME是用来保护MIME实体的。一个MIME实体由MIME头和MIME体两部分组成，被保护的MIME实体可以是“内部”MIME实体，即一个大的MIME消息中“最里面”的对象；还可以是“外部”MIME实体，即把整个MIME实体处理成CMS对象。

在发送端，发送代理首先按照本地保护协议来创建一个MIME实体，保护方式可以是签名、封装或签名加封装等；然后对MIME实体进行规范化处理和转移编码，构成一个规范化的S/MIME消息；最后发送该S/MIME消息。

在接收端，接收代理接收到一个S/MIME消息后，首先将该消息中的安全服务处理成一个MIME实体，然后解码并展现给用户或应用。

## 4.5.3 PGP协议

PGP最初是由Phil Zimmermann设计的，现在已成为一种广为流行的加密软件工具。RFC 1991和RFC 2440文档描述了PGP文件格式，从网上可以免费下载PGP加密软件工具包。

### 1. PGP简介

PGP是一种对电子邮件进行加密和签名保护的安全协议和软件工具。它将基于公钥密码体制的RSA算法和基于单密钥体制的IDEA算法巧妙地结合起来，同时兼顾了公钥密码体系的便利性和传统密码体系的高效，从而形成一种高效的混合密码系统。发送方使用随机生成的会话密钥和IDEA算法加密邮件文件，使用RSA算法和接收方的公钥加密会话密钥，然后将加密的邮件文件和会话密钥发送给接收方。接收方使用自己的私钥和RSA算法解密会话密钥，再用会话密钥和IDEA算法解密邮件文件。PGP还支持对邮件的数字签名和签名验证。另外，PGP还可以用来加密文件。

### 2. 密码算法

随着互联网的发展，电子邮件已成为联系沟通、信息交流的重要手段，大大方便了人们的日常工作和生活。电子邮件和普通信件一样，属于个人隐私，而私密权是一项基本人权，理应受到保护。在电子邮件传输过程中，可能存在着被第三者非法阅读和篡改的安全风险。通过密码技术，可以防止电子邮件被非法阅读；通过数字签名技术，可以防止电子邮件被非法篡改。

PGP是一种供大众免费使用的邮件加密软件，它采用的是一种基于RSA和IDEA算法的混合密码系统。基于RSA的公钥密码体系非常适合处理电子邮件的数字签名、身份鉴别和密钥传递问题，而IDEA算法加密速度快，非常适合用于邮件内容的加密。

PGP采用了基于数字签名的身份鉴别技术。对于每个邮件，PGP使用MD5算法生成一个128位的散列值作为该邮件的唯一标识，并以此作为邮件签名和签名验证的基础。例如，为了证实邮件是A发给B的，A首先使用MD5算法生成一个128位的散列值，再用A的私钥加密该值，作为该邮件的数字签名。然后把它附加在邮件后面，再用B的公钥加密整个邮件。在这里，应当先签名再加密，而不应先加密再签名，以防止签名被篡改（攻击者将原始签名去掉，换上其他人的签名）。B收到加密的邮件后，首先使用自己的私钥解密邮件，得到A的邮件原文和签名，然后使用MD5算法生成一个128位的散列值，并和解密后的签名相比较。如果两者相符合，则说明该邮件确实是A发来的。

PGP还允许对邮件只签名而不加密，这种情况适用于发信人公开发表声明的场合。发信人为了证实自己的身份，可以用自己的私钥签名。收件人用发信人的公钥来验证签名，这不仅可以确认发信人的身份，并且还可防止发信人抵赖自己的声明。

PGP采用了IDEA算法对邮件内容进行加密。由于IDEA算法是对称密钥密码算法，加密和解密共享一个随机密钥，因此，PGP通过RSA算法来解决随机密钥的安全传递问题。发信人首先随机生成一个密钥（每次加密都不同），使用IDEA算法加密邮件内容，然后再用RSA算法加密该随机密钥，并随邮件一起发送给收件人。收信人先用RSA算法解密出该随机密钥，再用IDEA算法解密出邮件内容。IDEA算法虽然是一个专利算法，但在非商业用途使用IDEA算法时，可以不交纳专利使用费（PGP软件是免费的）。

可见，PGP将RSA和IDEA两种密码算法有机地结合起来，发挥各自的优势，成为混合密码系统成功应用的典型范例。

### 3. 密钥管理

在PGP中，采用公钥密码体制来解决密钥分发和管理问题。公钥可以公开，不存在被监听的问题。但公钥的发布仍有一定的安全风险，主要是公钥可能被篡改的问题。

假如A要给B发邮件，必须首先获得B的公钥，A从BBS上下载了B的公钥，然后用它加密邮件，并用E-mail发给了B。然而，在A和B都不知道的情况下，另一个人C假冒B的名字生成一个密钥对，并在BBS中用自己生成的公钥替换了B的公钥。结果A从BBS上得到的公钥便是C的，而不是B的。一切看来都很正常，因为A拿到的公钥的用户名仍然是B。于是，便出现了如下安全风险。

- C可以用他的私钥来解密A给B的邮件。
- C可以用B的公钥来转发A给B的邮件，并且谁都不会起疑心。
- C可以更改邮件的内容。
- C可以伪造B的签名给A或给其他人发邮件，因为这些人拥有的公钥是C伪造的，他们会以为是B的来信。

为了防止这种情况的发生，最好的办法是让任何人都没有机会篡改公钥，如直接从B的手中得到他的公钥。然而当B远在千里之外或无法相见时，获取公钥是很困难的。PGP采用一种公钥介绍机制来解决这个问题。例如，A和B有一个共同的朋友D，而D手中的B的公钥是正确的（这里假设D已经认证过B的公钥，后面会谈到如何来认证公钥）。这样D可以用他的私钥在B的公钥上签名（使用上面所讲的签名方法），表示D可以担保这个公钥是属于B的。当然，A需要用D的公钥来验证D给出的B的公钥，同样D也可以向B证实A的公钥，D就成为A和B之间的中介人。这样，B或D就可以放心地把经过D签名的B的公钥上载到BBS中，任何人（即使是BBS的管理员）篡改B的公钥都不可能不被A发现，从而解决了利用公共信道传递公钥的安全问题。

这里还可能存在一个问题：怎样保证D的公钥是安全的。理论上，D的公钥确有被伪造的可能，但很难实现。因为这需要伪造者必须参与整个认证过程，对A、B和D三个人都很熟悉，并且还要策划很久。为了防止这个问题的发生，PGP建议由一个大家都普遍信任的机构或个人担当中介角色，这就需要建立一个权威的认证机构或认证中心。由这个认证中心签名的公钥都被认为是真实的，大家只需要有这样的公钥就可以了。通过认证中心提供的认证服务可以方便地验证一个由该中心签名的公钥是否是真实的，假冒的公钥很容易被发现。这样的权威认证中心通常由非个人控制的组织或政府机构来担当。

### 4. 安全性

PGP的安全性涉及PGP的加密体系安全性和实现系统安全性两个方面。加密体系的安全性是指PGP加密体系中各个加密算法本身的坚固性和抗攻击能力。实现系统的安全性是指一个PGP实现系统是否存在可能被攻击者利用的系统安全漏洞以及如何阻塞漏洞，这在其他安全系统同样也存在。这里主要分析PGP加密体系的安全性。PGP的加密体系由4个关键部分组成：对称加密算法（IDEA）、非对称加密算法（RSA）、单向散列算法（MD5）和随机数产生器。每个部分的安全性都关系到整个PGP加密体系的安全。

（1）IDEA算法的安全性。

IDEA算法是用来加密邮件内容的，对于采用直接攻击法的破译者来说，IDEA是PGP密文邮件的第一道防线。IDEA基于“相异代数群上的混合运算”的设计思想，在软件实现上，它比DES算法快得多。与DES一样，IDEA也支持反馈加密和链式加密两种模式，PGP采用的是IDEA的64位CFB模式。

对一个密码算法的攻击主要采用两种方法：密码分析法和密钥穷举法。密码分析法是通过分析密码算法的弱点来破译密文的。密钥穷举法也称直接攻击法，通过穷举搜索找出密钥来破译密文。至今还没有关于IDEA的密码分析攻击法的成果发表，那么只有通过直接攻击法来攻击IDEA了。

由于IDEA的密钥空间（密钥长度）是128位，即使使用10亿台每秒钟能够试探10亿个密钥的计算机，所需的时间也比目前所知的宇宙年龄还要长。因此对IDEA进行直接攻击是不可能的。更何况PGP采用随机产生密钥方法，即使一个IDEA密钥失密也只能泄露一次加密的信息，并不会影响下一次加密的信息，也不影响RSA密钥对的保密性。

（2）RSA算法的安全性。

RSA的安全性是基于一个数学假设：对一个很大合数的因子分解是不可能的。RSA使用了两个非常大的素数的乘积，就目前的计算机水平和能力是无法分解的。但这并不能证明RSA的安全性，因为大数分解不一定是攻击RSA唯一的途径。RSA可能存在一些密码学方面的缺陷，随着密码破解技术的发展以及计算机能力的提高，可能会威胁RSA的安全性。但目前RSA还是比较安全的。

密钥长度是决定一个密码算法安全性的重要因数。就目前的计算机水平，1 024位的RSA密钥是安全的，2 048位的RSA密钥是绝对安全的。

（3）MD5算法的安全性。

在PGP中，MD5算法主要用于对用户口令和邮件签名的散列保护。一个单向散列算法的强度主要表现为对任意输入数据所散列的随机化程度，并且能产生唯一输出。如果要破译MD5所散列的128位结果，则必须有足够的计算能力，并且将耗费大量的时间、人力和财力。

（4）随机数的安全性。

在PGP中，每次加密数据的密钥是一个随机数，而计算机是无法生成真正随机数的，只能生成近似随机数的伪随机数。PGP对随机数的生成是很审慎的，对于关键随机数（如RSA密钥等）的生成是从用户按键盘的时间间隔上获取随机数种子的。对于磁盘上的randseed.bin文件，也采用了与邮件同样强度的密码进行加密，这就有效地防止了攻击者从randsced.bin文件中分析出加密密钥的生成规律。

### 5. PGP的应用

PGP是一个功能强大的加密软件，主要用于加密电子邮件，同时也可以加密磁盘文件。PGP软件可以安装在Linux、Unix或Windows系统中。

**拓展阅读**

健全国家网络安全法律法规和制度标准，加强重要领域数据资源、重要网络和信息系统安全保障。建立健全关键信息基础设施保护体系，提升安全防护和维护政治安全能力。加强网络安全风险评估和审查。加强网络安全基础设施建设，强化跨领域网络安全信息共享和工作协同，提升网络安全威胁发现、监测预警、应急指挥、攻击溯源能力。加强网络安全关键技术研发，加快人工智能安全技术创新，提升网络安全产业综合竞争力。加强网络安全宣传教育和人才培养。

——《中华人民共和国国民经济和社会发展第十四个五年规划和2035年远景目标纲要》

## 课后作业

### 一、单选题

1. 不属于OSI安全体系中的安全服务的是（　　）。

A. 鉴别服务　　B. 身份鉴别

C. 数据机密性　　D. 抗抵赖

2. 不属于数据链路层的隧道协议的是（　　）。

A. PAP协议　　B. L2F协议

C. L2TP协议　　D. PPTP协议

### 二、多选题

1. 网络层主要的安全协议包括（　　）。

A. ESP协议　　B. AH协议

C. DHCP协议　　D. IP协议

2. SSL协议提供了3种安全特性，包括（　　）。

A. 数据保密性　　B. 数据完整性

C. 身份合法性　　D. 密钥合法性

3. 应用层主要的安全协议包括（　　）。

A. HTTP协议　　B. S-HTTP协议

C. S/MIME协议　　D. PGP协议

### 三、简答题

1. 简述OSI安全体系中的8种特定安全机制。
2. 简述PAP协议的认证过程。
3. 简述IPSec的主要安全协议。
4. 简述SSL握手过程。
5. 简述S/MIME密码算法。

# 第5章 网络信息的主要威胁及应对方法

## 内容概要

在网络大环境下，各种各样信息都能通过网络传输。网络信息在设备间传输时，随时可能遇到各种威胁。本章介绍网络信息的主要威胁及其应对方法。

## 知识要点

网络信息面对的主要威胁。

安全漏洞的威胁及应对。

网络诱骗技术。

# 5.1 网络信息面对的主要威胁

互联网是一个开放的网络，任何单位或个人都可以在网上方便地传输和获取各种信息，互联网这种开放性、共享性、国际性的特点对网络信息的安全性提出了更高的挑战。

## 5.1.1 网络欺骗

网络欺骗攻击是黑客最常用的套路，即通过欺骗正常的设备通信获取各种信息或进行各种攻击。常见的欺骗方法是利用网络通信协议漏洞进行的，如ARP欺骗攻击、DHCP欺骗攻击、DNS欺骗攻击、交换机的生成树欺骗攻击、路由器的路由表攻击等。

### 1. ARP欺骗

ARP是一种协议，作用是将IP地址解析成MAC地址，只有知道了IP地址和MAC地址，局域网中的设备才能互相通信。ARP攻击最典型的方法，就是伪装成网关。黑客的主机监听局域网中其他设备对网关的ARP请求，然后将自己的MAC地址回应给发出请求的设备。这些设备发给网关的数据，全部发给了黑客的主机。黑客就可以据此破译数据包中的信息，或篡改数据。正常情况下，黑客并不阻拦数据包，而是将自己伪装成受害设备，将包继续发给网关，这样从受害者到网关都不会发现异常。ARP攻击示意图如图5-1所示。

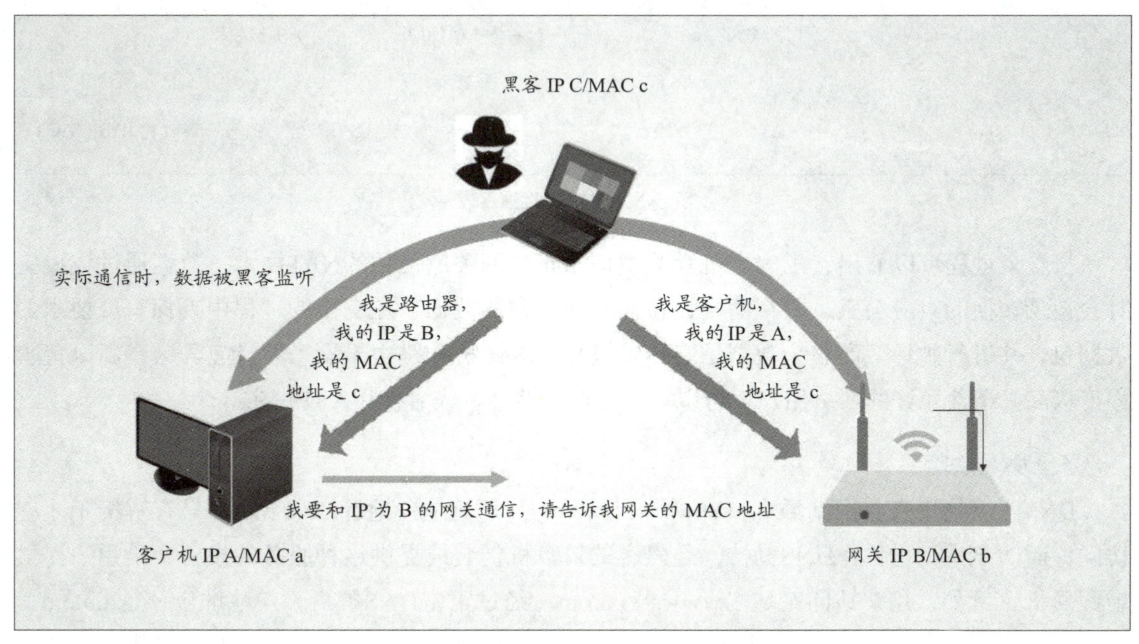


图 5-1　ARP 欺骗原理

ARP攻击可以达到使对方断网、控制对方的网速、获取对方信息的目的。而要防范ARP欺骗，可以安装ARP防火墙，或者将IP地址和MAC地址绑定（在设备及网关上都要绑定），这样就不需要ARP解析了，也就不会发生ARP欺骗了。绑定的缺点是该IP不能随意更换，否则无法通信。

## 2. DHCP欺骗

DHCP协议用来使主机自动获取IP地址等网络参数，一般是路由器提供DHCP服务。与ARP欺骗类似，DHCP欺骗也通过回应伪造的DHCP应答并分配给受害主机IP等信息，在信息中它将网关的地址设置为自己。这样受害主机在与外网进行通信时，会将数据包发给黑客主机，黑客的主机就会起到网络代理的功能，并形成一张转换映射表。通过修改数据包的地址后，再转发给正常的网关，从外网发送回来的数据包也会通过黑客的主机到达客户端。如果数据包未加密，所有信息都会被黑客获取，如图5-2所示。

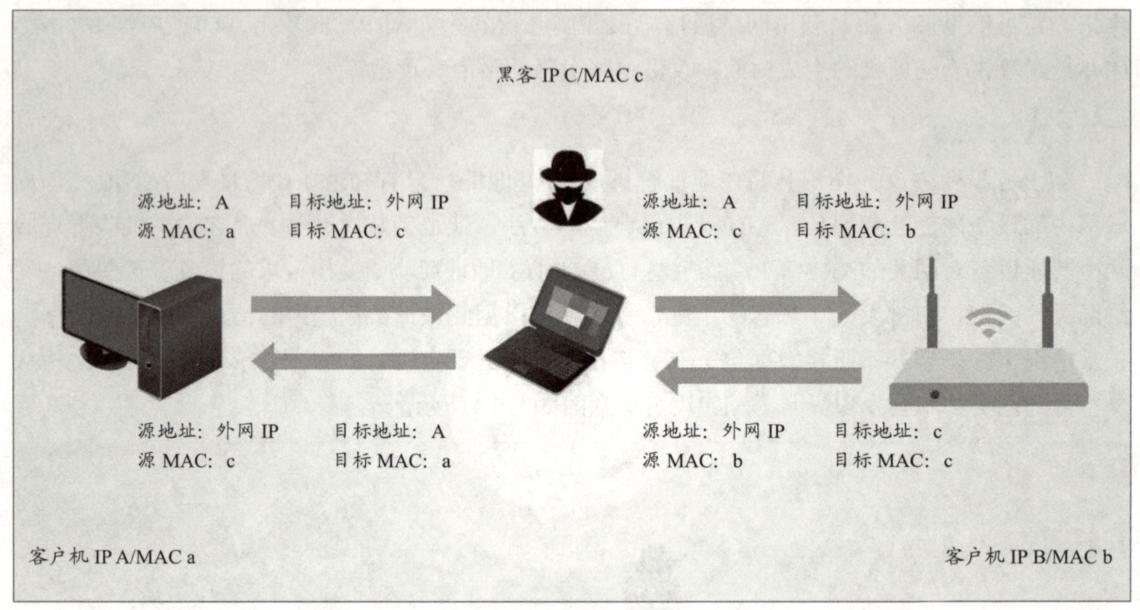


图 5-2　DHCP 欺骗原理

从整个过程可以看出，黑客主机功能类似于正常网关所使用的NAT技术，数据通过该设备时会记录转换的对应关系，并在两个设备间交换正常的数据。在交换的过程中嗅探符合要求的数据包，并进行破译。而整个数据信息传输过程在客户机和路由器看来并没有异常，所以危害程度极高。条件允许的网络用户，可以手动分配IP地址，或者使用ARP绑定。

## 3. DNS欺骗

DNS协议是用来将网站域名（如www.xxx.com）解析成IP地址a.b.c.d的，只有解析了才能访问。而DNS欺骗也称作DNS劫持，是黑客的计算机伪装成提供这种服务的设备，给用户提供虚假解析。例如，用户访问某域名www.xxx.com，经过正常DNS解析，IP地址应该是a.b.c.d，而黑客可以更改成e.f.g.h，从受害者角度来说，域名没有输入错，而返回的e.f.g.h是黑客伪造的一模一样的钓鱼网站，其后果就可想而知了。按照钓鱼网站的界面要求输入的用户账户、密码等信息，全部会被黑客获取。DNS欺骗原理如图5-3所示，解决方法就是手动设置正常的DNS地址。

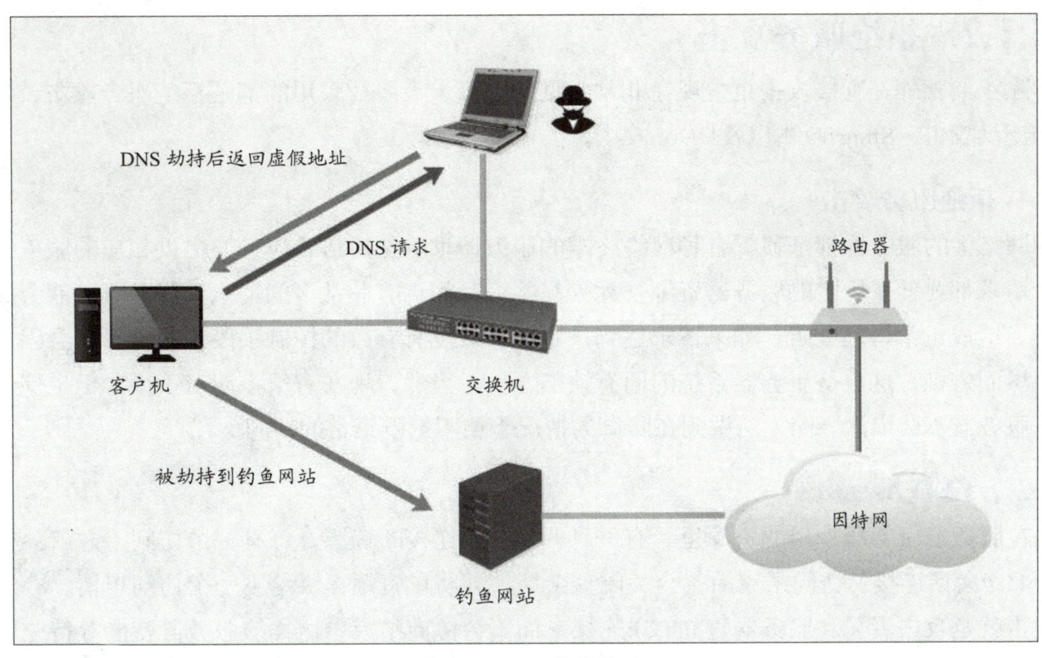


图 5-3 DNS 欺骗原理

### 4. 交换机生成树欺骗

生成树协议是“交换机”的一种协议，用来防止该设备发生故障时网络中断。通过该协议，网络生成备份和冗余。而黑客通过改写参数，通过局域网中交换机的生成树协议的计算和协商，将自己伪装成网络中的一台交换机，而其他设备发送的数据会经过伪造的交换机进行传输，这样所有经过的数据信息都会被黑客所截获，如图5-4所示。

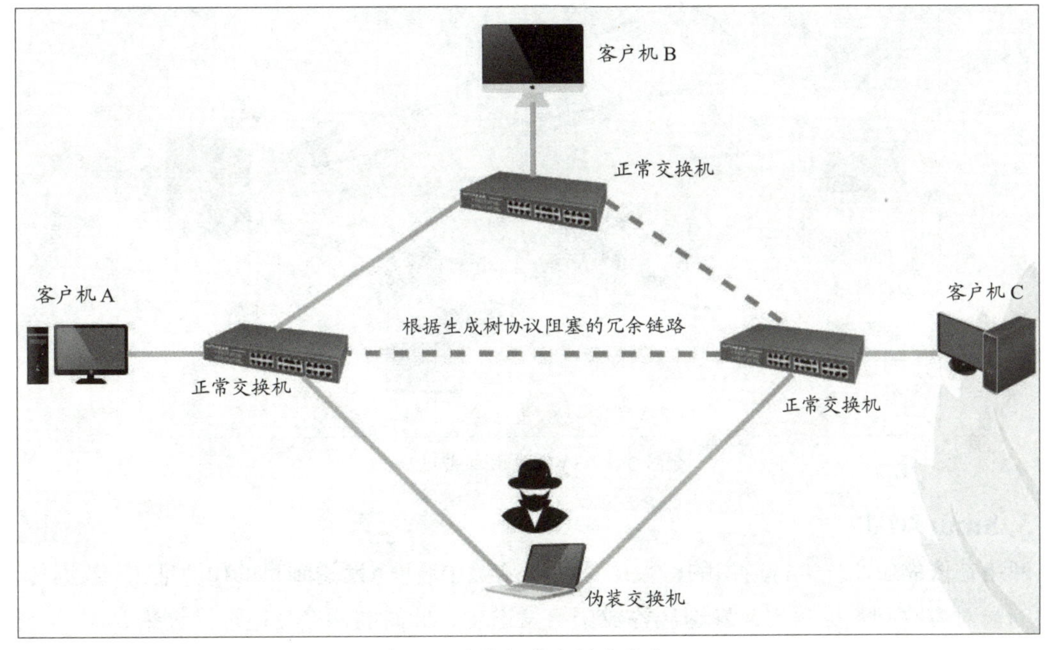


图 5-4 交换机生成树欺骗原理

## ■5.1.2 拒绝服务攻击

除了欺骗外，直接攻击也是现在非常常见的手段，大多数采用的都是拒绝服务攻击，包括SYN泛洪攻击、Smurf攻击以及DDoS攻击。

### 1. 拒绝服务攻击

网络上的服务器都是侦听各种网络终端的服务请求，然后给予应答并提供相应的服务。每一个请求都要耗费一定的服务器资源。如果在某一时间点有非常多的请求，服务器可能会回应缓慢，造成正常访问受阻。如果请求达到一定量，又没有有效的控制手段，服务器就会因为资源耗尽而宕机，这也是服务器系统的固有缺陷之一。当然，现在有很多应对手段，但也仅仅是保证服务器不会崩溃，而无法做到在防御的情况下还不影响正常的访问。

### 2. SYN泛洪攻击

在服务器应答所占用的资源里，有一种叫做TCP连接的资源，每有一个访问，它就会提供一个TCP会话连接；访问结束后，会关闭该会话，并将该资源提供给下一个访问申请。SYN泛洪攻击就是攻击者只和服务器建立TCP连接，而不会协商结束，这样该服务器就会等待一段时间，再自动关闭。这是协议的要求，使用该协议就必须这么做。接下来，黑客利用工具制造大量的终端，提交大量建立连接的申请，而不协商关闭。或者说，伪造的终端根本不会响应服务器的应答，服务器就会存在多个TCP会话，根本等不到结束，大量的访问和连接就耗尽了服务器的所有资源，造成宕机，或者无法为正常的请求提供服务。SYN泛洪攻击过程如图5-5所示。

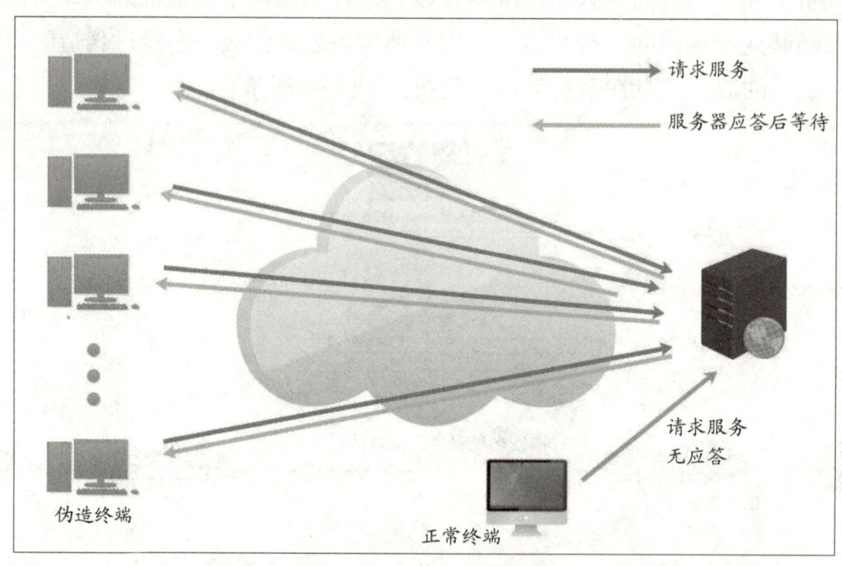


图 5-5 SYN 泛洪攻击过程

### 3. Smurf攻击

网络是依靠IP地址进行通信的，数据是按照从源IP地址A发送到目的IP地址B。数据传输是双向的，对方收到数据后也会发送应答数据给发送者，此时将两个IP地址换过来，源地址是原接收者，目标地址是原发送者，这样发送者就可以收到数据包了。

另一种拒绝服务攻击方式Smurf攻击是将SYN泛洪攻击换个思路，先申请一个访问，访问的源地址是被攻击者的IP，目标地址就是服务器的地址。服务器收到数据后，按照协议，会发送数据给源IP，此时的源IP地址是被攻击的。一两台计算机确实无法造成什么影响，但如果达到一定数量级，并且持续不断，那对于普通的服务器来说，无疑就是灭顶之灾。Smurf攻击示意图如图5-6所示。

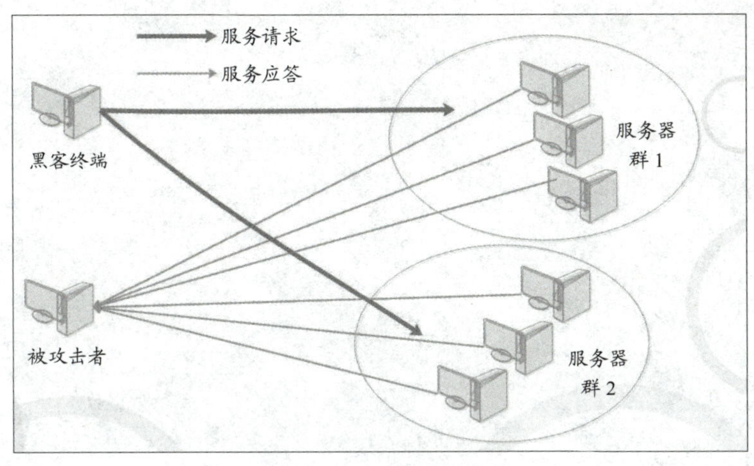


图 5-6 Smurf 攻击示意图

### 4. DDoS攻击

DDoS攻击全称是分布式拒绝服务攻击，利用的就是“肉鸡”。通过“肉鸡”中的攻击程序，对攻击目标发送大量的无用数据或请求报文，从而导致目标的网络过载或者资源耗尽。考虑到现在的安全及追踪体系，攻击者很少直接使用自身的设备进行攻击，而是通过“肉鸡”的攻击来隐藏自身的信息，甚至通过“肉鸡”再控制“肉鸡”的形式进行攻击，以便更深地隐藏。发动攻击时，也会使用网上的代理服务器发布指令，或延时、或定时攻击，这样就很难被追踪到了。DDoS攻击示意图如图5-7所示。

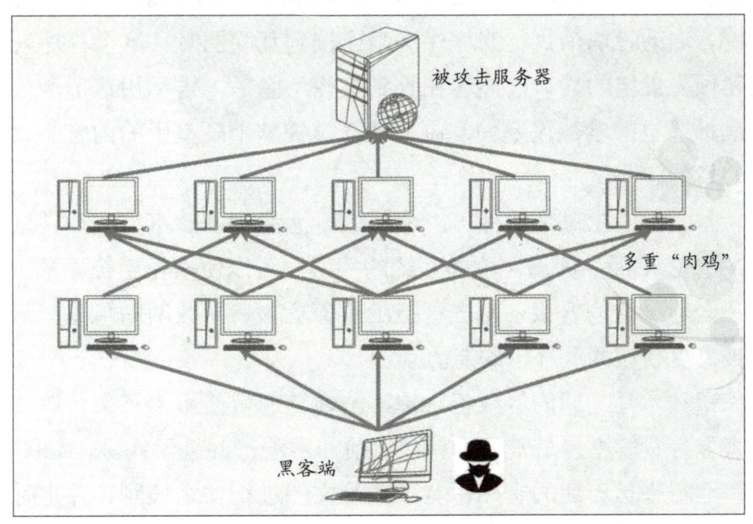


图 5-7 DDoS 攻击示意图

还可利用协议漏洞进行攻击，如利用数据包拥塞控制协议（DCCP）绕过针对传统TCP和UDP攻击的防御。未来DDoS攻击的针对性和持久性会进一步增强。零售商、电信、ISP服务提供商、游戏公司、金融企业和教育机构都会是DDoS攻击的首选。通过实时DDoS攻击图，可以查看世界范围内的DDoS攻击状态，如图5-8所示。

图 5-8　全球实时 DDoS 攻击图

## 5.1.3 病毒和木马

病毒和木马程序都可以通过网络进行传播。木马一般伪装成普通的图片、音频、视频文件等，进入用户的主机并执行相关的命令。它常被伪装成工具程序或者游戏诱使用户打开，或者诱使用户将含有木马程序的邮件附件直接下载，一旦用户打开了这些文件或者执行了这些程序之后，它们就会像古代特洛伊人在敌人城外留下的藏满士兵的木马一样留在计算机中，并生成一个可以在Windows启动时悄悄执行的程序。当连接到互联网时，这个程序就会通知黑客，来报告用户IP地址和预先设定的端口。黑客在收到这些信息后，再利用这个潜伏在其中的程序，就可以任意地修改计算机的参数设定、复制文件、窥视整个硬盘中的内容等，从而达到控制计算机及窃取财产的目的。

如果是病毒，常常会发生破坏文件、对文件进行恶意加密的事情，如常见的冲击波病毒。它是一种利用DCOM RPC缓冲区漏洞攻击系统的病毒，可以使操作系统异常、不停重启、甚至导致系统崩溃，还会对微软的升级网站进行拒绝服务攻击，导致网站阻塞、阻止用户更新，被攻击的系统还会丧失更新该漏洞补丁的能力。

不过现在的病毒和木马之间的界线越来越不清晰，通常使用木马来获取资料或通过病毒恶意加密，再让受害者付费解密，最常见的就是之前非常流行的勒索病毒，如图5-9所示。

不随便下载、运行来历不明的文件，对下载的文件进行安全检测，并定时对重要文件进行备份，定期查杀病毒都可以降低病毒和木马造成的威胁风险。

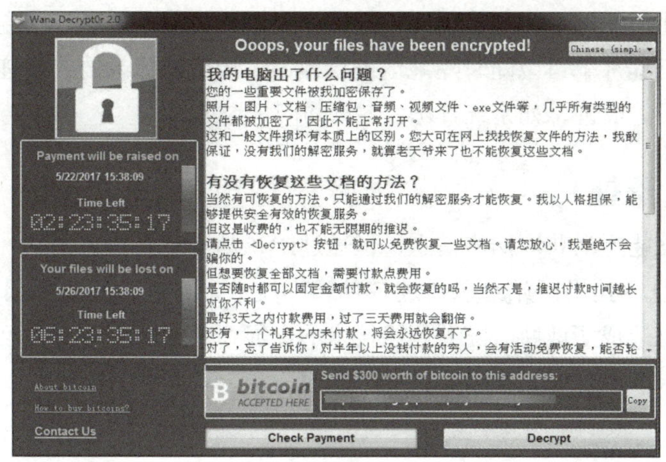


图 5-9 勒索病毒

## ■5.1.4 软件缺陷

操作系统是由数以万计的文件构成的，数量庞大、功能众多。功能一多难免会导致各种安全漏洞的产生。所有的系统或多或少都会存在这样或那样的漏洞，因此黑客入侵系统时，总会先查找有无系统漏洞以方便进入。

此外，漏洞不仅仅来源于Windows等操作系统，如果其他的软件使用不当，也可能会造成漏洞出现。例如，服务器的安全配置很好，但是安装的FTP服务器软件却有漏洞，这也会间接导致服务器被黑客入侵。虽然系统漏洞在出现后很快就会有补丁可供下载，但是人为因素也会导致无法更新补丁、无法检测漏洞等情况的发生。

通过软件漏洞也可以方便地发动各种攻击，例如，向未打补丁的Windows系统发送特定组合的UDP数据包，会导致目标系统死机或重启；向某路由器发送特定数据包，致使路由器死机；向某人的电子邮箱发送大量的垃圾邮件，将此邮箱“撑爆”等。目前常见的信息炸弹有邮件炸弹、逻辑炸弹等。现在又出现了微信群炸弹，集中发出大量信息，导致点开这个内容时，系统性能短时间被大量消耗，从而出现卡屏或系统崩溃，让群失去作用，手机瘫痪。

## ■5.1.5 非法入侵

黑客通过非法入侵一些重要网络，可从数据库中获取大量的数据信息。一般黑客会尽可能多地获取目标的各种数据信息，如IP地址、网络结构、网站系统、网站数据库等网站的基础信息。对于局域网的设备，可以查看设备的名称、MAC地址、IP地址、系统等内容。黑客一般会先扫描网络，扫描的目的是查看目标所开放的端口，查看是否有存活的机器、IP是多少等；接着会扫描端口，端口的扫描，可以了解当前主机开放的服务，扫描对应服务有没有可以入侵的漏洞、是否有弱口令等。

找到目标或漏洞后，使用自己制作的程序或是第三方漏洞，利用程序对目标进行入侵、溢出攻击或数据库攻击等，通过入侵，获取管理员权限，最终做到完全掌握对端设备的控制权。接着就可以获取各种需要的信息和数据了。入侵结束后，一般会留下后门程序，供黑客下次连接使用，下一次使用漏洞的后门程序就可以连接，不需要再次入侵了。毕竟入侵还是需要花费时间的，而留下后门程序就可以随时随地地进行控制，最后擦除入侵的痕迹。入侵后，系统中还是会留有一些入侵的痕迹，如系统日志、各种访问记录等。

## ■5.1.6 钓鱼及挂马

钓鱼及挂马并不能主动获取网络信息，但通过DNS劫持配合钓鱼网站，可以诱导用户主动透露各种重要的信息。挂马网站可以通过各种脚本技术，通过浏览器传播下载各种病毒或木马，间接对网络信息造成了威胁。随着网络技术的发展，单纯的钓鱼方法已经发展成针对性更强的专业技术，如获取用户WiFi密码等。

## ■5.1.7 网络监听

网络监听是一种监视网络状态、数据流和网络传输信息的方法，可以将网络接口设置为监听模式，并且可以截获网上传输的信息。也就是说，当黑客入侵网络主机并取得超级用户权限后，使用网络监听可以有效地截获网上的数据，这是黑客使用最多的方法。但是，网络监听只能应用于物理上连接于同一网段的主机，通常被用于获取用户口令。结合上述提到的欺骗技术，可以方便地获取各种网络信息。

## ■5.1.8 数据篡改

通过前面介绍的欺骗技术，黑客除了获取数据外，常常还会破解其中的内容，除了使用其掌握的一些关键密码外，还会通过数据篡改技术，对传输的数据进行修改，以便获取各种密码，或将用户引导至各种仿冒的网站，通过获取关键数据来窃取用户的隐私数据和数字货币等。如常见的抓包改包工具“Burp Suite”，如图5-10所示。

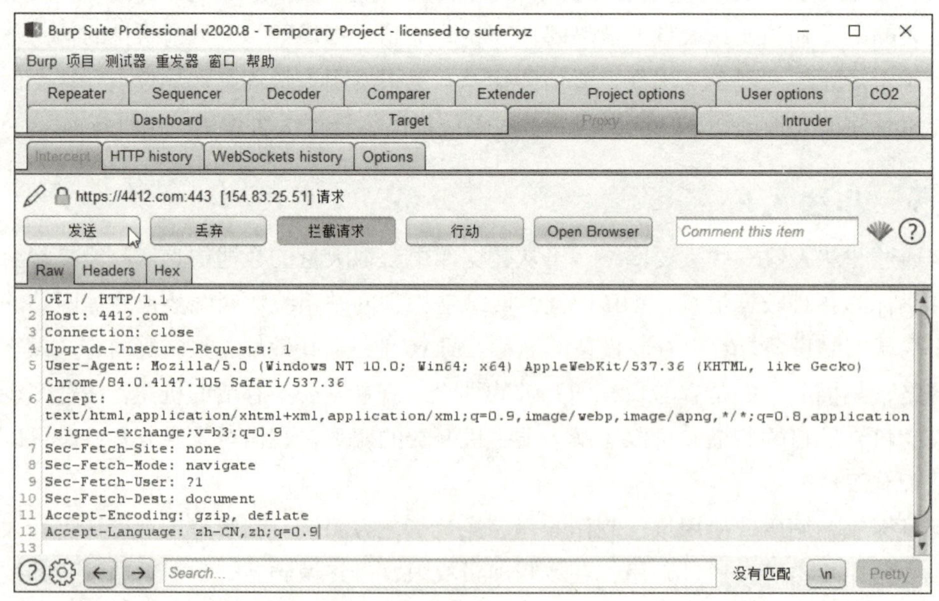


图 5-10 Burp Suite 工具

### ■5.1.9 SQL注入攻击

SQL注入攻击一般是从广域网端口进行正常访问的，表面上看与普通的Web页面访问类似，致使许多防火墙都没有发出警报。在访问数据库的时候，应用程序用输入的内容运行动态结构化查询语言（structured query language，SQL）语句时便会发生SQL注入攻击；还有当代码在存储过程中，只要这种存储过程传递了包含未筛选的用户输入的字符串也可能发生SQL注入攻击，如果黑客在应用程序连接数据库时使用了权限过高的账户，就会将问题严重化。这就要求服务器管理员要经常查看互联网信息服务（Internet information service，IIS）日志，将这种破坏带来的损失降到最低。SQL注入首先要判断环境，寻找注入点，判断数据库类型，然后根据注入参数类型构造SQL注入语句。

SQL注入攻击可能带来以下严重后果。

- 系统管理员账户被篡改，数据库服务器遭受攻击。
- 数据表中的资料被“盗取”，如用户机密数据、密码和账户数据等。
- 黑客探知到数据结构，得以做进一步攻击。例如，为了获取数据库中所有Schema的具体内容，可以通过执行查询语句 `select * from sys. tables` 来实现。
- 系统的较高权限被获取后，黑客会恶意篡改网络及浏览器参数，让受害者连接到非法网站，下载恶意代码以实现其非法目的。
- 操作系统若是由数据库服务器提供支持的，可能会被黑客修改或控制。
- 硬盘数据被破坏，从而造成整个系统瘫痪。

### ■5.1.10 密码破解

密码破解攻击也叫作穷举法，利用软件不断生成满足用户条件的组合来尝试登录。例如，一个4位纯数字的密码，可能的组合数量有10 000次，那么只要用软件组合10 000次，就可以得到正确的密码。无论多么复杂的密码，理论上都是可以破解的，主要的限制条件就是时间。为了提高效率，可以选择算法更快的软件，或者准备一个高效率的字典，按照字典的组合进行破解。

为了应对软件的暴力破解，出现了验证码。为了对付验证码，黑客又对验证码进行了识别和破解，然后又出现了更复杂的验证码、多次验证、手机短信验证、多次失败锁定等多种验证及应对机制，所以暴力破解的专业性要求更高。入门级黑客只会尝试没有验证码的网站的破解，或者使用其他的渗透方法。

理论上，只要密码满足了一定的复杂性要求，就可以做到相对安全了。如果破解时间为几十年，就可以认为该密码已经非常安全了。增加破解的成本是保证安全的一种手段。

## 5.2 安全漏洞的威胁和应对

安全漏洞也是网络信息主要的威胁，安全漏洞检测和扫描技术可以对安全漏洞带来的各种网络信息泄漏、篡改和非法使用带来一定程度上的预防和保护。

## ■5.2.1　安全漏洞

一个网络系统不仅包含各种交换机、路由器、安全设备和服务器等硬件设备，还包含各种操作系统平台、服务器软件、数据库系统以及应用软件等，系统结构十分复杂。从系统安全角度来看，任何一部分要想做到万无一失都是非常困难的，但任何一个疏漏都有可能导致安全漏洞，给攻击者以可乘之机，且极有可能带来严重的后果。然而普遍的情况是，很多小型公司和个人网站系统建成并运行后，很少进行系统安全性和抗压性测试，因而无法得知是否存在安全漏洞。一旦发生恶性网络攻击事件，可能会造成严重后果。根据统计，世界上所发生的网络攻击事件中，80%以上是因为系统存在安全漏洞而被内部或外部攻击者利用造成的。

从网络攻击的角度来分类，常见的网络攻击方法可分成几种类型：扫描、探测、数据包窃听、拒绝服务、获取用户账户、获取超级用户权限、利用信任关系以及植入恶意代码等。攻击者入侵网络系统主要采用两种基本方法：社会工程和技术手段。基于社会工程的入侵方法是攻击者通过引诱、欺骗等各种手法诱导用户在不经意间泄露他们的用户名和口令等身份信息，然后利用用户身份信息轻易地入侵网络系统。基于技术手段的入侵方法则是攻击者利用系统设计、配置和管理中的漏洞入侵系统。

## ■5.2.2　安全漏洞的产生

安全漏洞的产生原因有很多，系统的脆弱性、软硬件的脆弱性、协议的脆弱性以及网络的脆弱性都是其产生的主要原因。

### 1. 潜在的漏洞

任何一个系统都或多或少地存在着安全漏洞。在当前的技术条件下，发现一个系统中所有的潜在安全漏洞是十分困难的，也是不现实的。一个系统可能存在的安全漏洞主要集中在以下几个方面。

（1）口令漏洞。

通过破解操作系统口令入侵系统是最常用的攻击方法之一，一些口令破解工具可以扫描操作系统的口令文件。任何弱口令或不及时更新口令的系统，都容易受到攻击。

（2）软件漏洞。

在Windows、Linux、Unix等操作系统以及各种应用软件中都可能存在某种安全缺陷和漏洞，如缓冲区溢出漏洞等，攻击者可以利用这些安全漏洞对系统进行攻击。

（3）协议漏洞。

某些网络协议的实现存在安全漏洞，例如，IMAP和POP3协议必须在Linux/Unix系统根目录下运行，攻击者可以利用这一安全漏洞对IMAP进行攻击，破坏系统的根目录，从而取得超级用户的特权。

（4）拒绝服务。

利用TCP/IP协议的特点和系统资源的有限性，通过生成大量虚假的数据包耗尽目标系统的资源，如CPU周期、内存和磁盘空间、通信带宽等，使系统无法处理正常的事务，直至因过载导致崩溃。典型的拒绝服务攻击有SYN flood、FIN flood、ICMP flood、UDP flood等。虚假的数据包还会使一些基于失效开放策略的入侵检测系统生成拒绝服务。所谓失效开放是指系统在失效前不会拒绝访问。由于虚假的数据包会诱使这种失效开放系统响应那些并未发生的攻击，结果阻塞了合法的请求或是断开合法的连接，最终导致系统拒绝服务。

### 2. 系统工具漏洞

很多系统都提供了用于改进系统管理和服务质量的系统工具，但这些系统工具同时也会被攻击者利用进行非法收集信息，为攻击打开方便之门。

（1）Windows中的Nbtstat命令。

系统管理员使用该命令获取远程节点信息，但攻击者也可使用该命令收集一些用户和系统信息，如管理员身份信息、NetBIOS名、Web服务器名、用户名等，这些信息有助于提高口令破解的成功率。

（2）Portscan工具。

系统管理员使用该工具检查系统的活动端口以及这些端口所提供的服务，攻击者也可出于同一目的而使用这一工具。

（3）数据包探测器。

系统管理员使用该工具监测和分析数据包，以便找出网络的潜在问题。攻击者也可利用该工具捕获网络数据包，从这些数据包中提取出可能包含的明文口令和其他敏感信息，然后利用这些数据攻击网络。

### 3. 设置漏洞

不正确的系统设置也是造成系统安全隐患的一个重要因素。当发现安全漏洞时，管理员应当及时采取补救措施，如对系统进行维护、对软件进行升级等。然而，由于一些软件或系统的设置没有将安全性考虑全面，或者设置出现冲突和兼容性的问题，或是由于网络设备（如路由器、网关等）配置比较复杂，系统都还可能出现新的安全漏洞。

### 4. 系统设计漏洞

不完善的网络系统架构和设计是比较脆弱的，存在着较大的安全隐患，这将会给攻击者以可乘之机。例如，因Web应用系统架构不完善而导致出现服务器配置不当、安全防护缺失等漏洞，攻击者利用这些漏洞获取Web服务器的敏感信息，或者植入恶意程序。

攻击者在实施网络攻击前，首先需要寻找系统的各种安全漏洞，利用这些安全漏洞入侵网络系统。系统安全漏洞大致可分成以下几类。

（1）软件漏洞。

任何一种软件系统都或多或少存在一定的脆弱性，安全漏洞可以看作已知的系统脆弱性。例如，一些程序只要接收到一些异常或者超长的数据和参数，就会引起缓冲区溢出。这是因为很多软件在设计时忽略或者很少考虑安全性问题，即使在软件设计中考虑了安全性，也往往因为开发人员欠缺安全知识培训或安全经验不足而导致安全漏洞的生成。这种安全漏洞可以分为两种：一是由于操作系统本身的设计缺陷所带来的安全漏洞；二是应用程序的安全漏洞，这种漏洞最常见，更需要引起高度重视。

（2）结构漏洞。

在一些系统中忽略了网络安全问题，没有采取有效的网络安全措施，使整个系统处于不设防状态；在一些重要网段，因交换机等网络设备设置不当，造成网络流量被监听。

（3）配置漏洞。

在一些系统中忽略了安全策略的制定，即使采取了一定的网络安全措施，但由于系统的安全配置不合理或不完整，安全机制没有发挥作用；在网络系统发生变化后，由于没有及时更改系统的安全配置而造成安全漏洞。

（4）管理漏洞。

由于网络管理员的疏漏和麻痹造成的安全漏洞。例如，管理员口令太短或长期不更换，造成口令漏洞；两台服务器共用同一个用户名和口令，如果一台服务器被入侵，则另一台服务器也不能幸免。

从这些安全漏洞来看，既有技术因素，也有管理因素和人员因素。实际上，攻击者正是分析了与目标系统相关的技术因素、管理因素和人员因素后，寻找并利用其中的安全漏洞来入侵系统的。因此，必须从技术手段、管理制度和人员培训等方面采取有效的措施来防范和控制，只靠技术手段是不够的，还必须从制定安全管理制度、培养安全管理人员和加强安全防范意识教育等方面提高系统的安全防范能力和水平。

## ■5.2.3 漏洞的产生背景

漏洞的产生不仅与系统有关，还与环境和时间有关。

### 1. 漏洞与环境的关系

漏洞是与其所在的软硬件环境密切相关的，漏洞会影响到很大范围的软硬件设备，包括操作系统本身及其支撑软件、网络客户端和服务器软件、网络路由器和安全防火墙等。换言之，在这些不同的软硬件设备中都可能存在不同的安全漏洞问题。在不同种类的软硬件设备、同种设备的不同版本之间、由不同设备构成的不同系统之间，以及同种系统在不同的设置条件下，都会存在各自不同的安全漏洞问题。因此，漏洞扫描及分析必须依赖于具体的运行环境，环境若发生变化了，漏洞也有可能就不存在了。

### 2. 漏洞与时间的关系

漏洞问题是与时间紧密相关的。一款软件从其发布的那一天起，随着用户的深入使用，系统中存在的漏洞会被不断暴露出来，这些早先被发现的漏洞也会不断被系统供应商发布的补丁软件修补，或在以后发布的新版系统中得以纠正。而在新版系统纠正了旧版本中漏洞的同时，也会出现一些新的漏洞和错误。总之，旧的漏洞会持续消失，新的漏洞也会不断出现，漏洞问题将长期存在。

因此，脱离具体的时间和具体的系统环境来讨论漏洞问题是毫无意义的。只能针对目标系统的系统版本、在其上运行的软件版本以及服务运行设置等实际环境，具体谈论其中可能存在的漏洞及其可行的解决办法。

同时应当看到，对漏洞问题的研究必须要跟踪当前最新的计算机系统及其安全问题的最新发展动态。这一点与对计算机病毒发展问题的研究相似，必须在工作中保持对新技术的跟踪，才能及时了解最新出现的安全漏洞问题，及时更新系统，避免遭受侵害。

## 5.2.4 安全漏洞的检测

目前，安全漏洞的检测技术主要有静态检测、动态检测和安全漏洞扫描技术等。

### 1. 静态检测技术

静态检测技术属于白盒测试方法，通过分析程序执行流程来建立程序工作的数学模型，根据对数学模型的分析，找出程序中潜在的安全缺陷。静态检测的对象通常是源代码，常用的静态检测方法主要有词法分析、数据流分析、模型检验和污点传播分析等。

（1）词法分析。

词法分析方法是将源文件处理为token流，然后将token流与程序缺陷结构进行匹配，以查找不安全的函数调用。该方法的优点是能够快速发现软件中的不安全函数，检测效率较高。缺点是由于没有考虑源代码的语义，不能理解程序的运行行为，因此漏报和误报率比较高。基于该方法的分析工具主要有ITS4、Checkmar、RATS等。

（2）数据流分析。

数据流分析方法是通过确定程序某点上变量的定义和取值情况来分析潜在的安全缺陷。首先将代码构造为抽象语法树和程序控制流图等模型，然后通过代数方法计算变量的定义和使用，描述程序运行时的行为，进而根据相应的规则发现程序中的安全漏洞。该方法的优点是分析能力比较强，适合于对内存访问越界、常数传播等问题进行分析检查。缺点是分析速度比较慢、检测效率比较低。基于该方法的分析工具主要有Coverity、Klocworw、JLint等。

（3）模型检验。

模型检验方法是通过状态迁移系统来判断程序的安全性质。首先将软件构造为状态机或者有向图等抽象模型，并使用模态或时序逻辑公式等形式化方法描述其安全属性，然后对模型进行遍历检查，以验证软件是否满足这些安全属性。该方法的优点是对于路径和状态的分析比较准确，缺点是处理开销较大，因为需要穷举所有的可能状态，特别是在数据密集度较大的情况下。基于该方法的分析工具主要有MOPS、SLAM、JavaPathFinder等。

（4）污点传播分析。

污点传播分析方法是通过静态跟踪不可信的输入数据发现安全漏洞。首先通过对不可信的输入数据进行标记，静态跟踪和分析程序运行过程中污点数据的传播路径，发现污点数据的不安全使用方式，进而分析出由于敏感数据（如字符串参数）被改写而引发的输入验证类漏洞，如SQL注入、跨站点脚本等漏洞。该方法主要适用于输入验证类漏洞的分析，典型的分析工具是Pixy，它是一种针对PHP语言的污点传播分析工具，用于发现PHP应用中SQL注入、跨站点脚本等类型的安全漏洞，具有检测效率高、误报率低等优点。

### 2. 静态检测的优缺点

根据以上内容的介绍，静态检测的优缺点如下。

(1) 静态检测的优点。

- 具有程序内部代码的高度可视性，可以对程序进行全面分析，能够保证程序的所有执行路径都得到检测，而不局限于特定的执行路径。
- 可以在程序执行前检验程序的安全性，能够及时对所发现的安全漏洞进行修补。
- 不需要实际运行被测程序，不会产生程序运行开销，自动化程度高。

(2) 静态检测的缺点。

- 通用性较差，一般需要针对某种程序语言及其应用平台设计特定的静态检测工具，有一定的局限性。
- 静态检测的漏报率和误报率高，需要在两者之间寻找一种平衡。
- 分析对象通常是源代码。对于可执行代码，需要通过反汇编工具转换成汇编程序，然后对汇编程序进行分析，大大增加了工作量。

### 3. 动态检测技术

动态检测技术属于黑盒测试技术，通过运行具体程序并获取程序的输出或内部状态等信息，根据对这些信息的分析，检测出潜在的安全漏洞。动态检测的对象通常是二进制可执行代码，常见的动态检测方法主要有渗透测试、模糊测试、错误注入和补丁比对等。

(1) 渗透测试。

渗透测试是经典的动态检测技术，测试人员通过模拟攻击方式对软件进行安全性测试，检测出软件中可能存在的代码缺陷、逻辑设计错误及安全漏洞等。

渗透测试最早用于操作系统安全性测试中，现在被广泛用于对Web应用系统的安全漏洞检测。通常，Web应用系统渗透测试分为被动阶段和主动阶段。在被动阶段，测试人员需要尽可能多地搜集被测Web应用系统的相关信息，如通过使用Web代理观察HTTP请求和响应等，了解该应用的逻辑结构和所有的注入点；在主动阶段，测试人员需要从各个角度、使用各种方法对被测系统进行渗透测试，主要包括配置管理测试、业务逻辑测试、认证测试、授权测试、会话管理测试、数据验证测试、拒绝服务测试、Web服务测试和AJAX测试等。

对Web应用系统进行渗透测试的基本步骤为：

①测试目标定义：确定测试范围，建立测试规则，明确测试对象和测试目的。

②背景知识研究：搜集测试目标的所有背景资料，包括系统设计文档、源代码、用户手册、单元测试和集成测试的结果等。

③漏洞猜测：测试人员根据对系统的了解和自己的测试经验猜测系统中可能存在的漏洞，整理成漏洞列表，随后对漏洞列表进行分析和过滤，排列出待测漏洞的优先级。

④漏洞测试：根据漏洞类型生成测试用例，使用测试工具对被测程序进行测试，确认漏洞是否存在。

⑤推测新漏洞：根据所发现的漏洞类型推测系统中可能存在的其他类似漏洞，并进行测试。

⑥修补漏洞：提出修改完善软件源代码的方法，对已发现的漏洞进行修补。

在Web应用系统安全性测试中，常用的渗透测试工具有Burp Suite、Paros、Nikto等。

（2）模糊测试。

模糊测试技术的基本思路是自动生成大量的随机或经过变异的输入值，提交给系统，一旦系统发生失效或异常现象，说明系统中存在着薄弱环节和安全漏洞。与传统的黑盒测试方法相比，模糊测试技术主要针对任何可能引发未定义或者不安全行为的输入，其优点是简单、有效、自动化程度高以及可复用性强等，缺点是测试数据冗余度大、检测效率低、代码覆盖率不足等。

模糊测试技术是Web应用系统安全漏洞检测中常用的测试技术，它模拟攻击者行为，生成大量异常、非法、包含攻击载荷的模糊测试数据，提交给Web应用系统，同时监测Web应用系统的反应，检测Web应用系统中是否存在安全漏洞。在Web应用系统安全漏洞检测中，常用的模糊测试工具有WebScarab、WSFuzzer、SPIKE Proxy、Web fuzz、WebInspect等。

目前模糊测试技术存在的主要问题有：

①测试自动化程度低：大部分工具在模糊数据的生成以及对被测对象检测结果分析等过程都需要人工参与，自动化程度不高。例如，Web fuzz工具需要测试人员提供正常请求，并对其中需要模糊化的变量进行标记，才能生成一系列模糊数据。

②检测的漏洞类型较少：一些工具只能对少数几种特定类型的安全漏洞进行模糊测试，例如，Web fuzz工具只能检测Web应用系统中的SQL注入和跨站点脚本等类型的安全漏洞，漏洞发现能力有限。

③漏洞检测的漏报率和误报率高：一些工具的模糊数据生成以及漏洞检测方法较为简单，造成测试结果中漏洞的漏报率和误报率比较高。例如，Web fuzz工具只是通过在原始请求中简单地插入攻击载荷的方式来生成模糊数据，在漏洞检测上也只是简单地查找返回的Web网页中是否存在特定的内容。

④工具的可扩展性较差：例如，Web fuzz工具在设计上存在耦合程度高、可扩展性差等问题，对新漏洞类型的扩展比较困难。

⑤测试结果的展示不够直观：大部分工具在测试结果的展示上都不够直观，有的甚至仅提供模糊测试的执行日志，如WSFuzzer、Wfuzz等，需要人工对数百条记录进行分析，确定其中是哪些测试数据引发了被测对象的安全漏洞。

（3）错误注入。

错误注入技术最早用于对硬件设备的可靠性测试，其基本思路是按照一定的错误模型，人为地生成错误数据，然后注入被测系统中，促使系统崩溃或失效，通过观察系统在错误注入后的反应，对系统的可靠性进行验证和评价。

后来，错误注入技术被应用于软件测试，主要用于软件可靠性和安全性测试，既可以采用黑盒方法来实现，也可以采用白盒方法实现。例如，在应用软件测试中，采用一种称为环境-应用交互故障模型（EAI）的环境错误注入方法，EAI模型认为系统是由环境与应用软件组成的，并对环境错误进行分类。当环境出现错误而应用软件不能适应时，就可能发生安全问题。

错误注入技术的优点是易于形成系统化方法，有助于实现软件自动化测试。缺点是由于没有考虑应用系统内部的运行状态，仅注入环境错误，并不能对应用系统安全漏洞进行全面的检测。

（4）补丁比对。

补丁比对技术的基本思路是通过对补丁前和补丁后两个二进制文件的对比分析，找出两个文件的差异点，定位其中的安全漏洞。目前常用的补丁比对方法主要有二进制文件比对、汇编程序比对和结构化比对等。

二进制文件比对方法是一种最简单的补丁比对方法，通过对两个二进制文件的直接对比，定位其中的安全漏洞。该方法的主要缺点是容易产生大量的误报情况，漏洞定位准确性较差，检测结果不容易理解，因此仅适用于文件中变化较小的情况。

汇编程序比对方法是首先将两个二进制文件反汇编成汇编程序，然后对两个汇编程序进行对比分析。该方法比二进制文件比对方法有所进步，但是仍然存在输出结果范围大、误报率高和漏洞定位不准确等缺点。另外，在反汇编时，很容易受编译器编译优化的影响，结果会变得非常复杂。

结构化比对方法的基本思路是给定两个待比对的文件A1和A2，将A1和A2的所有函数用控制流图来表示，通过比对两个图是否同构来建立函数之间一对一的映射。该方法从逻辑结构的层次上对补丁文件进行了分析。但是，当待比对的两个二进制文件较大时，结构化比对的运算量和存储量都非常巨大，程序的执行效率比较低，并且漏洞定位准确性也不高。

综上所述，动态检测技术通常是在真实的运行环境中对被测对象进行测试，直接模拟攻击者的行为，因此其测试结果往往具有更高的准确性，漏报率和误报率相对比较低。此外，动态检测技术不需要源代码，具有较高的灵活性。通常，各种安全漏洞扫描系统都是采用动态检测技术实现的。

### ■5.2.5 安全漏洞扫描系统

安全漏洞扫描系统主要是采用动态检测技术对网络系统中可能存在的各种安全漏洞进行远程检测，不同安全漏洞的检测方法是不同的，将各种安全漏洞检测方法集成起来，打造成一个安全漏洞扫描系统。

通常，安全漏洞扫描系统有两种实现方式：主机方式和网络方式。主机漏洞扫描系统安装在一台计算机上，主要用于对该主机系统的安全漏洞扫描。

网络漏洞扫描系统采用客户/服务器架构，主要用于对一个网络系统，包括各种主机、服务器、网络设备以及软件平台（如Web服务系统、数据库管理系统等）的安全漏洞扫描。通常，网络漏洞扫描系统由客户端和服务器两个部分组成。

### 1. 客户端

客户端是操作安全漏洞扫描系统的用户界面，也称控制台。用户通过用户界面定义被扫描的目标系统、目标地址以及扫描任务等，然后提交给服务器执行扫描任务。当扫描结束后，服务器返回扫描结果，显示在客户端屏幕上。

### 2. 服务器

服务器是安全漏洞扫描系统的核心，主要由扫描引擎和漏洞库组成。

（1）扫描引擎。

扫描引擎是系统的主控程序。在接收到用户的扫描请求后，调用漏洞库中的各种漏洞检测方法对目标系统进行安全漏洞扫描，根据目标系统的反应判断是否存在安全漏洞，然后将扫描结果返回给客户端。对于检测出的安全漏洞，给出漏洞名称、编号、类型、危险等级、漏洞描述及修复措施等信息。

（2）漏洞库。

漏洞库是指使用特定编程语言编写的各种安全漏洞检测算法集合。通常，漏洞检测算法采用插件技术进行封装，一种漏洞检测算法对应一个插件，扫描引擎通过调用插件执行漏洞扫描。对于新发现的安全漏洞及其检测算法，可以通过增加插件的方法加入漏洞库中，有利于漏洞库的维护和扩展。另外，一些安全漏洞扫描系统还提供了专用脚本语言来实现安全漏洞检测算法编程，这种脚本语言不仅功能强大，而且简单易学，往往使用十几行代码就可以实现一种安全漏洞的检测，大大简化了插件编程工作。

由于安全漏洞扫描系统基于已知的安全漏洞知识，因此漏洞库的扩展和维护显得十分重要。CERT、CVE等有关国际组织不定期在网上公布新发现的安全漏洞，包括漏洞名称、编号、类型、危险等级、漏洞描述及修复措施等。我国也建立了国家信息安全漏洞共享平台（CNVD），规范了安全漏洞扫描插件的开发和升级，CNVD网站界面如图5-11所示。

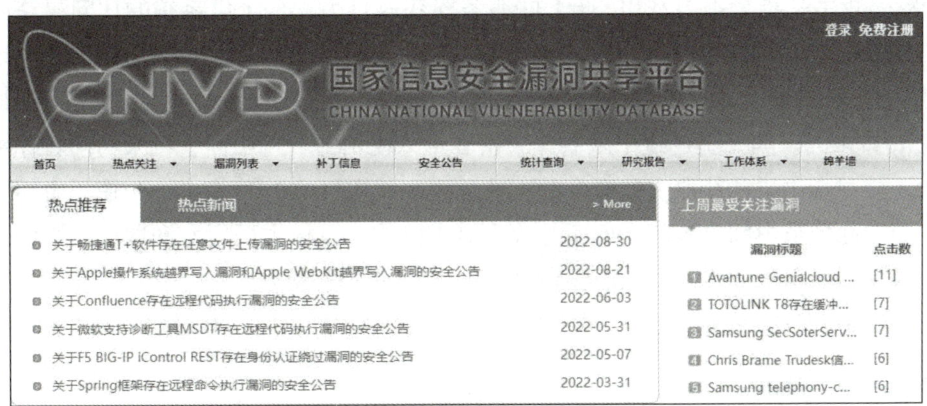


图 5-11　国家信息安全漏洞共享平台

在实际应用中，不论是主机漏洞扫描系统还是网络漏洞扫描系统，及时更新漏洞库是十分重要的，这样便于漏洞扫描系统及时检测到新的安全漏洞。一旦检测到安全漏洞，应当及时安装补丁程序或升级软件版本，消除安全漏洞对系统安全的威胁。

## ■5.2.6 常见的漏洞及解决方法

利用网络安全漏洞扫描系统可以对网络中的任何系统或设备进行漏洞扫描，搜集目标系统相关信息，如各种端口的分配、所提供的服务、软件的版本、系统的配置以及匿名用户是否可以登录等，从而发现目标系统潜在的安全漏洞。

### 1. Telnet漏洞

很多安全漏洞与操作系统平台及其版本有密切的关系，不同的操作系统平台或者不同的操作系统版本可能存在不同的安全漏洞。因此，扫描程序可以通过获取和检查操作系统类型及其版本信息来确定该操作系统是否存在潜在漏洞。

获得操作系统平台及其版本信息的有效手段是使用Telnet命令连接一个操作系统，对于成功的Telnet连接，Telnet服务程序telnetd将会返回该操作系统的类型、内核版本号、厂商名、硬件平台等信息。类似的方法还有FTP命令等。

有些操作系统的telnetd程序本身还存在缓冲区溢出漏洞，在处理telnetd选项的函数中，它没有对边界进行有效检查。当使用某些选项时，可能发生缓冲区溢出。例如，在Linux系统下，如果用户获取了对系统的本地访问权限，则可通过telnetd漏洞为/bin/login设置环境变量。当环境变量重新分配内存时，便能改变任意内存中的值。这样，攻击者有可能从远程获得Root权限。

解决方案是更新Telnet软件版本，或者禁止不可信的用户访问Telnet服务。

### 2. FTP漏洞

利用FTP命令连接一个操作系统，同样可以获知该操作系统类型及其版本信息。另外，扫描程序还可以通过匿名用户名登录FTP服务测试该操作系统的匿名FTP是否可用。如果允许匿名登录，则检查ftp目录是否允许匿名用户进行写操作。对于允许写ftp目录的匿名FTP，一旦受到FTP跳转攻击，就会引发系统停机。

FTP跳转攻击是指攻击者利用一台FTP服务器获取对另一台主机系统的访问权，而该主机系统是拒绝攻击者直接连接的。典型的例子是目标主机被配置成拒绝使用特定的IP地址屏蔽码进行连接，而攻击者主机的IP地址恰好就在该屏蔽码内。处于屏蔽码内的主机是不能访问目标主机上的ftp目录的。为了绕过这个限制，攻击者可以使用另一台中间主机来访问目标主机，将一个包含连接目标主机和获取文件命令的文件放到中间主机的ftp目录中。当使用中间主机进行连接时，其IP地址是中间主机的，而不是攻击者主机的。目标主机便允许这次连接请求，并且向中间主机发送所请求的文件，从而实现对目标主机的间接访问。

解决方案是升级FTP软件版本，修改FTP的登录提示信息，关闭非必要的匿名FTP服务等。

### 3. TCP端口扫描

TCP端口扫描是指扫描程序试图与目标主机的每一个TCP端口建立远程连接，如果目标主机的某一TCP端口处于监听工作状态，则会进行响应。否则，这个端口是不可用的，没有提供服务。攻击者经常利用TCP端口扫描来获得目标主机中的/etc/inetd.conf文件，该文件包含由inetd提供的服务列表。

解决方案是关闭不必要的TCP端口。

### 4. Finger漏洞

Finger服务用来提供网上用户信息查询服务，包括网上成员的用户名、最近的登录时间、登录地点等，也可以用来显示一台主机上当前登录的所有用户名。对于攻击者来说，获得一台主机上的有效登录名及其相关信息是很有价值的。

解决方案是关闭一台主机上的Finger服务。

### 5. Portmap漏洞

操作系统通常采用3种机制提供网络服务：由守护程序始终监听端口、由inetd程序监听端口并动态激活守护程序、由Portmap程序动态分配端口的RPC服务。攻击者可以通过rpcinfo命令向一台远程主机上的Portmap程序发出询问，探测该主机上提供了哪些可用的RPC服务。Portmap程序将会返回该主机上可用的RPC服务、相应的端口号、所使用的协议等信息。常见的RPC服务有rpc.mountd、rpc.statd、rpc.csmd、rpc.ttybd、amd、NIS和NFS等，它们都是被攻击的目标。

解决方案是关闭主机上的Portmap服务（TCP端口为111）。

### 6. Rusers漏洞

Rusers是一种RPC服务，如果远程主机上的Rusers服务被加载，就可以使用rusers命令来获取该主机上的用户信息列表，包括用户名、主机名、登录的终端、登录的日期和时间等。这些信息看起来似乎无须保密，但对攻击者来说却是十分有用的。因为当攻击者收集到了某一系统上足够多的用户信息后，便可以通过口令尝试登录方式来试图推测出其中某些用户的口令。由于有些用户总喜欢使用简单的口令，如口令与用户名相同，或者口令是用户名后加3位或4位数字等。一旦这些用户的口令被猜中，获得该系统的Root权限只是一个时间问题。

解决方案是关闭主机上的Rusers服务。

### 7. NFS漏洞

网络文件系统（network file system，NFS）提供了网络文件传送服务，并且还可以使用MOUNT协议标识要访问的文件系统及其所在的远程主机。从网络文件传送的角度讲，NFS有着良好的扩展性和透明性，并简化了网络文件管理操作。但从网络安全的角度讲，NFS却存在较大的安全隐患，主要表现在以下几个方面。

（1）获取NFS输出信息。

NFS采用客户/服务器结构。客户端是一个使用远程目录的系统，通过远程目录使用远程服务器上的文件系统，如同使用本地文件系统一样；服务器端为客户提供磁盘资源共享服务，允许客户访问服务器磁盘上的有关目录或文件。客户端需要将服务器的文件系统安装在本地文件系统上，由服务器端的mountd守护进程负责安装和连接文件系统，而NFS协议只负责文件传输工作。在一般的Unix系统中，把远程共享目录安装到本地的过程称为安装（mountd）目录，这是客户端的功能。为客户机提供目录的过程称为输出（exporting）目录，这是服务器端的功能。客户端可以使用showmount命令查询NFS服务器上的信息，如rpc.mounted中的具体内容、通过NFS输出的文件系统以及这些系统的授权信息等。攻击者可以通过分析这些信息和输出目录的授权情况寻找脆弱点。

（2）NFS的用户认证。

NFS提供一种简单的用户认证机制——用户的标识信息，包括用户标识符（UID）和所属用户组标识符（GID），服务器端通过检查UID和GID来确认该用户的身份。由于每台主机的root用户都有权在自己的机器上设置一个UID，而NFS服务器则不管这个UID来自何方，只要UID匹配，就允许该用户访问文件系统。例如，服务器上的目录/home/frank允许远程主机安装，但只能由UID为501的用户访问。如果一台主机的root用户新增一个UID为501的用户，然后通过这个用户登录并安装该目录，便可以通过NFS服务器的用户认证，获得对该目录的访问权限。另外，大多数NFS服务器可以接受16位的UID，这是不安全的，容易发生UID欺骗问题。

最好的解决方案是禁止NFS服务。如果一定要提供NFS服务，则必须采用有效的安全措施。例如，正确地配置输出目录，将输出的目录设置成只读属性，不要设置可执行属性，不要在输出的目录中包含home目录，禁止有SUID特性的程序执行，限制客户的主机地址，使用有安全保证的NFS实现系统等。

#### 8. SNMP漏洞

简单网络管理协议（simple network management protocol，SNMP）是一种基于TCP/IP的网络管理协议，用于对网络设备的管理。它采用管理器/代理结构，代理程序驻留在网络设备（如路由器、交换机、服务器等）上，监听管理器的访问请求，执行相应的管理操作。管理器通过SNMP协议可以远程监控和管理网络设备。SNMP请求有两种：一种是SNMP GetRequest，读取数据操作；另一种是SNMP SetRequest，写入数据操作。对于SNMP来说，主要存在以下安全漏洞。

（1）身份认证漏洞。

SNMP代理是通过SNMP请求中所包含的Community名来认证请求方身份的，并且是唯一的认证机制。大多数SNMP设备的默认Community名为public或private。在这种情况下，攻击者不仅可以获得远程网络设备中的敏感信息，而且还能通过远程执行指令关闭系统进程，重新配置或关闭网络设备。

（2）管理信息获取漏洞。

在SNMP代理与管理器之间的管理信息是以明文传输的，而管理信息中包含了网络系统的详细信息，如连入网络的系统和设备等。攻击者可以利用这些信息找出攻击目标并规划攻击。

解决方案是关闭SNMP服务，或者升级SNMP的版本（SNMPv3的安全性要优于SNMPv2）。

### 5.2.7 网络漏洞扫描系统的实现

在网络漏洞扫描系统中，漏洞扫描程序通常采用插件技术实现。一个漏洞扫描程序对应一个插件，扫描引擎通过调用插件的方法执行漏洞扫描。插件可以采用两种方法编写：一种是使用传统的高级语言，如C语言，它需要事先使用相应的编译器对这类插件进行编译；另一种是使用专用的脚本语言，脚本语言是一种解释型语言，它需要使用专用的解释器，其语法简单易学，可以简化新插件的编程，使系统的扩展和维护更加容易。网络漏洞扫描系统应当支持这两种插件实现方法，并提倡使用脚本语言。

在网络漏洞扫描系统中，不仅要使用标准化名称来命名和描述漏洞，而且还要建立规范的插件编程环境。为此，系统必须提供一种规范化的插件编程和运行环境，这种环境采用插件框架结构，由一组函数和全局数据结构组成。

## 5.3 网络诱骗

网络诱骗并不是指危害网络信息的网络欺骗，而是指针对网络信息的各种威胁，为了快速掌握其原理以便更快研究出解决方法而进行的诱骗，最常见的就是蜜罐技术。

### 5.3.1 蜜罐主机

蜜罐主机是一种专门引诱网络攻击的资源。它被伪装成一个有价值的攻击目标，蜜罐主机设置的目的就是吸引别人去攻击它。此种网络设备的实际意义一方面在于吸引攻击者的注意力，从而减少对真正有价值目标的攻击；另一方面在于收集攻击者的各种信息，从而帮助网络所有者更加了解攻击者的攻击行为，以便更好地防御。蜜罐主机是网络世界的一种安全措施。

蜜罐主机上一般不会运行任何具有实际意义且能产生通信流量的程序。所以，任何与蜜罐主机发生的通信流量都是可疑的。通过收集和分析这些通信流量，可以为网络所有者提供更多攻击者有价值的信息。

就收集攻击者信息的能力和本身的安全性来说，可以通过蜜罐主机的连累等级来将它们分为低连累等级蜜罐主机、中连累等级蜜罐主机、高连累等级蜜罐主机。

#### 1. 低连累等级蜜罐主机

低连累等级的蜜罐主机只提供简单的伪装功能。例如，打开80端口，冒充自己运行了HTTP服务。此种形式的蜜罐主机只具有吸引攻击行为的能力，由于自身无法对连接请求做出任何应答，攻击者只需要连接一下开启的端口发现无反应就可能罢手，因此其迷惑攻击者和收集攻击者信息的能力十分有限。而由于攻击者也无法同这样的系统发生交互作用，难以实施有效攻击，故蜜罐主机本身的安全性比较高。

#### 2. 中连累等级蜜罐主机

中连累等级的蜜罐主机提供一些伪装服务，能够让用户与其发生一定的交互作用。对于攻击者的吸引力和信息收集会做得比低连累等级蜜罐主机好得多。这样的蜜罐主机，其伪装的服务比低连累等级蜜罐主机要复杂。用于伪装的程序需要足够安全，不能有常见的容易受攻击的漏洞，所以其运行系统的开发要困难得多。蜜罐主机自身运行起来也很安全。

### 3. 高连累等级蜜罐主机

高连累等级的蜜罐主机用真实的系统为攻击者提供“实实在在”的服务，从而有最强的吸引攻击者并收集其信息的能力。但攻击者有控制蜜罐主机并借由其访问更多本地资源的可能性，高连累等级的蜜罐主机也有高危险性，其本身就有可能成为网络的一个漏洞。所以，对高连累等级的蜜罐主机需要有严密的监控，防止其被攻陷后成为黑客对网络进一步攻击的跳板。

## 5.3.2 蜜罐主机的位置选择

蜜罐主机的位置选择对其功能也是有很大影响的，蜜罐主机的位置选择是相对于防火墙而言的，不同的位置选择可以有不同的效果。就普通用户常用的最复杂的屏蔽子网防火墙结构而言，蜜罐主机可以布置在防火墙之外、非军事区（demilitarized zone，DMZ）或内部网络。

布置于防火墙之外的蜜罐主机主要致力于吸引和收集与外部攻击者相关的攻击行为，它对于网络上同时配备的其他安全措施，如防火墙、入侵检测系统等不会产生影响。若它沦陷，对于内部网络也基本没有什么影响。缺点是无法定位内部的攻击者。

布置于防火墙之内的蜜罐主机指向内部的攻击者，对于外部的攻击行为很难有吸引和收集的作用。若它沦陷，对内部网络有较大威胁。

布置于DMZ之上的蜜罐主机对内外网络都可以有好的攻击吸引和资料收集效果，从位置来说最为理想。但是，蜜罐主机上会有很多伪装服务，需要修改内外包过滤防火墙的规则，以保证其可以被访问。而若其沦陷，不仅对于同在DMZ内的其他服务器是一种威胁，由于其与内部网络之间的通信被内部包过滤防火墙所允许，对内部网络也是一种威胁。

## 5.3.3 常见的蜜罐软件

对于个人来说，如果要打造蜜罐主机，或者学习黑客技术，需要一个攻击靶机，可以自己配置一台Windows或Linux服务器，安装一些专业的软件就可以了。常见的软件有：

### 1. HFISH

安全、简单、易上手。提供了一系列方便运维和管理的技术，包括一键闪电部署、应用模板批量管理、节点服务动态调整等特性。

### 2. HoneyDrive

基于Xubuntu的开源和蜜罐捆绑Linux操作系统，包含超过10个预安装和预配置的蜜罐软件包，功能强大，但界面不如HFISH友好。

### 3. bWAPP

这是一个检测错误的Web应用程序，旨在发现和防止Web漏洞，帮助用户为成功的渗透测试和检测黑客项目做好准备。它有超过100个网络漏洞数据，包括所有主要的已知网络漏洞。简单来说，bWAPP就是一个靶机。利用bWAPP的漏洞，可以实现各种攻击。bWAPP带有的漏洞包括：

- SQL，HTML，iFrame，SSI，OS命令，XML，XPath，LDAP，PHP代码，主机标头和SMTP注入身份验证，授权和会话管理问题。
- 恶意，不受限制的文件上传和后门文件。
- 任意文件访问和目录遍历。
- Heartbleed和Shellshock漏洞。
- 服务器端请求伪造。
- 配置问题：Man-in-the-Middle，跨域策略文件。
- FTP，SNMP，WebDAV，信息披露。
- HTTP参数污染和HTTP响应分裂。
- XML外部实体攻击（XXE）。
- HTML5 ClickJacking，跨源资源共享和Web存储问题。
- Drupal、phpMyAdmin和SQLite问题。
- 未经验证的重定向和转发。
- 拒绝服务（DoS）攻击。
- 跨站点脚本、跨站点跟踪和跨站点请求伪造。
- AJAX和Web服务问题。
- 参数篡改和Cookie中毒。
- 缓冲区溢出和本地权限升级。
- PHP-CGI远程代码执行。
- HTTP动词篡改。

bWAPP可以单独下载并部署到apache+mysql+php的环境中。另一种就是最常用的bee-box版本，它是虚拟机版本，可以直接在虚拟机中运行，通过选择就可以设置当前的安全等级和所需的漏洞或设置了，如图5-12所示。

图 5-12　bWAPP 网站首页

**拓展阅读**

全面加强网络安全保障体系和能力建设。加强网络安全核心技术联合攻关，开展高级威胁防护、态势感知、监测预警等关键技术研究，建立安全可控的网络安全软硬件防护体系。实施国家基础网络安全保障能力提升工程，加强关键信息基础设施安全防护体系建设，增强网络安全平台支撑能力，强化5G、工业互联网、大数据中心、车联网等安全保障。完善网络安全监测、通报预警、应急响应与处placeholder置机制，提升网络安全态势感知、事件分析以及快速恢复能力。

——《“十四五”国家信息化规划》

## 课后作业

### 一、单选题

1. ARP、DHCP和DNS欺骗最重要的是将黑客的设备伪装成（　　）。

A. 服务器　　B. 客户机

C. 网关　　D. 交换机

2. 拒绝服务攻击利用的是（　　）的脆弱性。

A. 服务器　　B. 系统

C. 协议　　D. 防火墙

### 二、多选题

1. SQL注入会导致（　　）。

A. 系统账户被篡改　　B. 数据信息被盗取

C. 服务器被控制　　D. 系统瘫痪

2. 系统设计本身的漏洞包括（　　）。

A. 软件漏洞　　B. 结构漏洞

C. 配置漏洞　　D. 管理漏洞

3. 安全漏洞检测包括（　　）。

A. 静态检测　　B. 混合检测

C. 最小化检测　　D. 动态检测

### 三、简答题

1. 简述安全漏洞检测时静态检测和动态检测的优缺点。
2. 简述安全漏洞扫描系统的组成和功能。
3. 简述常见的漏洞及解决方法。
4. 简述蜜罐主机的位置及其优缺点。

# 第6章 防火墙技术与入侵检测技术

## 内容概要

网络防火墙可以保护内网设备不受外网的恶意攻击，由于网络通信时的流量都要通过防火墙，因此通过设置防火墙的通信规则可以对各种数据进行管控。入侵检测系统是一套软硬件结合的网络安全设备，与防火墙组合使用，可以有效抵御网络入侵的威胁。本章着重介绍这两种重要的网络防护手段。

## 知识要点

防火墙的功能。
防火墙的分类及原理。
防火墙的性能指标。
入侵检测的功能。
入侵检测的技术分类。
入侵检测系统的性能指标。
入侵检测过程。

# 6.1 防火墙技术

互联网在带给人们极大便利的同时，也由于其中的诸如黑客攻击等不安全因素和不良信息的发布给使用者带来种种损害。为了使计算机网络免受外来入侵的攻击，阻隔危险信息的防火墙是保护网络安全的必然选择。

## 6.1.1 防火墙

防火墙最初被认为是一个建筑名词，指的是修建在房屋之间、院落之间、街区之间用以阻断火灾蔓延的高墙。这里介绍的用于计算机网络安全领域的防火墙则是指设置于网络之间，通过控制网络流量、阻隔危险网络通信以达到保护网络的目的，由硬件设备和软件系统组成的防御系统。就像建筑防火墙阻挡火灾、保护建筑一样，它具有阻挡危险流量、保护网络的功能。从信息保障的角度来看，防火墙是一种保护手段。

防火墙一般都是布置于网络之间的。防火墙最常见的形式是布置于公共网络和企事业单位内部的专用网络之间，用以保护内部专用网络。有时在一个网络内部也可能设置防火墙，用来保护某些特定的设备，但被保护的关键设备的IP地址一般会和其他设备处于不同网段，甚至有类似大防火墙GFW那样的保护整个国家网络的防火墙。其实，只要是有必要，有网络流量的地方都可以设置防火墙。

防火墙保护网络的手段就是控制网络流量。网络上的各种信息都是以数据包的形式传递的，网络防火墙要实现控制流量就是要对途经的各个数据包进行分析，判断危险与否，据此决定是否允许其通过。对数据包说“Yes”或“No”是防火墙的基本工作。不同种类的防火墙查看数据包的不同内容，但是究竟对怎样的数据包内容说“Yes”或“No”，其规则是由用户来设置的。也就是说，防火墙决定数据包是否可以通过，要看用户对防火墙查看的内容制定怎样的规则。

用以保护网络的防火墙会有不同的形式和不同的复杂程度。它可以是单一设备，也可以是一系列相互协作的设备；设备可以是专门的硬件设备，也可以是经过加固、甚至只是普通的通用主机；设备可以选择不同形式的组合，也可采用不同的拓扑结构。

防火墙的主要功能有以下几个方面。

### 1. 提高内网安全性

一道防火墙（作为阻塞点、控制点）能极大地提高内部网络的安全性，并通过过滤不安全的服务而降低风险。由于只有经过精心选择的应用协议才能通过防火墙，因此网络环境变得更安全。例如，防火墙可以禁止诸如众所周知的不安全的网络文件系统NFS协议进出受保护网络，这样外部的攻击者就不可能利用这些脆弱的协议来攻击内部网络。防火墙同时可以保护网络免受基于路由的攻击，如IP选项中的源路由攻击和Internet控制报文协议ICMP重定向中的重定向路径。防火墙拒绝所有以上类型攻击的报文并通知防火墙管理员。

### 2. 强化安全策略

通过以防火墙为中心的安全方案配置，能将所有安全措施（如口令、加密、身份认证、审计等）配置在防火墙上。与将网络安全问题分散到各台主机上相比，防火墙的集中安全管理更经济。例如，在网络访问时，动态口令系统和其他的身份认证系统完全可以不必分散在各个主机上，而是集中在防火墙上。

### 3. 监控审计

如果所有的访问都经过防火墙，那么防火墙就能记录下这些访问并写入日志，同时也能提供网络使用情况的统计数据。当发生可疑动作时，防火墙能进行适当的报警，并提供网络是否受到监测和攻击的详细信息。另外，收集一个网络的使用和误用情况也是非常重要的，因为可以清楚防火墙是否能够抵挡攻击者的探测和攻击，并且清楚防火墙的控制是否充足。而网络使用情况的统计对网络需求分析和威胁分析等而言也是非常重要的。

### 4. 阻止内部信息外泄

通过利用防火墙对内部网络的划分，可实现对内部网重点网段的隔离，从而限制了局部重点或敏感网络的安全问题对全局网络造成的影响。再者，隐私是内部网络非常关心的问题，一个内部网络中不引人注意的细节可能包含了有关安全的线索而引起外部攻击者的兴趣，甚至因此而暴露了内部网络的某些安全漏洞。使用防火墙就可以隐蔽那些透漏内部细节，如Finger、域名系统（domain name system，DNS）等服务。Finger显示了主机中所有用户的注册名、真名、最后登录时间和使用Shell类型等，但是Finger显示的信息非常容易被攻击者所获悉。攻击者可以知道一个系统使用的频繁程度，这个系统是否有用户正在连线上网，这个系统是否在被攻击时引起注意等。防火墙同样可以阻塞有关内部网络中的DNS信息，如此，一台主机的域名和IP地址就不会被外界所了解了。

### 5. 隔离故障

由于防火墙具有双向检查功能，也能够将网络中一个网块（也称网段）与另一个网块隔开，从而限制了局部重点或敏感网络的安全问题对全局网络造成的影响，可防止攻击性故障蔓延。

### 6. 流量控制及统计

流量统计建立在流量控制基础之上，通过对基于IP、服务、时间、协议等的流量进行统计，可以实现与管理界面挂接，并便于流量计费。

流量控制分为基于IP地址的控制和基于用户的控制。基于IP地址的控制是对通过防火墙各个网络接口的流量进行控制；基于用户的控制是通过用户登录来控制每个用户的流量，防止某些应用或用户占用过多的资源，保证重要用户和重要接口的连接。

### 7. 地址绑定

除了路由器外，防火墙也可以实现MAC地址和IP地址的绑定，MAC地址与IP地址绑定起来，主要用于防止受控（不允许访问外网）的内部用户通过更换IP地址访问外网。这其实是一个可有可无的功能。不过因为它实现起来太容易了，内部只需要两个命令就可以实现，所以绝大多数防火墙都提供了该功能。

#### 8. 网络代理

其实防火墙除了安全作用外，还支持VPN、NAT等网络代理功能。可以利用防火墙实现远程VPN服务端，用来协商远程访问的加密和认证功能。另外还可以进行内部网络的上网代理、实现网关的功能和反向代理，实现DMZ的服务器向外网提供服务的作用。

### 6.1.2 防火墙的分类

根据不同的保护机制和工作原理，一般将防火墙分为包过滤防火墙、状态检测防火墙和应用代理防火墙3种。

#### 1. 包过滤防火墙

包过滤防火墙用软件查看所流经的数据包的包头，由此决定整个包的命运。它可能会决定丢弃这个包，可能会接受这个包（让这个包通过），也可能执行其他更复杂的动作。在Linux系统中，包过滤功能是内建于核心的（作为一个核心模块，或者直接内建），同时还有一些可以运用于数据包之上的技巧，不过最常用的依然是查看包头以决定包的命运。包过滤是一种内置于Linux内核路由功能之上的防火墙类型，该防火墙工作在网络层。

（1）工作原理。

数据包过滤用在内部主机和外部主机之间，过滤系统是一台路由器或一台主机。当执行数据包时，过滤规则用来匹配数据包内容，以决定哪些包被允许和哪些包被拒绝。当拒绝流量时，可以采用两个操作：通知流量的发送者，其数据将被丢弃；没有任何通知，直接丢弃这些数据。包过滤防火墙能过滤以下类型的信息。

- 第三层的源和目的地址。
- 第三层的协议信息。
- 第四层的协议信息。
- 发送或接收流量的端口号。

数据包过滤是通过对数据包的IP头、TCP头或UDP头的检查来实现的，在TCP/IP中存在着一些标准的服务端口号，如HTTP的端口号为80。通过屏蔽特定的端口可以禁止特定的服务。包过滤系统可以阻塞内部主机与外部主机或另外一个网络之间的连接，如可以阻塞一些被视为有敌意的或不可信的主机或网络连接到内部网络中。

数据包过滤一般使用过滤路由器来实现，这种路由器与普通的路由器有所不同。普通的路由器只检查数据包的目标地址，并选择一个达到目标地址的最佳路径。它处理数据包是以目标地址为基础的，存在着两种可能性：若路由器可以找到一个路径到达目标地址，则发送出去；若路由器不知道如何发送数据包，则通知数据包的发送者“数据包不可达”。

过滤路由器会更加仔细地检查数据包，除了决定是否有到达目标地址的路径外，还要决定是否应该发送数据包。应该与否是由路由器的过滤策略决定并强制执行的。

- 包过滤规则必须被包过滤设备端口存储在安全策略设置中。
- 当包到达端口时，对包头进行语法分析。大多数包过滤设备只检查IP、TCP或UDP头中的字段。
- 包过滤规则以特殊的方式存储。应用于包的规则顺序与包过滤器规则的存储顺序必须相同。
- 若一条规则阻止包传输或接收，则此包便不符合条件，被丢弃。
- 若一条规则允许包传输或接收，则此包便符合条件，可以被继续处理。
- 符合条件的包将检查路由信息并被转发出去。

（2）包过滤防火墙的优缺点。

包过滤防火墙的优点如下：

- 处理包的速度比代理服务器快，过滤路由器为用户提供了一种透明的服务，用户不用改变客户端程序或改变自己的行为。
- 实现包过滤几乎不再需要费用（或极少的费用），因为都包含在标准的路由器软件中。
- 包过滤路由器对用户和应用是透明的。

包过滤防火墙的缺点如下：

- 防火墙的维护比较困难，定义数据包过滤器会比较复杂，因为网络管理员需要对各种Internet服务、包头格式和每个域的意义有非常深入的理解，才能将过滤规则集尽量定义完善。
- 只能阻止一种类型的IP欺骗，即外部主机伪装内部主机的IP，对于外部主机伪装其他可信任的外部主机的IP却无法阻止。
- 任何直接经过路由器的数据包都有被用作数据驱动攻击的潜在危险。
- 一些包过滤网关不支持有效的用户认证。
- 不可能提供有用的日志，日志功能被局限在第三层和第四层的信息。例如，不能记录封装在HTTP传输报文中的应用层数据，这使用户发觉网络受攻击的难度加大，也就谈不上根据日志进行网络的优化、完善和追查责任。
- 随着过滤器数目的增加，路由器的吞吐量会下降。
- IP包过滤器无法对网络上的动态信息提供全面的控制。
- 允许外部网络直接连接到内部网络的主机上，容易造成敏感数据的泄露。

虽然包过滤防火墙有上述缺点，但是在管理良好的小规模网络上，它能够正常发挥其作用。一般情况下不单独使用包过滤防火墙，而是将它与其他设备（如堡垒主机等）联合使用。

（3）包过滤防火墙的应用。

包过滤防火墙通常用在以下方面。

- 作为第一线防御（边界路由器）。
- 当用包过滤就能完全实现安全策略并且认证不是一个问题的时候。
- 在要求最低安全性并要考虑成本的小型居家办公网络（small office home office，SOHO）网络中。

包过滤防火墙能用于不同子网之间不需要认证的内部访问控制。和其他类型的防火墙相比，因为包过滤防火墙的简易性和低成本，很多SOHO网络使用包过滤防火墙。虽然包过滤防火墙不能为SOHO提供全面的保护，但是至少提供了最低级别的保护，可以防御多种类型的网络威胁和攻击。

### 2. 状态检测防火墙

状态检测防火墙又称为动态包过滤，是传统包过滤的功能扩展。状态检测防火墙在网络层有一个检查引擎截获数据包并抽取出与应用层状态有关的信息，并以此为依据决定对该连接是接受还是拒绝。这种技术提供了高度安全的解决方案，同时具有较好的适应性和扩展性。

（1）基本原理。

状态检测防火墙一般也包括一些代理级的服务，它们提供附加的对特定应用程序数据内容的支持。状态检测技术最适合提供对UDP的有限支持。它将所有通过防火墙的UDP分组均视为一个虚拟连接，当反向应答分组送达时就认为一个虚拟连接已经建立。状态检测防火墙克服了包过滤防火墙和应用代理服务器的局限性，不仅仅检测源地址和目的地址，而且还不要求每个访问的应用都有代理。

状态检测防火墙工作于传输层，与包过滤防火墙相比，状态检测防火墙判断允许还是禁止数据流的依据也是源IP地址、目的IP地址、源端口、目的端口和通信协议等。与包过滤防火墙不同的是，状态检测防火墙是基于会话信息做出决策的，而不是包的信息。状态检测防火墙摒弃了包过滤防火墙仅考查数据包的IP地址等几个参数，并且不关心数据包连接状态变化的缺点，在防火墙的核心部分建立状态连接表，并将进出网络的数据当成一个个会话，利用状态表跟踪每个会话状态。状态检测对每个包的检查不仅根据规则表，更考虑了数据包是否符合会话所处的状态，因此提供了完整的对传输层的控制能力。

（2）工作原理。

状态检测防火墙的工作原理如下：

- 包过滤规则必须被存储在安全策略设置中。
- 当包到达端口时，对包头进行语法分析，同时在会话连接状态缓存表中保持一个状态。
- 数据包还要和会话连接状态缓存表中的会话所处的状态进行对比，符合规则的才算检测通过。
- 若一条规则阻止包传输或接收，则此包便不符合条件，并被丢弃。
- 若一条规则允许包传输或接收，则此包便符合条件，可以被继续处理。
- 符合条件的包将检查路由信息并被转发出去。

状态检测防火墙保持对连接状态的跟踪：连接是否处于初始化、数据传输或终止状态。如果想达到拒绝来自外部设备的连接初始化，但允许用户和这些设备建立连接并允许响应通过状态防火墙返回时，这种防火墙很有用。

从传输层的角度看，状态检测防火墙检查第三层数据包头和第四层报文头中的信息，如查看 TCP头中的SYN、RST、ACK、FIN和其他控制代码，以确定连接的状态。

（3）状态检测防火墙的优缺点。

状态检测防火墙的优点如下：

- 具有检查IP包的每个字段的能力，并遵从基于包中信息的过滤规则。
- 知道连接的状态。
- 无须打开很大范围的端口就能够通信。
- 比包过滤防火墙阻止更多类型的DoS攻击，并有更丰富的日志功能。

状态检测防火墙的缺点如下：

- 所有记录、测试和分析工作可能会造成网络连接的某种迟滞，特别是在同时有许多连接激活或是有大量的过滤网络通信的规则存在时，维护状态表的开销会非常大。
- 可能很复杂，不易配置。
- 不能阻止应用层的攻击。
- 不支持用户的连接认证。
- 不是所有的协议都包含状态信息。
- 一些应用会打开多个连接，其中的一些为附加连接，使用动态端口号，这样记录状态比较困难。

（4）状态检测防火墙的应用。

状态检测防火墙通常用在以下方面。

- 作为防御的主要方式。
- 作为防御第一线的智能设备（带状态能力的边界路由器）。
- 在需要比包过滤更严格的安全机制而又不用增加太多成本的情况下。

### 3. 应用代理防火墙

代理防火墙通常也称为应用网关防火墙，代理防火墙可以彻底隔断内网与外网的直接通信，使内网用户对外网的访问变成防火墙对外网的访问，然后再由防火墙转发给内网用户。所有通信都必须经应用层代理软件转发，访问者任何时候都不能与服务器建立直接的TCP连接，应用层的协议会话过程必须符合代理的安全策略要求。

（1）代理防火墙的工作原理。

代理防火墙的主要功能是通过对连接请求认证，然后再允许流量到达内外资源，这使得可以认证用户请求而不是设备。为了使认证和连接过程更加有效，很多代理防火墙对用户认证一次，然后就使用存储在认证数据库中的授权信息，确定该用户可以访问哪些资源。通过授权限制该用户允许访问的其他资源，而不要求用户为每个想访问的资源都一一进行认证。同时，代理防火墙能用来认证输入和输出两个方向的连接。

一个代理防火墙能使用多种方式认证连接请求，包括用户名和口令、令牌卡信息、第三层的源地址和生物测量信息。认证信息能储存在本地、一台安全服务器上或目录服务中。

（2）代理防火墙的优缺点。

同包过滤防火墙和状态检测防火墙相比，代理防火墙的优点如下：

- 认证个人，而不是设备。
- 黑客几乎没有时间进行欺骗和实施DoS攻击。
- 能监控和过滤应用层数据。
- 能提供详细的日志。

代理防火墙能认证试图访问内部资源的个人，能监控连接上的所有数据，能检测应用攻击，甚至能基于认证和授权信息控制用户能执行哪些命令和功能，可以生成非常详细的日志，能监控用户正在通过连接发送的实际数据。

代理防火墙的缺点如下：

- 难于配置。
- 处理速度非常慢。
- 不能支持大规模的并发连接。

由于每个应用都要求单独的代理进程，这就要求网管能了解每项应用协议的弱点，并能合理配置安全策略。由于防火墙规则的制定，其专业性较强且配置烦琐，容易出现参数配置错误的情况，从而影响网络正常通信或降低了安全防范能力。

断掉所有的连接，由防火墙重新建立连接，理论上可以使代理防火墙具有极高的安全性，但是实际应用中并不可行。因为对于内网的每个Web访问请求，应用网关都需要开一个单独的代理进程，建立一个个的服务代理，它要保护内网的Web服务器、数据库服务器、文件服务器、邮件服务器及业务程序等，以处理客户端的访问请求。这样，应用网关的处理延迟会很大，内网用户的正常Web访问不能及时得到响应。

总之，代理防火墙不能支持大规模的并发连接，在对速度敏感的行业使用这类防火墙时简直是灾难。另外，防火墙核心要求预先内置一些已知应用程序的代理，这会使一些新出现的应用在代理防火墙内被无情地阻断，不能很好地支持新应用。

(3) 代理防火墙的应用。

与包过滤防火墙和状态检测防火墙相比，代理防火墙增加了智能功能，可用于：

- 作为主要的过滤功能设备。
- 作为边界防御设备。
- 作为应用代理设备，防止日志过载，以及监控和记录其他类型的流量。

在IT领域中，新应用、新技术、新协议层出不穷，代理防火墙很难适应这种局面。因此，在一些重要的领域和行业的核心业务应用中，代理防火墙正被逐渐边缘化。

但是，自适应代理技术的出现让代理防火墙技术出现了新的转机，它结合了代理防火墙的安全性和包过滤防火墙的高速度等优点，在不损失安全性的基础上将代理防火墙的性能提高了10倍。

## 6.1.3 防火墙的存在形式

根据防火墙的实现方式和所使用的设备，防火墙有以下几种形式。

### 1. 专业硬件级防火墙

专门的硬件防火墙设备，将防火墙程序做到芯片中，防火墙还拥有专门的寄存器以存放用户规则、连接状态的数据等。无论是防火墙程序还是运行所需的信息都很难被攻击和篡改，在网络攻击面前，防火墙很坚固，有很高的安全性。这是包过滤防火墙和状态检测防火墙常见的形式。

### 2. 网络设备防火墙

路由器一般都可以设置包过滤功能，起到一定的防火墙效果。由于不是专业防火墙设备，实现防火墙功能的程序和需要的一些信息存放于路由器内存中，程序和运行所需信息容易被攻击和篡改，此类防火墙自身的安全性比较差，一般只用于安全防护性要求不高的网络。

### 3. 主机型防火墙

使用特定硬件、软件（如安全操作系统）加固的主机负担防火墙工作。防火墙程序和需要的规则等信息都存放于主机内存中，由于主机经过加固，不会那么容易受到攻击和篡改，安全性也比较好。由于主机有很好的通用性，此类设备可以承担各种防火墙职能，但一般还是用于程序较为复杂、需要运算力较高的应用代理服务防火墙上。

### 4. 软件防火墙

不采用任何的专门设备，虽然软件自身一般都会采取一些安全措施，但总体来说，操作系统和防火墙软件还是容易被攻击和篡改，导致其防御失效。这种形式的防火墙一般只用于单个主机、小规模网络的较低安全要求的应用中。Windows等操作系统自身就带有此类防火墙功能，一些从事网络安全的软件公司也提供这类工具，如天网个人防火墙、瑞星个人防火墙等。

## 6.1.4 防火墙的性能指标

防火墙本身的性能将决定防火墙的工作效率，也直接影响网络的传输速度和安全性。常见防火墙的性能指标如下。

### 1. 吞吐量

吞吐量是指设备在不丢包情况下所达到的最大数据转发速率。防火墙转发数据能力——吞吐量的大小主要由防火墙网络接口的速率及程序算法的效率决定。防火墙网络端口本身的速率是防火墙接收和转发数据的极限，而防火墙程序算法的执行效率则在很大程度上影响这种极限的发挥。由于防火墙需要查看数据包的内容并且进行分析，这会消耗防火墙的运算能力和处理时间，从而影响防火墙的工作效率。

### 2. 时延

网络中加入防火墙必然会增加数据传输时延。时延有存储转发时延和直通转发时延两种。防火墙通常都工作在第三层以上，一般以存储转发方式对数据包进行处理。对存储转发型设备，时延是指从数据包最后一个比特进入防火墙开始，到数据包第1个比特离开该设备的时间间隔。时延反映了防火墙对数据包的处理速度。

吞吐量和时延是防火墙设备自身的指标，当防火墙在某种特定的网络环境中运行时，还会考虑一些性能指标。

### 3. 丢包率

丢包率是指在特定网络负载下，由于资源不足而造成的那些应转发而未能转发的数据包的比率。丢包率是防火墙设备在特定网络负载情况下稳定性和可靠性的指标。

### 4. 背靠背

背靠背是指从介质空闲到介质满负荷时，防火墙第1次出现丢帧情况之前发送的数据包数量，这个指标反映了设备的缓存能力和处理突发数据流的能力。

### 5. 并发连接数

并发连接数是指通信的主机之间穿越防火墙，以及主机和防火墙之间能够建立的最大TCP连接数。此项指标对于状态检测防火墙尤其重要。

### 6. HTTP传输速率和HTTP事务处理速率

这两个指标适用于评价HTTP应用服务代理防火墙的性能。HTTP传输速率表示HTTP应用服务代理防火墙针对HTTP数据的平均传输速率，是被请求的目标数据通过防火墙的平均传输速率。HTTP事务处理速率是防火墙所能维持的最大事务处理速率，即用户在访问目标时所能达到的最大速率。类似的一些指标说明了应用服务代理防火墙的处理能力和应用数据转发能力。

## ■6.1.5 DMZ区域与堡垒主机

常说的DMZ区域与堡垒主机和防火墙都有关，接下来介绍两者和防火墙的关系。

### 1. DMZ区域

DMZ区域是为了解决安装防火墙后外部网络不能访问内部网络服务器的问题而设立的一个非安全系统与安全系统之间的缓冲区。这个缓冲区位于企业内部网络和外部网络之间的小网络区域内，在这个小网络区域内可以放置一些必须公开的服务器设施，如企业Web服务器、FTP服务器和论坛等。另外，通过这样的DMZ更加有效地保护了内部网络，因为这种网络的部署比起一般的防火墙方案对攻击者来说又多了一道防护关卡。

网络设备开发商采用这一技术开发出了相应的防火墙解决方案，称为“非军事区结构模式”。DMZ是一个过滤的子网，在内部网络和外部网络之间构造了一个安全地带。DMZ防火墙方案为要保护的内部网络增加了一道安全防线，通常认为是非常安全的。同时，它提供了一个区域放置公共服务器，从而能有效地避免一些互联应用需要公开、却与内部安全策略相矛盾的情况发生。在DMZ中通常包括堡垒主机、Modem池和所有的公共服务器。需要注意的是，电子商务服务器只能用作用户连接，真正的电子商务后台数据须放在内部网络中。

在这个防火墙方案中包括两道防火墙：外部防火墙抵挡外部网络的攻击，并管理所有内部网络对DMZ的访问；内部防火墙管理DMZ对于内部网络的访问。内部防火墙是内部网络的第三道安全防线（前面有了外部防火墙和堡垒主机），当外部防火墙失效的时候，它能起到保护内部网络的功能。而局域网内部，对于因特网的访问由内部防火墙和位于DMZ的堡垒主机控制。在这样的结构中，黑客必须通过3个独立的区域（外部防火墙、内部防火墙和堡垒主机）才能到达局域网，攻击难度大大提高，因此，内部网络的安全性也就大大加强了，但建造成本也是最高的。

如果计算机不提供网站或其他的网络服务的话，不要设置DMZ。DMZ是把计算机的所有端口开放到网络。

### 2. 堡垒主机

堡垒主机指网络中专门用于安装各种应用服务软件的计算机平台，即各种专用服务器主机。在堡垒主机上可安装的服务类型有：Web服务器、DNS域名服务器、SMTP电子邮件服务器、FTP服务器、代理服务器、作为诱饵的蜜罐主机服务器、深度安全的堡垒主机、用户入网的身份认证服务器等。

堡垒主机在向内网和外网的主机提供访问或接入服务的同时，一般都暴露在受攻击风险较高的环境中，它们往往被设置在私有网络的DMZ非军事区域一侧，较少受到网络防火墙等安全设备的保护。堡垒主机是网络系统安全的重要组成部分。由于它们工作在不安全的环境中，必须对它们的设计和配置给予极大的关注，尽量避免被恶意渗透。

堡垒主机在网络中有两种配置方式：第1种方式是配置在两道防火墙中间，一道是指与外部网络连接的防火墙，另一道是指与内部网络连接的防火墙；第2种方式是将堡垒主机设置在二者之间的DMZ非军事区。

堡垒主机还可分为双属主机和屏蔽主机。双属主机有两个网络连接口，通常各设置一道防火墙和一种服务。屏蔽主机是专门用于运行防火墙功能的一台双属主机，防火墙和路由器也可被看成是堡垒主机。可通过代理命令Proxy Command和Open SSH加密通信技术对堡垒主机进行远程设置。

因为堡垒主机需要为来自外部网络的访问提供良好的服务，就必须经受得住各种各样的网络攻击。因此在安全性要求较高的网络中，设置在一台堡垒主机上的服务应当尽可能单一，不要将多种服务放在同一台堡垒主机上。以下是配置堡垒主机的一些建议。

- 停止和卸载堡垒主机上不需要的服务和后台程序。
- 停止或删除任何不需要的用户账户。
- 停止或卸载任何不需要的网络协议。
- 正确配置登录和检查日志，查找任何可能的攻击。

- 在堡垒主机安装入侵检测系统。
- 及时对堡垒主机的操作系统打上最新的补丁。
- 将用户账户锁定，防止非法篡改账户口令，特别是管理员等关键账户的锁定。
- 关闭堡垒主机所有不需要和不用的传输层端口。
- 使用加密通信的方法远程登录与管理堡垒主机中的服务器，如SSL/TLS、SSH等。

### 3. DMZ服务器和堡垒主机的关系

DMZ服务器不是堡垒主机，堡垒主机最大的作用是可以保证网络数据不会受到外部和内部的入侵和破坏，在功能方面要比DMZ服务器更好一些，它可以综合核心系统运维与安全审计管控这两大主要功能。而DMZ服务器虽然也被称为是隔离区，但它的隔离作用跟防火墙的隔离作用又不一样，跟堡垒主机的作用就更不一样了。DMZ服务器称得上是一个非安全系统与安全系统之间的缓冲区，位于内部网络和外部网络之间的一个小网络区域内，有了DMZ区域后，就可以更有效地保护内部网络。

DMZ服务器也不能当堡垒主机用，毕竟DMZ服务器和堡垒主机的功能和作用是不一样的。DMZ服务器只是比一般的防火墙更安全一些，算是给外部网络设了一道关卡，但跟堡垒主机的防护与报警功能还相差甚远，所以不能当作堡垒主机使用。

### 4. DMZ访问控制策略

当规划一个拥有DMZ的网络时，应明确各个网络之间的访问关系，并确定以下6条访问控制策略。

- **内网可以访问外网**。内网的用户显然需要自由地访问外网，在这一策略中，防火墙需要进行源地址转换。
- **内网可以访问DMZ**。此策略是为了方便内网用户使用和管理DMZ中的服务器。
- **外网不能访问内网**。内网中存放的是内部数据，这些数据不允许外网的用户进行访问。
- **外网可以访问DMZ**。DMZ中的服务器本身就是要给外界提供服务的，所以外网必须可以访问DMZ。同时，外网访问DMZ需要由防火墙完成对外地址到服务器实际地址的转换。
- **DMZ不能访问内网**。很明显，如果违背此策略，当入侵者攻陷DMZ时就可以进一步进攻到内网，从而获取到内网的重要数据。
- **DMZ不能访问外网**。此条策略也有例外，如DMZ中放置邮件服务器时就需要访问外网，否则将不能正常工作。在网络中，DMZ是指为不信任系统提供服务的孤立网段，其目的是把敏感的内部网络和其他提供访问服务的网络分开，阻止内网和外网直接通信，以保证内网安全。

### 5. DMZ安全规则

安全规则集是安全策略的技术实现，一个可靠、高效的安全规则集是建造成功安全的防火墙非常关键的一步。如果防火墙规则集配置错误，再好的防火墙也只是摆设。在建立规则集时必须注意规则次序，因为防火墙大多以顺序方式检查信息包，同样的规则，以不同的次序放置，可能会完全改变防火墙的运转情况。如果信息包经过每条规则而没有发现匹配，这个信息包便会被拒绝。一般来说，通常的顺序是较特殊的规则在前，较普通的规则在后，防止在找到一个特殊规则之前匹配一个普通规则，避免防火墙配置错误。

DMZ安全规则指定了非军事区内的某一主机（IP地址）对应的安全策略。由于DMZ内放置的服务器主机将提供公共服务，其地址是公开的，可以被外网的用户访问，因此正确设置DMZ安全规则对保证网络安全是十分重要的。

防火墙可以根据数据包的地址、协议和端口进行访问控制。它将每个连接作为一个数据流，通过规则表与连接表共同配合，对网络连接和会话的当前状态进行分析和监控。用于过滤和监控的IP包信息主要有源IP地址、目的IP地址、协议类型（IP、ICMP、TCP、UDP）、源TCP/UDP端口、目的TCP/UDP端口、ICMP报文类型域和代码域、碎片包和其他标识位（如SYN、ACK）等。

为了让DMZ的应用服务器能与内网中的服务器通信，需增加DMZ安全规则，这样才能将一个基于DMZ的安全应用服务配置好。其他的应用服务可根据安全策略逐个配置。

DMZ无疑是网络安全防御体系中的重要组成部分，再加上入侵检测和基于主机的其他安全措施，这将极大地提高公共服务和整个系统的安全性。

## 6.2 入侵检测技术

网络入侵检测是一种动态的安全检测技术，能够在网络系统运行过程中发现入侵者的攻击行为和踪迹，一旦发现网络攻击现象，就发出报警信息，还可以与防火墙联动，对网络攻击进行阻断。

### 6.2.1 入侵检测

顾名思义，入侵检测是对入侵行为的发觉。它通过针对网络或系统中的若干关键点搜集信息并对其进行分析，从中发现网络或系统中是否有违反安全策略的行为和被攻击的迹象。入侵检测技术是为保证计算机系统和计算机网络系统的安全而设计与配置的一种能够及时发现并报告系统中未经授权的行为或异常现象的技术。

入侵检测是防火墙的合理补充，帮助系统应对网络攻击，扩展了系统管理员的安全管理能力（包括安全审计、监视、进攻识别和响应），提升了信息安全基础结构的完整性。它从计算机网络系统中的若干关键点搜集信息，并分析这些信息，查看网络中是否有违反安全策略的行为和遭到袭击的迹象。入侵检测被认为是防火墙之后的第二道安全闸门，在不影响网络性能的情况下能对网络进行监测，从而提供对内部攻击、外部攻击和误操作的实时保护。入侵检测系统与防火墙在功能上是互补关系，通过合理搭配部署和联动提升网络安全级别。

入侵检测系统（intrusion detection system，IDS）是一种对网络传输进行即时监控，在发现可疑传输时发出警报或采取主动反应措施的网络安全设备，是进行入侵检测的软件与硬件的组合，它与其他网络安全设备的不同之处在于，入侵检测系统是一种积极主动的安全防护技术。IDS最早出现在1980年4月。20世纪80年代中期，IDS逐渐发展成为入侵检测专家系统。20世纪

90年代，IDS分化为基于网络的IDS和基于主机的IDS，而后又出现分布式IDS。目前，IDS发展迅速，已出现了IDS可以完全取代防火墙的趋势。

一个好的入侵检测系统不但可以帮助系统管理员时刻了解网络系统（包括程序、文件和硬件设备等）的任何改变，还能为网络安全策略的制定提供指南。更为重要的一点是，它的管理及配置很简单，即使非专业人员也能非常容易地操作，从而实现网络安全。而且，入侵检测的规模还应根据网络威胁、系统构造和安全需求的改变而改变。入侵检测系统在发现入侵后，会及时做出响应，包括切断网络连接、记录事件和报警等。

入侵检测系统的主要功能有以下几点。

- **实时检测**：监控和分析用户和系统活动，实时地监测、分析网络中所有数据包；发现并实时处理所捕获的数据包，识别网络数据流的特征，并与已知攻击的特征库进行匹配，以确定攻击类型。
- **安全审计**：对系统记录的网络事件进行统计分析；发现异常现象；找出所需要的证据，判断系统的安全状态。
- **主动响应**：主动切断连接或与防火墙联动，调用其他程序处理。
- **评估统计**：评估关键系统和数据文件的完整性，统计分析异常活动模式。

## 6.2.2 入侵检测技术的分类

入侵检测按技术可分为特征检测和异常检测，按监测对象又可分为基于主机的入侵检测和基于网络的入侵检测。

### 1. 特征检测

特征检测是收集非正常操作的行为特征，建立相关的特征库，当检测到用户或系统的行为与库中的记录相匹配时，系统就认为这种行为是入侵。特征检测可以将已有的入侵方法检查出来，但对新的入侵方法无能为力。

特征检测的难点是如何设计模式将既能够表达入侵现象又不会将正常的活动包含进来，采取的主要方法是模式匹配。

### 2. 异常检测

异常检测是总结正常操作应该具有的特征，建立主体正常活动的活动简档，当用户活动状况与活动简档相比，有重大偏离时即被认为该活动可能是入侵行为。

异常检测的技术难点在于如何建立活动简档及如何设计统计算法，才能不把正常的操作作为入侵行为或忽略了真正的入侵行为。常用方法是概率统计。

### 3. 基于主机的入侵检测

基于主机的入侵检测系统（host-based intrusion detection system，HIDS）主要用于保护运行关键应用的服务器或被重点检测的主机。主要是对该主机的网络实时连接及系统审计日志进行智能分析和判断。如果其中的主体活动十分可疑（特征或违反统计规律），入侵检测系统就会采取相应措施。

基于主机的入侵检测的优点主要表现在以下几个方面。

- **入侵行为分析能力**。HIDS对分析可能的攻击行为非常有用，除了指出入侵者试图执行一些危险的命令之外，还能分辨出入侵者干了什么事，如运行了什么程序、打开了哪些文件、执行了哪些系统调用等行为。
- **误报率低**。通常情况下，HIDS比网络入侵检测系统（network intrusion detection system，NIDS）能够提供更详尽的相关信息，误报率比较低。
- **复杂性小，性能价格比高**。因为检测在主机上运行的命令序列比监测网络流来得简单。
- **网络通信要求低**。对于主机的检测，网络通信量低，可部署在那些不需要大范围入侵检测，或是传感器与控制台之间的通信带宽不足的情况下。

基于主机的入侵检测的缺点主要表现在以下几个方面。

- **影响保护目标**。因为HIDS安装在需要保护的设备上，所以可能会降低应用系统的效率，带来一些额外的安全问题。例如，安装了HIDS后，将本不允许安全管理员访问的服务器变成可以访问的等。
- **服务器依赖性**。依赖于主机固有的日志与监视能力。如果主机没有配置日志功能，则必须重新配置，这将会给运行中的业务系统带来不可预见的性能影响。
- **全面部署代价大**。如果网络上主机比较多，全面部署主机入侵检测系统代价会比较大。若选择部分主机保护，那些未装HIDS的主机将成为保护的盲点，入侵者可能利用这些主机达到攻击目的。
- **不能监控网络上的情况**。HIDS主机入侵检测系统只检测自身的主机，根本不检测网络上的情况，所以，对入侵行为分析的工作量将随着主机数量增加而增加。

### 4. 基于网络的入侵检测

基于网络的入侵检测是大多数入侵检测厂商采用的产品形式，通过捕获和分析网络包来探测攻击。基于网络的入侵检测可以在网段或交换机上进行监听，检测对连接在网段上的多个主机有影响的网络通信，从而保护那些主机。

基于网络的入侵检测的优点表现在以下几个方面。

- **网络通信检测能力**。NIDS能够检测那些来自网络的攻击，它能够检测到超过授权的非法访问，对正常业务影响少。
- **无须改变主机配置和性能**。由于它不会在业务系统中的主机中安装额外的软件，从而不会影响这些主机的CPU、I/O设备与磁盘等资源的使用，不会影响业务系统的整体性能。
- **部署风险小，具有独立性和操作系统无关性**。因为NIDS不像路由器、防火墙等关键设备的工作方式，所以它不会成为系统中的关键路径，NIDS发生故障不会影响正常业务的运行，部署NIDS的风险比HIDS的风险少得多。
- **定制设备，安装简单**。NIDS近年有向专用设备发展的趋势，安装NIDS系统非常方便，只需将定制的设备接上电源，做很少的一些配置，再将其与网络连接即可。

基于网络的入侵检测的缺点表现在以下几个方面。

- **不能检测不同网段的网络包。** NIDS只检查它直接连接的网段的通信，不能检测在不同网段的网络包，所以就会暴露出检测范围的局限性，在多传感器系统会使部署成本增加。
- **很难检测复杂的需要大量计算的攻击。** NIDS为了性能目标通常采用特征检测的方法，它可以高效地检测出一些普通的攻击，而对一些复杂的需要大量计算与分析时间的攻击，则很难检测出来。
- **协同工作能力弱。** NIDS可能会将大量的数据传回分析系统，产生大量的分析数据流量。采用以下方法可减少回传的数据量：对入侵判断的决策由传感器实现，而中央控制台成为状态显示与通信中心，不再作为入侵行为分析器。但是，这样的设计也会使系统中的传感器协同工作能力变得较弱。
- **难以处理加密的会话。** NIDS处理加密的会话过程时会参与解密操作。目前通过加密通道的攻击尚不多，随着IPv6的普及，这个问题会越来越突出。

## 6.2.3 入侵检测系统性能指标

网络入侵检测系统的性能指标主要包括3项：准确性指标、效率指标和系统指标。

### 1. 准确性指标

准确性指标在很大程度上取决于测试时采用的样本集和测试环境。样本集和测试环境不同，准确性也不相同。它主要包括3个指标：检测率、误报率和漏报率。

（1）检测率。

检测率是指被监测网络在受到入侵攻击时，系统能够正确报警的概率。通常利用已知入侵攻击的实验数据集合来测试系统的检测率。检测率=入侵报警的数量÷入侵攻击的数量。

（2）误报率。

误报率是指系统把正常行为作为入侵攻击而进行报警的概率和把一种周知的攻击错误报告为另一种攻击的概率。误报率=错误报警数量÷（总体正常行为样本数量+总体攻击样本数量）。一个有效的入侵检测系统应限制误报出现的次数，但同时又能有效切断攻击。误报是入侵检测系统最难的问题，攻击者可以而且往往是利用包的结构伪造无威胁的“正常”假警报，诱导警觉性不高的管理人员关闭入侵检测系统。

（3）漏报率。

漏报率是指被监测网络受到入侵攻击时，系统不能正确报警的概率。通常利用已知入侵攻击的实验数据集合来测试系统的漏报率。漏报率=不能报警的数量÷入侵攻击的数量。

### 2. 效率指标

效率指标要根据用户系统的实际需求，以保证检测质量为准同时还取决于不同的设备级别，如百兆网络入侵检测系统和千兆网络入侵检测系统的效率指标一定会有很大差别。效率指标主要包括最大处理能力、每秒并发TCP会话数、最大并发TCP会话数等。

（1）最大处理能力。是指在指定检测率范围内，系统没有漏报的最大处理能力，其目的是验证系统能够正常报警的最大流量。

（2）每秒并发TCP会话数。指网络入侵检测系统每秒可以增加的TCP最大连接数。

（3）最大并发TCP会话数。是指网络入侵检测系统可以同时支持的TCP最大连接数。

### 3. 系统指标

系统指标主要表征系统本身运行的稳定性和使用的方便性。系统指标主要包括最大规则数、平均无故障间隔等。

（1）最大规则数。系统允许配置的入侵检测规则条目的最大数目。

（2）平均无故障间隔。系统无故障连续工作的时间。

由于网络入侵检测系统是软件与硬件的组合，因此性能指标同样取决于软硬件两方面的因素。软件因素主要包括数据重组效率、入侵分析算法、行为特征库等，硬件因素主要包括CPU处理能力、内存大小、网卡质量等。因此，在考虑性能指标时一定要结合网络入侵检测系统的软件和硬件情况。另外，由于网络安全的要求在提高，黑客攻击技术、漏洞发现技术和入侵检测技术也在发展，网络入侵检测系统的升级管理功能也是重要的指标之一，用户应当及时获得升级的入侵特征库或升级的软件版本，以保证网络入侵检测系统的有效性。

## ■6.2.4 入侵检测过程

常见的入侵检测，分为以下几个步骤。

### 1. 信息收集

入侵检测的第一步是在信息系统的一些关键点上收集信息。这些信息就是入侵检测系统的输入数据。

（1）数据收集的内容。

入侵检测收集的数据主要来自4个方面。

①主机和网络日志文件。

主机和网络日志文件中记录了各种行为类型，每种行为类型又包含不同的信息。例如，记录“用户活动”类型的日志，就包含登录、用户ID改变、用户对文件的访问、授权和认证信息等内容，这些信息包含了发生在主机和网络上的不寻常和不期望活动的证据，留下了黑客的踪迹。通过查看日志文件，能够发现成功的入侵或入侵企图，并很快地启动应急响应程序。因此，充分利用主机和网络日志文件信息是检测入侵的必要手段。

②目录和文件中的不期望的改变。

网络环境中的文件系统包含很多软件和数据文件，包含重要信息的文件和私密数据文件经常是黑客修改或破坏的目标。黑客经常替换、修改和破坏他们获得访问权的系统中的文件，同时为了隐蔽在系统中的活动痕迹，还会尽力替换系统程序或修改系统日志文件。因此，目录和文件中的不期望的改变（包括修改、创建和删除），特别是那些正常情况下限制访问的对象，往往就是入侵发生的指示和信号。

③程序执行中的不期望行为。

每个在系统上执行的程序由一到多个进程来实现。每个进程都运行在特定权限的环境中，进程的行为由它运行时执行的操作来表现，这种环境控制着进程可访问的系统资源、程序和数据文件等；操作执行的方式不同，利用的系统资源也就不同。操作包括计算、文件传输、设备与网络间其他进程的通信。黑客可能会将程序或服务的运行瓦解，从而导致运行失败的结果，或者是以非用户或管理员意图的方式操作。因此，一个进程出现了不期望的行为，可能表明黑客正在入侵本系统。

④物理形式的入侵信息。

黑客总是想方设法（如通过网络上由用户私自加装的不安全即未授权的设备）去突破网络的周边防卫，以便能够访问内部网络，在内部网上安装他们自己的设备和软件。例如，用户在家里可能安装调制解调器以远程访问办公室网络，那么这一拨号访问就成了威胁网络安全的后门。黑客就会利用这个后门访问内部网，从而绕过内部网络原有的防护措施，然后捕获网络流量，进而攻击其他系统，并窃取敏感的私有信息等。

（2）数据收集机制。

准确性、可靠性和效率是入侵检测系统数据收集机制的基本指标，在IDS中占据着举足轻重的位置。如果收集的数据时延较长，检测就会失去作用；如果数据不完整，表明系统的检测能力下降；如果由于错误或入侵者的行为致使收集的数据不正确，IDS就会无法检测到某些入侵，给用户以安全的假象。

数据收集机制的确定可考虑以下几方面因素。

①基于主机的数据收集和基于网络的数据收集。

基于主机的入侵检测系统是在每台被保护的主机后台运行一个代理程序，检测主机运行日志中记录的未经授权的可疑行径，检测正在运行的进程是否合法并及时做出响应。

基于网络的入侵检测系统是在连接过程中监视特定网段的数据流，查找每一数据包内隐藏的恶意入侵，对发现的入侵做出及时响应。在这种系统中，使用网络引擎执行监控任务。网络引擎所处的位置不同，所起的作用就不同。

- 网络引擎配置在防火墙内，可以监测渗透过防火墙的攻击。
- 网络引擎配置在防火墙外的非军事区，可以监测对防火墙的攻击。
- 网络引擎配置在内部网络的各临界网段，可以监测内部的攻击。

②分布式与集中式数据收集机制。

分布式入侵检测系统收集的数据来自一些固定位置，与受监测的网元数量无关。集中式入侵检测系统收集的数据来自一些与受监测的网元数量有一定比例关系的位置。

③直接监控和间接监控。

入侵检测系统从它所监控的对象处直接获得数据，称为直接监控；反之如果入侵检测系统依赖一个单独的进程或工具获得数据，则称为间接监控。

就检测入侵行为而言，直接监控要优于间接监控，这是因为：

- 从非直接数据源获取的数据在被入侵检测系统使用之前，入侵者还有进行修改的潜在机会。

- 非直接数据源可能无法记录某些事件，如它无法访问监视对象的内部信息。
- 在间接监控中，数据一般都是通过某种机制（如编写审计代码）生成的，但这些机制并不满足入侵检测系统的具体要求，因而从间接数据源获得的数据量要比从直接数据源所获得的大得多，并且间接监控机制的可伸缩性小，一旦主机及其内部被监控要素增加，过滤数据的开销就会降低监控主机的性能。
- 间接数据源的数据从生成到入侵检测系统访问之间有一个时延。

但是由于直接监控操作的复杂性，目前的入侵检测系统产品中只有不足20%使用直接监控机制。

④外部探测器和内部探测器。

外部探测器的监控组件（程序）独立于被监测组件（硬件或软件）。内部探测器的监控组件（程序）附加于被监测组件（硬件或软件）。

### 2. 数据分析

数据分析是入侵检测系统的核心，它的功能就是对从数据源提供的系统运行状态和活动记录进行同步、整理、组织、分类以及各种类型的细致分析，提取其中包含的系统活动特征或模式，用于对正常和异常行为的判断。

入侵检测系统的数据分析技术按检测目标和数据属性，分为异常发现技术和模式发现技术两大类。最近几年还出现了一些其他通用的技术，下面分别进行介绍。

（1）异常发现技术。

异常发现技术用在基于异常检测的入侵检测系统中。在这类系统中，观测到的不是已知的入侵行为，而是所监测的通信系统中的异常现象。如果建立了系统的正常行为轨迹，则在理论上就可以把所有与正常轨迹不同的系统状态视为可疑企图。由于正常情况具有一定的范围，因此正确地选择异常阈值和特征，决定何种程度才是异常，是异常发现技术的关键。

异常检测只能检测出那些与正常过程具有较大偏差的行为。由于对各种网络环境的适应性较弱，且缺乏精确的判定准则，异常检测有可能出现虚报现象。

（2）模式发现技术。

模式发现又称特征检测或滥用检测。它们是基于已知的系统缺陷和入侵模式，即事先定义了一些非法行为，然后将观察现象与之比较做出判断。这种技术可以准确地检测具有某些特征的攻击，但是由于过度依赖事先定义好的安全策略而无法检测系统未知的攻击行为，因而可能产生漏报。模式发现技术对确知的决策规则通过编程实现，常用的技术有如下4种。

- **状态建模：**将入侵行为表示成许多个不同的状态。如果在观察某个可疑行为期间，所有状态都存在，则判定为恶意入侵。状态建模从本质上来讲是时间序列模型，可以再细分为状态转换和Petri网，前者将入侵行为的所有状态形成一个简单的遍历链，后者将所有的状态构成一个更广义的树形结构的Petri网。
- **串匹配：**通过对系统之间传输的或系统自身产生的文本进行字串匹配实现。该方法灵活性差，但易于理解，目前有很多高效的算法，其执行速度也很快。

- **专家系统**：可以在给定入侵行为描述规则的情况下，对系统的安全状态进行推理。一般情况下，专家系统的检测能力强大，灵活性也很高，但计算成本较高，通常以降低执行速度为代价。
- **基于简单规则**：类似于专家系统，但相对简单一些，执行速度快。

（3）混合检测。

近几年来，混合检测日益受到人们的重视。这类检测在做出决策之前，既分析系统的正常行为，同时还观察可疑的入侵行为，所以判断更全面、准确、可靠。它通常根据系统的正常数据流背景来检测入侵行为，故也有人称其为启发式特征检测。属于这类检测的技术有人工免疫方法、遗传算法、数据挖掘等。

（4）入侵检测系统特征库。

入侵检测系统要有效地捕捉入侵行为，必须拥有一个强大的入侵特征数据库，这就如同公安部门必须拥有不断完善的罪犯信息库一样。

入侵检测系统中的特征是指用于判别通信信息种类的多种样板数据。一些典型情况及其识别方法如下：

- **来自保留IP地址的连接企图**：可通过检查IP报头的来源地址识别。
- **带有非法TCP标志联合物的数据包**：可通过TCP报头中的标志集与已知正确和错误的标记联合物的不同点来识别。
- **含有特殊病毒信息的E-mail**：可通过对比每封E-mail的主题信息和病态E-mail的主题信息来识别，或者通过搜索特定名字的外延来识别。
- **查询负载中的DNS缓冲区溢出企图**：可通过解析DNS域及检查每个域的长度来识别。另外一个方法是在负载中搜索“壳代码利用”的序列代码组合。
- **对POP3服务器大量发出同一命令而导致DoS攻击**：通过跟踪记录某个命令连续发出的次数，看看是否超过了预设上限，超出则发出报警信息。
- **未登录情况下使用文件和目录命令对FTP服务器的文件访问攻击**：通过创建具备状态跟踪的特征样板，以监视成功登录的FTP对话，发现未经验证却发出命令的入侵企图。

显然，特征的涵盖范围很广，有简单的报头与数值，有高度复杂的连接状态跟踪，有扩展的协议分析。此外，不同的入侵检测系统产品具有的特征功能也有所差异。例如，有些网络入侵检测系统只允许很少地定制存在的特征数据或者编写需要的特征数据，另外一些则允许在很宽的范围内定制或编写特征数据，甚至可以是任意一个特征；一些入侵检测系统只能检查确定的报头或负载数值，另外一些则可以获取任何信息包的任何位置的数据。

### 3. 响应与报警

早期的入侵检测系统的研究和设计把主要精力放在对系统的监控和分析上，而把响应的工作交给用户完成。现在的入侵检测系统都提供响应模块，并提供主动响应和被动响应两种响应方式。一个好的入侵检测系统应该让用户能够裁减定制其响应机制，以符合特定的需求环境。

（1）主动响应。

在主动响应系统中，系统将自动或以用户设置的方式阻断攻击过程、或以其他方式影响攻击过程，通常可以选择的措施如下：

- 针对入侵者采取的措施。
- 修正系统。
- 收集更详细的信息。

（2）被动响应。

在被动响应系统中，系统只报告和记录发生的事件。

检测到入侵行为需要报警。具体报警的内容和方式需要根据整个网络的环境和安全需要来确定。例如，对于一般性服务企业，报警集中在已知的、有威胁的攻击行为上；对于关键性服务企业，需要将尽可能多的报警记录下来，并对部分认定的报警进行实时反馈。

## 6.2.5 入侵检测与防火墙的协作

早期的入侵检测系统仅仅作为防火墙的补充，用于检测穿过防火墙进入网络系统内部的攻击以及来自内部网络的未授权活动。它们完全是独立的两套设备，互不影响，互不干涉，各自独立完成各自的任务。入侵检测系统只检测不控制的做法使系统发现入侵时危害已经造成。

如果能够让入侵检测系统与防火墙互动运行，就可以实现更有效的安全防护体系。一般而言，一套有效的安全防护体系应该至少包括3部分：防护、检测、响应。防护系统处于最前端，抵御一切来犯的攻击。一旦防护系统被攻破，则检测系统应该马上能发现，即时通知响应系统做出响应，如立即切断数据流、关闭必要的服务或端口等，防止进一步的危害。入侵检测系统与防火墙之间的协作一般有以下两种方式。

### 1. 紧密结合

将入侵检测系统嵌入防火墙，即入侵检测系统的数据来源不再是数据包，而是流经防火墙的数据流。所有通过的数据包不仅要接受防火墙的规则验证，还要判定是否是攻击数据，以达到真正的实时阻断。但如果入侵检测系统本身也是个比较庞大的复杂系统，则完全嵌入防火墙中会严重影响防火墙的性能，极有可能使防火墙成为网络进出口流量的瓶颈。因此，可以采用第2种结合方式。

### 2. 通过开放接口实现协作

入侵检测系统和防火墙系统各自开放一个接口供对方接入，双方按照固定的协议进行通信，实现安全事件的相互传输。这种方式比较灵活，不影响入侵检测系统和防火墙系统各自的性能。当入侵检测系统和防火墙互动时，所有数据通信必须通过认证和加密，以确保传输信息的可靠性和保密性。通信双方可以事先约定通信方式、开放端口、服务角色等。实际部署中可以让防火墙扮演服务器角色，入侵检测系统扮演客户端角色，防火墙随时可以响应入侵检测系统发来的请求，执行切断数据流等安全操作。

目前新一代的防火墙系统越来越多地把IDS或IPS集成到防火墙中，以扩展防火墙的功能，既降低了企业的成本，还能将网络系统的损失降到最低，但也有可能会成为网络进出口性能的瓶颈。

## 6.2.6 入侵检测技术的不足及发展方向

入侵检测从提出到应用，得到了长足的发展，但入侵检测技术仍然存在多方面的不足，未来的发展道路还很长。

### 1. 入侵检测技术的不足

入侵检测技术面临的问题主要表现在以下几方面。

- 随着技术的发展，入侵者个人技术水平的提高，他们会研制出更多的攻击工具，或对原有的攻击工具进行变形升级，或是使用更为复杂精致的攻击手段，对更大范围的目标类型实施攻击。
- 入侵者使用加密的手段传输攻击信息，往往在应用层发动攻击，从而使基于低层协议信息的防御手段失效。
- 网络带宽的增加以及日益增长的网络流量将导致检测分析难度加大，对检测系统的性能需求也大大增加。
- 入侵检测系统的标准化问题始终影响着业界。
- 入侵检测系统不适当的自动响应机制存在巨大的安全风险，会给网络系统带来额外的安全问题。
- 入侵检测系统本身的安全也存在隐患，极易成为网络系统的脆弱点之一。
- 由于有过高的错报率和误报率，导致很难确定真正的入侵行为。
- 高速网络环境导致产生海量的数据或巨量的连接数，单点旁路检测系统难以实施高效的实时分析，导致漏报情况增加。

### 2. 入侵检测技术的发展方向

目前除了需要完善常规的、传统的入侵检测技术外，应重点加强与统计分析相关的技术研究，更多地使用最新的技术和算法。其主要发展方向可以概括为以下几方面。

（1）分布式入侵检测。

传统的入侵检测系统一般局限于单一的主机或网络架构，对异构系统和大规模网络的检测明显不足。同时，不同的入侵检测系统之间不能协同工作。因此，需要分布式入侵检测技术应用。在网络中不同的地方设置检测点，能够快速发现入侵行为，做到即时响应。另外，集成各种入侵检测数据源，包括从不同的系统和不同的传感器上采集的数据，能够进一步提高报警准确率。

（2）应用层入侵检测。

许多入侵的语义只有在应用层才能理解，包括基于C/S结构、中间件技术和对象技术的大型应用，需要提供应用层的入侵检测，才能得到较好的保护。

（3）智能入侵检测。

目前，入侵方法越来越多样化和综合化，尽管已经有智能体系、神经网络和遗传算法应用在入侵检测领域，但这些只是一些尝试性的研究工作，需要对智能化的入侵检测系统做进一步研究，以解决其自学习与自适应能力。

（4）与人工分析相结合。

基于特征抽取和模式匹配的方法，应对已知的攻击表现良好。但是，面对未知的攻击极有可能导致漏报。结合人工分析，及时更新特征库，可大大提高报警准确性。

（5）建立入侵检测系统评价体系。

设计通用的入侵检测测试、评估方法和平台，实现对多种入侵检测系统的检测，已成为当前入侵检测系统的另一重要研究与发展领域。评价入侵检测系统可从检测范围、系统资源占用、自身的可靠性等方面进行，评价指标有能否保证自身的安全、运行与维护系统的开销、报警准确率、负载能力、可支持的网络类型、支持的入侵特征数、是否支持IP碎片重组、是否支持TCP流重组等。

**拓展阅读**

培育壮大人工智能、大数据、区块链、云计算、网络安全等新兴数字产业，提升通信设备、核心电子元器件、关键软件等产业水平。构建基于5G的应用场景和产业生态，在智能交通、智慧物流、智慧能源、智慧医疗等重点领域开展试点示范。鼓励企业开放搜索、电商、社交等数据，发展第三方大数据服务产业。促进共享经济、平台经济健康发展。

——《中华人民共和国国民经济和社会发展第十四个五年规划和2035年远景目标纲要》

**你学会了吗？**

## 课后作业

### 一、单选题

1. 以下不属于防火墙性能指标的是（　　）。

A. 吞吐量　　B. 时延

C. 丢包率　　D. 背板带宽

2. 以下不属于入侵检测系统的性能指标的是（　　）。

A. 准确性指标　　B. 统计指标

C. 效率指标　　D. 系统指标

### 二、多选题

1. 防火墙的类型包括（　　）。

A. 包过滤防火墙　　B. 状态检测防火墙

C. 应用代理防火墙　　D. 帧过滤防火墙

2. 防火墙的存在形式包括（　　）。

A. 硬件级防火墙　　B. 网络设备防火墙

C. 主机型防火墙　　D. 软件防火墙

3. 入侵检测系统的主要功能包括（　　）。

A. 实时检测　　B. 安全审计

C. 主动响应　　D. 评估统计

### 三、简答题

1. 简述DMZ区域服务器和堡垒主机的关系和区别。
2. 简述入侵检测技术的分类。
3. 简述入侵检测的过程。
4. 简述入侵检测技术的不足。

# 第7章 基于存储的信息安全技术

## 内容概要

保障信息安全，除了预防被窃取、被非法使用、被恶意篡改外，还要保证信息存储的稳定性和容错、容灾的能力。本章着重介绍信息数据存储的安全注意事项与相关的安全技术。

## 知识要点

数据存储形式和介质。

数据存储的威胁。

数据备份技术。

服务器集群技术。

数据容灾技术。

# 7.1 数据的存储

信息数据以多种形式存在于各种设备中，了解数据的形式和存储设备可以更好地保护信息数据。

## 7.1.1 信息数据的存在形式

信息在自然界的存在形式有声音、图片、温度、体积、颜色等，信息的类别也多种多样，如电子信息、财经信息、天气信息、生物信息等。信息，指音讯、消息、通信系统传输和处理的对象，泛指人类社会传播的一切内容。人们通过获得、识别自然界和社会的不同信息来区别不同事物，得以认识世界。在一切通信和控制系统中，信息是一种普遍联系的形式。

要让这些信息数据发挥作用，需要将信息转换，生成计算机可以识别、存储、使用的状态。一般来说，通过摄像机、录音机、麦克风、各种传感器等，将信息采集后，变成计算机可以处理和使用的二进制数，并以文件的形式存储在各种介质中。通过操作系统，可以查看到磁盘中存储的各种文件，如音频文件有.mp3、.wma等类型；视频文件有.mp4、.avi等类型，都是信息在计算机中的存在形式。

## 7.1.2 信息数据的存储介质

作为文件形式的信息数据，可供存储的介质多种多样。所谓存储介质，就是存储数据的载体，如常见的软盘、光盘、硬盘、闪存等。目前流行的存储介质是基于闪存的，如U盘、SD卡、SDHC卡、MMC卡等。

# 7.2 数据存储的威胁

数据的存储随时会受到攻击、篡改和破坏等各种威胁，数据存储安全是整个安全体系中最重要的组成部分之一。

## 7.2.1 计算机病毒

计算机病毒对数据存储最大的威胁就是破坏和恶意加密。

### 1. 计算机病毒简介

计算机病毒（computer virus）在《中华人民共和国计算机信息系统安全保护条例》中被明确定义，病毒指“编制者在计算机程序中插入的破坏计算机功能或者破坏数据，影响计算机使用并且能够自我复制的一组计算机指令或者程序代码”。

计算机病毒与医学上的“病毒”不同，计算机病毒不是天然存在的，是人利用计算机软件和硬件所固有的脆弱性编制的一组指令集或程序代码。它能潜伏在计算机的存储介质（或程序）里，条件满足时即被激活，通过修改其他程序的方法将自己精确拷贝或以可能演化的形式放入其他程序中，从而感染其他程序，对计算机资源进行破坏，对其他用户的危害性很大。

以往的病毒只针对计算机本身进行破坏，如“熊猫烧香”病毒。而现在，受利益的驱使，病毒已经成为不法分子牟利的手段了。

2017年，让全球用户认识了勒索病毒。WannaCry（又叫Wanna Decryptor），一种蠕虫式的勒索病毒软件，由不法分子利用NSA泄露的危险漏洞“EternalBlue”（永恒之蓝）进行传播。勒索病毒肆虐，俨然是一场全球性互联网灾难，给众多用户造成了巨大损失。勒索病毒是自“灰鸽子”和“熊猫烧香”以来影响力最大的病毒之一。WannaCry勒索病毒全球大爆发，至少150个国家、30万用户中招，造成损失达80亿美元，已经影响到金融、能源、医疗等众多领域，造成严重的危机管理问题。我国部分用户的Windows操作系统遭受感染，校园网用户首当其冲，受害严重，大量实验室数据和毕业设计被锁定加密。部分大型企业的应用系统和数据库文件被加密后无法正常工作，损失巨大。虽然在病毒出现后，很快便有了解决办法，但是在利益的驱使下，很快就出现了防杀以及勒索病毒变种等功能，而且不仅在计算机终端，在手机、智能设备等平台，也开始出现，靠自己破解基本上是不可能的事情。大部分受害者最后只能支付赎金来解锁自己的文件。问题是就算支付了赎金，出于各种原因也不一定能被即时处理解除勒索，甚至还可能被“坐地起价”。勒索病毒极其顽固，难以查杀。

未来勒索病毒将呈现出“以漏洞利用为新的传播方式”“与安全软件的对抗将持续升级”“攻击目标日益精准化”“制作成本降低”“国产勒索病毒开始活跃”五大新趋势。

在杀毒软件和病毒库仍然处于被动防御的阶段，用户只能尽量提高计算机安全等级，养成安全使用习惯，降低被感染的可能性。

### 2. 病毒的特征

从上面的勒索病毒的特性中，可以观察到病毒的一些基本特征。

（1）繁殖性。

计算机病毒可以像生物病毒一样进行繁殖，当正常程序运行时，它也进行自身复制，是否具有繁殖、感染的特征是判断某段程序为计算机病毒的首要条件。

（2）破坏性。

计算机感染病毒后，可能会导致正常的程序无法运行，或是把计算机内的文件删除或使文件受到不同程度的损坏，或是破坏引导扇区及BIOS、硬件环境等。

（3）传染性。

计算机病毒的传染性是指计算机病毒通过修改别的程序将自身的复制品或其变体传染到其他没有感染病毒的对象上，这些对象可以是一个程序，也可以是系统中的某一个组件。

（4）潜伏性。

计算机病毒的潜伏性是指计算机病毒可以依附于其他载体寄生的能力，侵入后的病毒潜伏至条件成熟时才发作，从而达到其目的。

（5）隐蔽性。

计算机病毒具有很强的隐蔽性，只能通过病毒软件检查出来一部分，隐蔽性使部分计算机病毒时隐时现、变化无常，处理起来非常困难。

（6）可触发性。

编制计算机病毒的人，一般都为病毒程序设定了一些触发条件。例如，系统时钟的某个时间或日期、系统运行了某些程序等。一旦条件满足，计算机病毒就会“发作”，使系统遭到破坏。

（7）新特性。

免杀是对病毒进行处理，使之躲过杀毒软件查杀的一种技术。病毒制作者可以通过对病毒进行再次保护，如使用汇编加花指令或者给文档加壳，就可以轻易躲过杀毒软件的病毒特征码库而免于被杀毒软件查杀。

自我更新性是近年来病毒的又一新特征。病毒可以借助于网络进行变种更新，得到最新的免杀版本的病毒并继续在用户感染的计算机上运行，如熊猫烧香病毒的制作者就创建了“病毒升级服务器”，在最频繁时一天要对病毒升级8次，比有些杀毒软件病毒库的更新速度还快，所以就造成了杀毒软件无法识别病毒。

很多病毒还具有了对抗它的“天敌”—杀毒软件和防火墙产品等反病毒软件的全新特征，只要病毒运行，病毒会自动破坏中毒者计算机上安装的杀毒软件和防火墙产品，导致一些杀毒软件失效，而病毒的生存能力却更加强大。

#### 3. 病毒的传播方式

病毒根据其应用范围及特点有如下传播途径。

（1）存储介质。

存储介质包括硬盘、U盘等。在这些存储设备中，U盘是使用最广泛的移动设备，也属于病毒传播的重灾区。

（2）网络。

随着互联网技术的迅猛发展，互联网在给人们的工作和生活带来极大方便的同时，也成为计算机病毒滋生与传播的温床。当人们从互联网上下载或浏览各种资料的同时，病毒可能也就伴随这些资料侵入用户的计算机系统。

（3）电子邮件。

当电子邮件成为人们日常工作和生活的重要工具后，电子邮件病毒无疑是病毒传播的最佳方式，近几年涌现的危害性比较大的病毒几乎全是通过电子邮件方式传播的。

### ■7.2.2 木马

计算机木马是一种特殊的后门程序，主要被黑客用于在入侵后进行远程控制，也可以作为一种入侵的高效手段。木马程序是目前比较流行的病毒类型，与一般的病毒不同，它不会自我繁殖，也并不“刻意”地去感染其他文件，而是通过伪装自身吸引用户下载执行，向施种木马者提供打开被种主机的门户，使施种者可以任意毁坏、窃取被种者的文件，甚至远程操控被种主机。木马程序严重危害着现代网络的安全运行。

### 1. 木马的原理

一个完整的木马套装程序包含两部分：服务端（服务器部分）和客户端（控制器部分）。植入对方计算机的是服务端，而黑客正是利用客户端进入运行了服务端的计算机。运行了木马程序的服务端，会产生一个容易迷惑用户的名称的进程，暗中打开端口，向指定目标发送数据(如网络游戏的密码、即时通信软件密码和用户上网密码等)，黑客甚至可以利用这些打开的端口进入计算机系统。

### 2. 木马的种类

根据应用的不同，木马可分成很多不同的种类，主要包括：网游木马、网银木马、下载类木马、FTP类木马、通信类木马、攻击类木马等。

### 3. 木马的伪装手段

木马的伪装手段多种多样，主要包括：修改图标、捆绑文件等。

# 7.3 数据的备份技术

数据备份是保证数据安全性最有效的手段，下面介绍数据的冗余备份技术。

## 7.3.1 数据备份

数据备份是把文件或数据从原来存储的地方复制到其他地方的操作，其目的是在设备发生故障或发生其他威胁数据安全的情况时保护数据，将数据遭受破坏的程度减到最小。数据备份在大型企业是必须完成的数据保护任务计划，也是中小型企业系统管理员每天必做的工作之一。对于个人用户，数据备份也是非常必要的，只不过通常都被人们忽略了。取回原先备份的文件的过程称为恢复数据。

数据备份和数据压缩从信息论的观点上来看是完全相反的两个概念。数据压缩通过降低数据的冗余度来减少数据在存储介质上占用的存储空间，而数据备份则通过增加数据的冗余度来达到保护数据安全的目的。

虽然数据备份和数据压缩在信息论的观点上互不相同，但在实际应用中却常常将它们结合起来使用。通常将所要备份的数据先进行压缩处理，然后再将压缩后的数据用备份手段进行保护。当原先的数据失效或受损需要恢复数据时，先将备份数据用备份手段相对应的恢复方法进行恢复，然后再将恢复后的数据解压缩。在现代计算机常用的备份工具中，绝大多数都结合了数据压缩和数据备份技术。

计算机中的数据是非常脆弱的，在计算机上存放重要数据会受到各种各样的威胁，如发生网络攻击、病毒感染、磁盘失效、供电中断以及其他潜在的系统故障引起的数据丢失、数据损坏、数据被篡改、数据被非法使用的情况等。计算机中的数据每天经受着许许多多不利因素的考验，计算机病毒可能会感染计算机中的文件，并吞噬文件中的数据；放置计算机的机房，可能因不正确用电发生火灾，也有可能因水龙头漏水导致机房被淹；计算机还可能遭到黑客的恶意入侵，如在计算机上执行格式化命令；计算机中的硬盘由于是半导体器件还可能被磁化而不能正常使用；还有可能由于被不太熟悉计算机的人误操作，或者用户自己的误操作而丢失重要数据。所有这些都会导致数据损坏甚至完全丢失。

计算机中会有一些隐私信息，如财务状况、通讯录、文档、程序等。显然，这些数据中的任何一项丢失都会让人头痛不已。重新整理这些数据的代价是非常高的，有时甚至是不可能完成的任务，所以一定要将重要的数据进行备份。

## 7.3.2 数据备份的原则

数据备份能够用一种增加数据存储代价的方法来保护数据的安全，对于一些拥有重要数据的大公司来说尤为重要。很难想象银行的计算机中存放的数据在没有备份的情况下丢失将会造成什么样的混乱局面。数据备份能在较短的时间内用很小的代价，将有价值的数据存放到与初始创建的存储位置相异的地方，当数据被破坏时，再在较短的时间和非常小的代价的情况下将数据全部恢复或部分恢复。

不同的应用环境要求使用不同的解决方案。一般来说，一个完善的备份系统需要满足以下7项要求。

### 1. 稳定性

备份产品的主要目的是为系统提供一个数据保护的方法，于是该产品本身的稳定性和可靠性就成为最重要的考量。首先，备份软件一定要与操作系统100%兼容；其次，当事故发生时，能够快速、有效地恢复数据。

### 2. 全面性

在复杂的网络环境中，可能会使用各种操作平台，如Unix、Linux、Windows、iOS等，并安装有各种应用软件，如数据库、集群系统等。选用的备份系统，要能支持各种操作系统、数据库和典型应用。

### 3. 自动化

很多单位由于工作性质不同，对何时备份、用多长时间备份都有一定的规定。在下班时间，系统负荷小，适于备份，可是这会增加系统管理员的负担。因此，备份方案应能提供定时的自动备份，并利用磁带库等技术进行自动换带。在自动备份过程中，还要有日志记录功能，并在出现异常情况时自动报警。

### 4. 高性能

随着业务的不断发展，数据会越来越多，更新也越来越快，在休息时间来不及备份如此多的内容，在工作时间备份又会影响系统运行性能。这就要求在设计备份方案时，尽量考虑到提高数据备份的速度，利用多个磁带机并行操作的方法。

### 5. 操作简单

数据备份可应用于不同领域，而进行数据备份的操作人员的操作水平也有高低区别。这就需要一个直观的、操作简单的图形化用户界面，缩短操作人员的学习时间，减轻操作人员的工作压力，使备份工作能够轻松地设置和完成。

#### 6. 实时性

有些关键性的工作是需要24 h不停机进行的。在备份时，有一些文件可能仍然处于打开的状态，那么在进行备份时要采取相应措施，实时查看文件大小，进行事务跟踪，以保证准确无误地备份系统中的所有文件。

#### 7. 容错性

数据是备份在磁盘等存储介质上的，对存储介质进行保护，并确认介质中数据的可靠性，也是至关重要的。如果引入RAID（redundant arrays of inexpensive disks，独立磁盘冗余阵列）技术，对磁带进行镜像，就可以更好地保证数据安全可靠，给用户数据再添加一把保险锁。

### 7.3.3 数据备份的形式

常见的数据备份形式有5种：完全备份、复制备份、增量备份、差量备份和日常备份。最常用的是完全备份、增量备份和差量备份。

#### 1. 完全备份

完全备份是指复制所有选定的文件，每个被备份的文件标记为已备份。备份存储介质上最后的文件是最新的。完全备份策略的优点是备份与恢复的操作比较简单，数据恢复所需的时间最短，相对来说也最为可靠；其缺点在于需要备份的数据量最大，消耗的存储空间最多，备份过程也最慢。

#### 2. 复制备份

复制备份是指复制所有选定的文件，被备份的文件不做已备份标记。这种方式不会影响其他备份操作，用户可以在日常备份和增量备份之间使用复制备份来备份文件。

#### 3. 增量备份

增量备份是指仅对上一次备份以后更新的数据做备份。此种备份策略的优点是每次需要备份的数据量小，消耗存储空间小，备份所需时间短；其缺点首先是备份与恢复的操作都较为复杂，备份时需要区分哪些数据被修改过，恢复时首先也需要以一次完全备份作为基础，然后依照一次次的增量备份，逐渐将系统数据恢复到最后一次备份时的状态。

#### 4. 差量备份

差量备份是指复制自上次日常或增量备份以来所创建和更改的文件，被备份的文件不做已备份标记。如果用户同时使用了日常备份和差量备份，则在数据恢复时只需恢复上一次日常备份和上一次差量备份。

#### 5. 日常备份

日常备份是指复制在执行当天更改的所有选定文件，被备份的文件不做已备份标记。

## ■7.3.4 数据备份的实际使用方案

实际使用时，主要使用的是完全备份、增量备份、差量备份，这3种备份策略常结合使用，常用的方法有完全备份、完全备份+增量备份、完全备份＋差量备份。

### 1. 独立的完全备份

完全备份会产生大量数据移动，选择每天完全备份的客户经常直接把磁盘介质连接到每台计算机上（避免通过网络传输数据），其结果是较低的经济效益和较高的人力成本。

### 2. 完全备份+增量备份

该方案源自完全备份，只不过减少了数据移动，其思路是较少使用完全备份。例如，在周日晚上进行完全备份，在其他6 d则进行增量备份。使用周一到周六的增量备份能保证只移动那些在最近24 h内改变了的文件，而不是所有文件。由于只有较少的数据移动和存储，增量备份减少了对磁带介质的需求。

可是当采用完全备份＋增量备份这种方法恢复数据时，完整的恢复过程首先需要恢复上周日晚的完全备份，然后再覆盖自完全备份以来每天的增量备份。该过程最坏的情况是要设置7个磁盘集（每天一个）。如果文件每天都改，则需要恢复7次才能得到最新状态。

### 3. 完全备份+差量备份

该方案认为完全备份＋增量备份方案恢复数据很麻烦，原因在于增量备份考虑的问题是自昨天以来哪些文件改变了，而差量备份方法考虑的问题是自完全备份以来哪些文件发生了变化。在完全备份后进行的第1次备份后，由于完全备份就在昨天，采用增量备份和差量备份两种备份方法所得到的结果是相同的，但之后的备份，结果就不一样了，增量备份进行每次备份后的数据只能恢复24 h内改变的文件，而差量备份可以在每次备份后恢复每天变化的文件。尽管差量备份比增量备份移动和存储更多的数据，但恢复操作比采用增量备份就简单多了。

## ■7.3.5 数据备份计划的制订

对于重要的数据来说，制订一个清楚的数据备份计划非常重要，它能清楚地显示数据备份过程中的每一步重要工作。

数据备份计划分以下几步完成。

（1）确定数据将受到的安全威胁。完整考察整个系统所处的物理环境和软件环境，分析可能出现的破坏数据的因素。

（2）确定敏感数据。对系统中的数据进行挑选分类，按重要性和潜在的遭受破坏的可能性划分等级。

（3）对将要进行备份的数据进行评估。确定初始时采用的备份方式（完整备份、增量备份和差量备份）、备份数据需占用存储介质的容量大小，以及随着系统的运行备份数据的增长情况，以此确定将要采取的备份方式。

（4）确定备份所采取的方式及工具。根据上一步的评估结果、数据备份的财政预算和数据的重要性，选择备份方式和备份工具。

（5）实施备份工作。在执行数据备份时，最好选择在网络用户最少的时间段，如深夜、节假日等，以保证数据备份的完整性。

数据备份的周期主要取决于数据的价值和更新的快慢，可以采用每周备份、每月备份以及存档备份。存档备份是简单的复制而不是完全备份。应当妥善保管备份存储介质，并定期检查数据备份的完好性，防止因保管不当而引起数据备份损坏或失效。

数据备份技术是一种传统的静态数据保护技术，通常按一定的时间间隔对磁盘上的数据进行备份，在发生数据损坏时，通过数据备份恢复已有备份的数据。由于数据是定时备份，而不是实时备份，因此，通过数据备份不能恢复自最后一次备份以来新产生的数据。这些数据一旦被破坏，将会永久性丢失，并且在数据恢复时必须中断系统服务，这降低了系统的服务质量。

## ■7.3.6 数据备份的存储介质

计算机中的文件以二进制的方式存储在各种存储介质中，所以备份必须要使用存储介质。常见的存储介质有磁盘、光盘、移动硬盘、U盘、网络备份等。

### 1. 磁盘

磁盘在计算机中也叫作硬盘，按照工作原理分为机械硬盘和固态硬盘。机械硬盘由一个或者多个铝制或者玻璃制的碟片组成。这些碟片外覆盖有铁磁性材料。绝大多数硬盘都是固定硬盘，被永久性地密封固定在硬盘驱动器中，并且配备有过滤孔，用来平衡空气压力。通过马达将磁盘进行旋转，并由磁头读写数据信息。磁头可沿盘片的半径方向运动，加上盘片每分钟几千次的高速旋转，磁头就可以定位在盘片的指定位置上进行数据的读写操作。磁头通过改变盘面磁颗粒极性来写入数据，通过探测磁极变化读取数据。

固态硬盘与机械硬盘的存储原理不同，存储方式是读写固态硬盘上的存储颗粒。固态硬盘在存储单元晶体管的栅（gate）中，注入不同数量的电子，通过改变栅的导电性能，改变晶体管的导通效果，实现对不同状态的记录和识别。有些晶体管，栅中电子数目的多与少，带来的只有两种导通状态，对应读出的数据就只有0/1；有些晶体管，栅中电子数目不同时，可以读出多种状态，能够对应出00/01/10/11（二进制数）等不同数据。

值得注意的是，两者虽然都可以备份数据，但由于存储的原理不同，固态硬盘的速度虽然快，但一旦损坏，数据恢复的可能性极小。而机械硬盘如果损坏，仍可以通过特殊设备读取盘片上的内容，恢复的概率要高很多。所以一般都使用机械硬盘来存储和备份重要的数据文件。

### 2. 移动硬盘

普通的3.5寸机械硬盘一般用于计算机中，而为了方便携带、方便多机存储和还原、方便分类存放，可以使用专业的或自制的移动硬盘。作为随身数据存储的必要设备，要求移动硬盘不仅要具有防摔、抗震等强大的物理安全性能，同时还需要具备数据加密、防护备份等多方面数据安全功能。因此，虽然价格较高，选择具备数据安全性能的原装移动硬盘还是非常值得的。

对于经常需要进行大容量数据随身存储的用户来说，一款便于携带且具有海量数据存储功能的移动硬盘绝对是最佳选择。移动硬盘有以下几个特点。

（1）容量大。

移动硬盘容量一般几TB到几十TB，非常适合需要携带大型的图库、数据库、软件库的用户需要。

（2）兼容性好，即插即用。

移动硬盘采用了计算机外设产品的主流接口——USB接口，通过USB接口与计算机连接，十分方便。

（3）速度相对较快。

移动硬盘大多采用USB 2.0、USB 3.2接口。当与主机交换数据时，大型文件保存仅需极短时间就可轻松完成，特别适合视频和音频文件的数据交换，远胜于其他移动存储设备。

### 3. U盘

U盘是近几年来使用较多的移动存储设备，同样也是一种不错的备份设备。它有众多特点，如体积小、价格便宜、质量轻、读写速度快、无须外接电源、可热插拔、携带方便等，不仅可在台式计算机、笔记本、苹果计算机之间跨平台使用，还可在不同的数码设备与计算机之间传输、存储各类数据文件，在保存数据的安全性上也表现得非常出色，并且有些U盘本身还带有加密功能，是普通用户备份数据的较佳存储设备。

U盘的工作原理类似于固态硬盘，可以作为存储设备，但缺点仍然是数据出现故障后恢复成功率较低，所以如果使用U盘进行备份，最好还需要再补充另外一种备份方式。

### 4. 网络备份

身处网络中，网络备份是可移动备份方法的一个很好替代。网络备份的思路很简单：把系统中的数据复制到网络中的另外一台存储设备中。

在复制数据时，网络备份与本机多硬盘备份非常相似，使用一样简单，一样能配置成自动执行备份任务。需要注意的是，计算机病毒也会在网络中传播。

网络备份在企业环境中的使用越来越多。企业通常使用一种集中的可移动存储设备作为备份介质，自动地备份整个系统中的数据。网络备份的缺点是备份时给网络造成的拥挤现象非常严重，而且备份数据所需时间过分依赖于网络的传输速度。

除了企业自己的网络备份外，还可以使用各大互联网公司的云盘进行备份，由于其专业的冗余备份技术和设备支持，数据绝不会因为设备损坏而丢失。但缺点就是隐私性文件、商业机密等文件有泄漏的可能性。所以可以先通过高强度的加密软件对文件进行加密后再上传，可以在一定程度上保障备份文件的安全。

**拓展阅读**

促进文化产业与新一代信息技术相互融合，发展基于5G、超高清、增强现实、虚拟现实、人工智能等技术的新一代沉浸式体验文化产品服务。推动数字创意、高新视频技术和装备研发，加快发展新型文化企业、文化业态、文化消费模式。

——《“十四五”国家信息化规划》

# 7.4 磁盘容错技术

磁盘是计算机系统的关键部件，通常都要采取磁盘容错技术来保护其中的数据。因此，从保护数据的角度，磁盘容错技术既是一种可靠性措施，也是一种安全性措施，可以防止因磁盘故障或数据丢失而引起整个系统的瘫痪。

磁盘容错技术是一种动态的保护措施，与数据备份技术有所不同，它不是数据备份的替换手段。磁盘容错的目的是解决系统运行过程中因磁盘故障、病毒感染、网络攻击等引起的磁盘文件丢失或损坏问题，避免系统死机或服务中断现象。磁盘容错技术除了需要和其他的安全手段相配合外，重要的是需要和磁盘阵列技术结合使用。

## 7.4.1 磁盘阵列技术概述

独立磁盘冗余阵列（RAID），也称为磁盘阵列。后来RAID中字母“I”的含义被改为Independent，RAID就成了“独立冗余磁盘阵列”，但这只是名称的变化，实质性的内容并没有改变。RAID技术是利用若干台小型硬磁盘驱动器加上控制器按一定的组合条件组成一个大容量、快速响应、高可靠性的存储子系统。

RAID技术不仅有多台驱动器并行工作，大大提高了存储容量和数据传输率，还采用了纠错技术，提高了存储可靠性。RAID按工作模式可以分为RAID 0、RAID 1、RAID 2、RAID 3、RAID 4、RAID 5、RAID 6、RAID 7、RAID 10、RAID 53等级别。

### 1. RAID的功能

RAID技术主要有以下几种基本功能。

- 通过对磁盘上的数据进行条带化，实现对数据的成块存取，减少了磁盘的机械寻道时间，提高了数据存取速度。
- 通过对一个阵列中的几块磁盘同时读取，减少了磁盘的机械寻道时间，提高数据存取速度。
- 通过镜像信息或者存储奇偶校验信息的方式，实现了对数据的冗余保护。

### 2. RAID的分类

磁盘阵列的样式有3种，一是外接式磁盘阵列柜，二是内接式磁盘阵列卡，三是利用软件仿真方式。

- 外接式磁盘阵列柜最常被使用在大型服务器上，具备可热交换（hot swap）的特性，不过这类产品的价格都很贵。
- 内接式磁盘阵列卡价格便宜，但需要较高的安装技术，适合技术人员操作使用。硬件阵列能够提供在线扩容、动态修改阵列级别、自动数据恢复、驱动器漫游、超高速缓冲等功能。它能提供性能、数据保护、可靠性、可用性和可管理性的解决方案。阵列卡使用专用的处理单元来进行操作。
- 利用软件仿真的方式是指通过网络操作系统自身提供的磁盘管理功能将连接的普通SCSI

卡上的多块硬盘配置成逻辑盘，组成阵列。软件阵列可以提供数据冗余功能，但是磁盘子系统的性能会有所降低，有的降低幅度还比较大，可达30%左右。因此会拖累机器的速度，不适合大数据流量的服务器。

## 7.4.2 磁盘阵列技术的级别

实际使用中，常见的RAID级别有RAID 0、RAID 1、RAID 0+1、RAID 5、RAID 6等。

### 1. RAID 0

RAID 0将在*n*块硬盘上选择合理的带区创建带区集。其原理是类似于显示器隔行扫描，将数据分割成不同条带（stripe）分散写入到所有的硬盘中，同时进行读写，如图7-1所示。多块硬盘的并行操作使同一时间内磁盘读写的速度提升*n*倍。

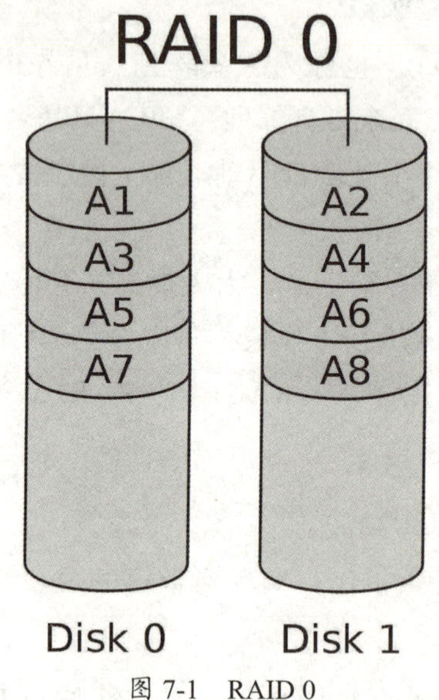


图 7-1 RAID 0

在创建带区集时，合理地选择带区的大小非常重要。如果带区过大，可能一块磁盘上的带区空间就可以满足大部分的I/O操作，使数据的读写仍然只局限在少数的一两块硬盘上，不能充分地发挥出并行操作的优势。另一方面，如果带区过小，任何I/O指令都可能引发大量的读写操作，占用过多的控制器总线带宽。因此，在创建带区集时，应当根据实际应用的需要，慎重地选择带区的大小。

带区集虽然可以把数据均匀地分配到所有的硬盘上进行读写，但如果把所有的硬盘都连接到一台控制器上，可能会带来潜在的风险。这是因为频繁进行读写操作时，很容易使控制器或总线的负荷超载。为了避免出现上述问题，建议用户可以使用多个磁盘控制器，最好的解决方法还是为每一块硬盘都配备一个专门的磁盘控制器。

虽然RAID 0可以提供更多的空间和更好的性能，但是整个系统是不太可靠的，如果发生故障，无法进行任何补救。所以，RAID 0一般只是在那些对数据安全性要求不高的情况下使用。

### 2. RAID 1

RAID 1称为磁盘镜像，原理是把一个硬盘的数据镜像到另一个硬盘上，如图7-2所示。也就是说数据在写入一块硬盘的同时，会在另一块闲置的硬盘上生成镜像文件，在不影响性能情况下最大限度地保证系统的可靠性和可修复性，只要任何一对镜像盘中至少有一块硬盘可以使用，甚至可以在一半数量的硬盘出现问题时系统都可以正常运行，当一块硬盘失效时，系统会忽略该硬盘，转而使用剩余的镜像盘读写数据，具备很好的磁盘冗余能力。虽然这样对数据来讲绝对安全，但是成本也会明显增加，磁盘利用率为50%。另外，出现硬盘故障的RAID系统不再可靠，应当及时更换损坏的硬盘，否则剩余的镜像盘也会出现问题，整个系统就会崩溃。更换新盘后原有数据会需要很长时间同步镜像，外界对数据的访问不会受到影响，只是这个时期整个系统的性能有所下降。因此，RAID 1多用在保存关键性重要数据的场合。

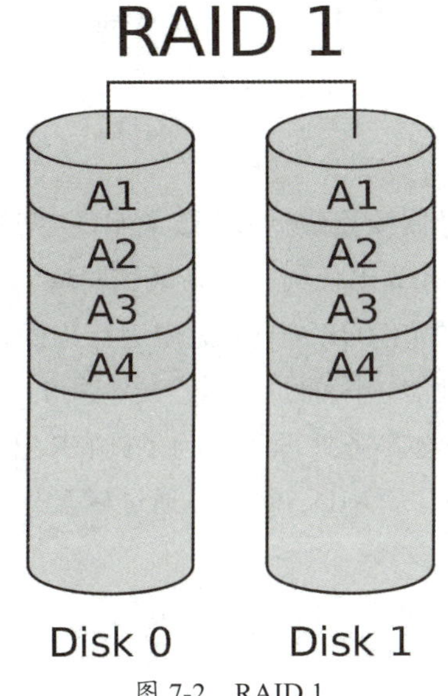


图 7-2 RAID 1

RAID 1主要是通过二次读写实现磁盘镜像，所以磁盘控制器的负载也相当大，尤其是在需要频繁写入数据的环境中。为了避免出现性能瓶颈，使用多个磁盘控制器就显得很有必要。

### 3. RAID 0+1

从RAID 0+1名称上便可以看出是RAID 0与RAID 1的结合体。在单独使用RAID 1时也会出现类似单独使用RAID 0那样的问题，即在同一时间内只能向一块硬盘写入数据，不能充分利用所有的资源。为了解决这一问题，可以在磁盘镜像中建立带区集。这种配置方式综合了带区集和镜像的优势，所以被称为RAID 0+1。把RAID 0和RAID 1技术结合起来，数据除分布在多个盘上外，每个盘都有其物理镜像盘，提供全冗余能力，允许任一硬盘故障，而不影响数据的可用性，并具有快速读/写能力。RAID 0+1要在磁盘镜像中建立带区集至少需要4个硬盘，如图7-3所示。

除了RAID 0+1外，还有RAID 1+0，有时也称为RAID 10，只是先后顺序变化了而已，如图7-4所示。

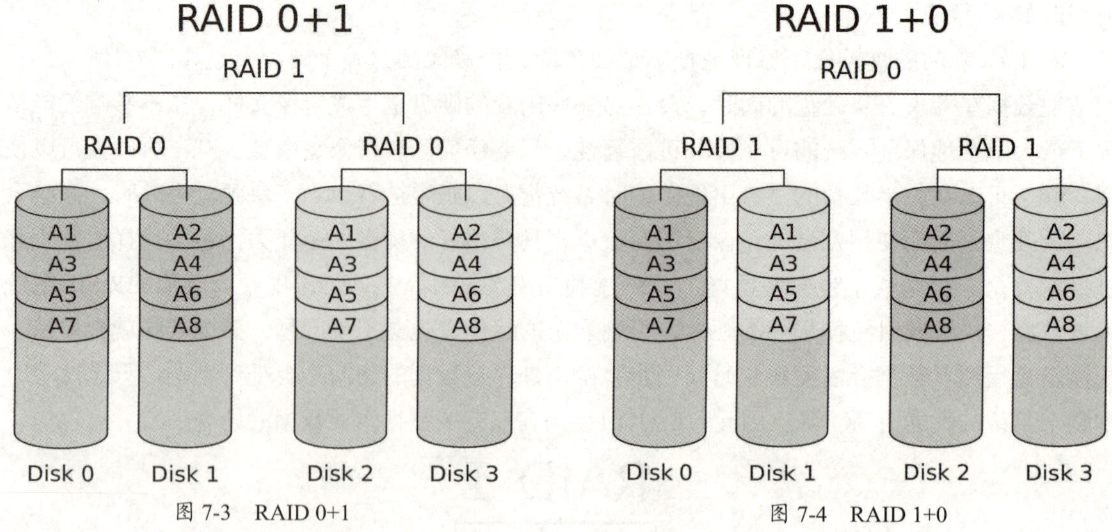


图 7-3　RAID 0+1

图 7-4　RAID 1+0

## 4. RAID 5

RAID 5为无独立校验盘的奇偶校验磁盘阵列。RAID 5把校验块分散到所有的数据盘中，它使用了一种特殊的算法，可以计算出任何一个带区校验块的存放位置，这样就可以确保任何对校验块进行的读写操作都会在所有的RAID磁盘中进行均衡，从而排除了产生瓶颈的可能。RAID 5能展现较为完美的整体性能，因而也是被广泛应用的一种磁盘阵列方案。它适合于I/O密集、高读/写比率的应用程序，如事务处理等。为了具有RAID 5级的冗余度，至少需要4个硬盘组成的磁盘阵列，如图7-5所示。RAID 5既可以通过磁盘阵列控制器硬件实现，也可以通过某些网络操作系统软件实现。

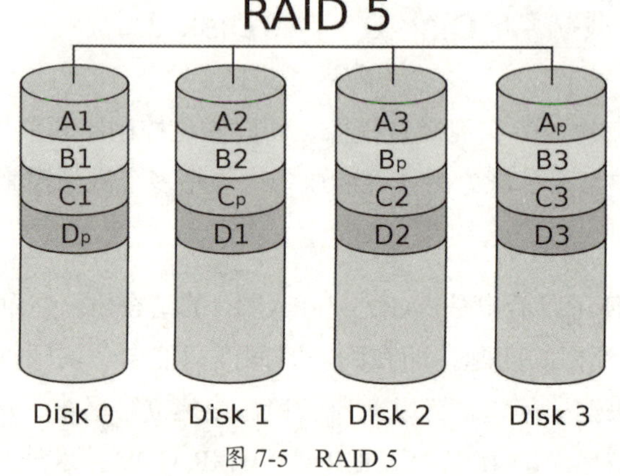


图 7-5　RAID 5

## 5. RAID 6

与RAID 5相比，RAID 6增加第2个独立的奇偶校验信息块，如图7-6所示。两个独立的奇偶系统使用不同的算法，数据的可靠性非常高，任意两块磁盘同时失效时不会影响数据完整性。RAID 6需要分配给奇偶校验信息更大的磁盘空间和额外的校验计算，相对于RAID 5有更大的I/O操作量和计算量，其“写性能”主要取决于具体的实现方案，因此RAID 6通常不会通过软件方式来实现，而更可能通过硬件方式实现。

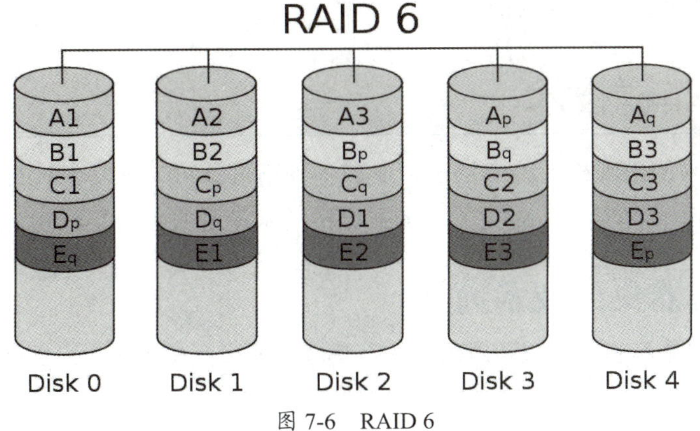


图 7-6　RAID 6

同一数组中最多允许两个硬盘损坏。更换新硬盘后，资源将会重新计算并写入新的硬盘中。

依照设计理论，RAID 6必须具备4个以上的硬盘才能生效。可使用的容量为硬盘总数减去2的差乘以最小容量。同样，数据保护区域容量则为最小容量乘以2。

RAID 6在硬件磁盘阵列卡的功能中，也是最常见的磁盘阵列等级。

## ■7.4.3　RAID的实现方法

RAID的实现方法包括软件RAID和硬件RAID两种。

### 1. 软件RAID

使用基于主机的软件提供RAID功能，是在操作系统级别上实现的。与硬件RAID相比，软件RAID具有成本低廉和简单直观的优点。但是，软件RAID有以下不足。

- **性能：**软件RAID会影响系统的整体性能。这是因为软件RAID需要CPU执行RAID计算。
- **功能：**软件RAID支持有限的RAID级别。
- **兼容性：**软件RAID与主机操作系统绑定，因此，需要对软件RAID或操作系统升级进行兼容性验证，只有当RAID软件和操作系统兼容时，才能对其进行升级，这会降低数据处理环境的灵活性。

### 2. 硬件RAID

包括基于主机的硬件RAID和基于阵列的硬件RAID两种。基于主机的硬件RAID通常是将专用RAID控制器安装在主机上，并且所有磁盘驱动器都与主机相连，有的制造商还将RAID控制器集成到主板上。但是基于主机的硬件RAID控制器在包含大量主机的数据中心环境下却不是高效的解决方案。而基于阵列的硬件RAID是使用外部硬件RAID控制器充当主机与磁盘之间的接口，将存储卷呈现给主机，主机将这些卷作为物理驱动器进行管理。硬件RAID控制器的主要特点如下：

- 管理与控制磁盘聚合。
- 转换逻辑磁盘和物理磁盘之间的I/O请求。
- 磁盘出现故障时重新生成数据。

# 7.5 服务器集群技术

服务器容错技术的出现极大地降低了企业在各种不可预料灾难发生时的业务损失，保证了业务系统可7 × 24 h不间断运转。常见的服务器容错技术就是服务器集群。

## 7.5.1 服务器集群技术简介

服务器集群技术是指将多台服务器组成一个集群，通过互相协作，提供更高效的服务和更好的可靠性。

### 1. 服务器集群的类型

服务器集群技术一般分为两种类型：对称式和非对称式。

对称式服务器集群技术是指集群中每个服务器都进行相同的工作，共享一份数据或应用程序，并且采用同样的配置和软件环境。当其中一台服务器出现故障时，其他服务器可以接手其工作，保证系统的连续性。对称式服务器集群技术的优点在于吞吐量大，负载能够均衡，并且可以轻松实现自动切换和恢复。但其缺点在于需要高昂的成本，并且在集群规模不断扩大时，管理和配置会变得越来越复杂。

非对称式服务器集群技术是指集群中的不同服务器拥有不同的功能和服务，各自负责一部分工作，彼此之间协同工作。这种方式看似复杂，但是可以利用不同的功能来利用服务器资源，进一步提高系统的效率和稳定性。同时，非对称式服务器集群技术还可以利用现有资源更加灵活地构建应用，并且灵活适应不断变化的环境。但是这种集群方式需要更加高明的设计和配置，以确保每个服务器的功能和任务互相协调。

因此，服务器集群技术可以根据不同的应用场景和需求来选择对称式和非对称式这两种不同的集群类型。不论哪种类型，都需要进行有效地管理和配置，以提高系统的效率和可靠性。

### 2. 服务器集群的特点

高可用性和高容灾性是服务器集群的主要特点。

（1）高可用性。

可用性是指一个计算机系统在使用过程中所能提供的可用能力，通常用总的运行时间与平均无故障时间的百分比来表示。高可用性是指系统能够提供99%以上的可用性，高可用性一般采用硬件冗余和软件容错方法来实现。集群系统是一种将硬件冗余和软件容错有机结合的解决方案。一般的集群系统可以达到99%～99.9%的可用性，有些集群系统甚至可以达到99.99%～99.999 9%的可用性。

（2）高容灾性。

高容灾性是在高可用性的基础上提供更高的可用性和抗灾能力。高可用性系统一般将集群系统的计算机安置在同一个地理位置上或一个机房里，计算机之间分布距离有限。高容灾系统将计算机放置在不同的地理位置上或至少两个机房里，计算机之间分布距离较远，如两个机房之间的距离可以达到几百或者上千千米。一旦发生灾难时，处于不同地理位置的集群系统之间可以互为容灾，从而保证了整个网络系统的正常运行。高可用性系统的投资比较适中，容易被用户接受。而高容灾性系统的投入非常大，立足于长远的战略目的，一些发达国家比较重视高容灾性系统。

目前，很多的网络服务系统，如Web服务器、E-mail服务器、数据库服务器等都广泛采用了集群技术，使这些网络服务系统的性能和可用性有了很大的提升。在网络安全领域中，集群技术可作为一种灾难恢复手段使用。

## 7.5.2 服务器集群管理

集群的管理技术包括常见的流量转发方式、负载分配算法、系统容错技术等。

### 1. 流量转发方式

在集群服务器系统中，由管理器统一调度和管理客户请求。对于客户来说，集群服务器系统是一台单一的服务器，使用一个指定的IP地址就可以访问该服务器。对于集群服务器系统来说，管理器使用的是客户可见的实际IP地址，而内部服务器使用的是客户不可见的内部IP地址。客户发出的请求包首先由管理器接收，管理器根据负载分配算法选择一个服务器节点，然后再将请求包转发给所选择的服务器。管理器主要采用以下两种方式转发请求包。

（1）网络地址转换（NAT）方式：管理器接收到请求包后，首先选择一个可用的服务器节点，将请求包中的目的IP地址和端口号转换成该服务器节点的IP地址和端口号，并将这个连接记录在一个连接表中，然后将请求包转发给该服务器。之后，管理器接收到该客户的请求包后，可以直接从连接表中找到这台服务器，然后执行网络地址转换和转发请求包等操作。对于服务器的应答包，管理器也要进行网络地址转换，将应答包中的源IP地址和端口号转换成管理器的IP地址和端口号，然后将应答包转发给客户。终止该连接后，从连接表中删除相应的连接记录。这种转发方法的优点是服务器可以不受所使用的操作系统平台的限制，可以是任何支持TCP/IP的操作系统。由于数据包的输入和输出都要经过管理器转发，因而对管理器的性能和可靠性提出了较高的要求，在数据流量较大的情况下，管理器可能成为通信瓶颈。

（2）直接路由（DR）方式：管理器将在数据链路层上转发数据帧，这就要求管理器和所有的服务器节点必须处于同一个物理网段上。管理器接收到包含请求包的数据帧后，首先选择一个可用的服务器节点，将数据帧中的目的MAC地址转换成该服务器节点的MAC地址，并将这个连接记录在一个连接表中，然后将数据帧转发给该服务器。以后，管理器接收到该客户的数据帧后，可以直接从连接表中找到这台服务器，然后执行MAC地址转换和转发数据帧等操作。对于服务器的应答包，由服务器直接发送给客户，而无须经过管理器。当终止该连接后，从连接表中删除相应的连接记录。这种转发方法的优点是服务器直接响应客户，响应性能比较好，尤其在数据流量较大的情况下。

### 2. 负载分配算法

在集群服务器系统中，由管理器统一调度和分配客户请求，根据负载分配算法选择一个服务器节点，将请求包转发给所选择的服务器。管理器主要采用以下4种负载分配算法来分配请求包。

（1）轮循调度算法。

管理器以循环调度的方式将客户的请求包分配给各个服务器节点，它平等对待集群系统内所有的服务器，而不考虑每台服务器的处理能力、响应时间和已有的负载（连接数目）。这种算法可能会引起服务器之间动态负载的不均衡。

（2）加权的轮循调度算法。

在这种算法中，考虑了每台服务器的处理能力，为每台服务器设置一个权值，处理能力越强，权值就越高，并根据每台服务器的权值建立一个调度序列。管理器将根据这个调度序列来分配客户连接。例如，A、B、C三台服务器的权值分别设置为4、3、2，那么在一个调度周期内的调度序列就是ABCABCABA。轮循调度算法是该算法的一个特例，即所有服务器的权值均为1。这两种算法都属于静态调度算法，虽然加权的轮循调度算法考虑了服务器的处理能力，但仍然存在动态负载不平衡问题。例如，在负载发生剧烈变化时，所有的重负载（连接时间长的客户请求）可能会分配到同一台服务器上，造成该服务器的超载。

（3）最少连接调度算法。

这是一种动态调度算法，它考虑了每台服务器的当前负载情况，动态地计算当前每台服务器上已有的连接数，并将客户请求分配给当前已有连接数最少的服务器。如果每台服务器具有相似的处理能力，即使在负载情况变化很大的情况下，这种算法也能很平滑地将负载分配到不同的服务器上。

（4）加权的最少连接调度算法。

在最少连接调度算法的基础上，考虑了每台服务器的处理能力，为每台服务器设置一个权值。管理器将根据每台服务器已有的连接数和权值的计算结果来选择服务器分配负载。最少连接调度算法是该算法的一个特例，即所有服务器的权值均为1。

动态调度算法提供了负载的动态平衡特性，但增加了计算时间，系统开销较大。

### 3. 系统容错技术

在集群服务器系统中，存在着两类节点的容错问题：一个是管理器节点，另一个是服务器节点。

管理器节点的容错问题主要采用双机热备份方法来解决：系统设置两个管理器节点，一个是主管理器，另一个是备份管理器。两者之间通过检测对方的“心搏”来协同工作，实现系统容错。“心搏”检测的工作机制如下：

主管理器和备份管理器之间每隔一定的时间间隔互相发送“心搏”信号，向对方报告自身的状态，从而实现彼此监测。

当一台管理器发现对方状态异常时，将根据不同的情况进行相应的操作。

（1）当主管理器检测到备份管理器出现故障且已不能正常工作时，会发出警告信息。

（2）当备份管理器检测到主管理器出现故障且已不能正常工作时，除了发出警告信息外，还会立即接管主管理器的工作。接管过程对用户完全透明。

（3）当主管理器重新恢复正常工作状态时，备份管理器将会自动放弃管理，主管理器重新进入管理状态，而备份管理器则回到监控状态。

服务器节点的容错问题主要通过管理器的节点失效管理功能来解决。在管理器中设置一个可用节点池，用于记录集群系统中可用的服务器节点。管理器以周期轮询的方式实时监测服务器节点的工作状态，如果被轮询的服务器节点没有响应，则说明该节点处于不可用状态，管理器将从可用节点池中删除失效的节点，避免向失效的节点分配负载。该节点恢复正常工作后，管理器将该节点重新添加到可用节点池中，从而实现一定程度的节点故障重构功能。

由此可见，集群服务器系统使服务器系统的可用性有了很大的提升，同时也提高了系统抗攻击和抗灾难能力，这是因为系统吞吐能力的提高可以增强抗DDoS攻击的能力。系统容错能力的提高可以避免因单点失效而引起的系统崩溃。

## ■7.5.3 CRR容错技术

在现代军事、航天、航空、气象和石油开采等领域中，广泛使用了高性能并行计算系统进行复杂的科学计算和大量的数据处理。基于网络的集群系统也是一种并行计算系统，完全可以应用于科学计算和数据处理等并行计算场合。通常，大规模的科学和工程计算任务执行时间都比较长，一旦某个计算节点发生某种异常事件而导致系统运行失败，就不得不从头开始执行程序，这样会浪费大量的时间和计算资源。随着集群系统规模的扩大，在计算过程中发生故障的概率将会呈指数级增长，系统发生任何异常或故障都会导致本次并行计算的彻底失败，此前所进行的大量计算结果不再可用。因此，对于在上述领域应用的集群系统必须具有一定的容错能力。

实现系统容错的方法有很多种，不同的系统容错方法适用于不同的计算系统。在集群计算系统中，主要采用基于检查点与卷回恢复技术（checkpointing and rollback recovery，CRR）的系统容错方案。CRR是一种后向恢复技术，它在系统正常运行过程中设置若干个检查点，保存系统当时的一致性状态，并对各个进程进行相关性跟踪和记录。系统发生故障后，将相关进程卷回到故障前的系统一致性状态（检查点），经过状态恢复后从该检查点处重新执行程序，而不是从最开始处执行程序，既实现了对系统故障的恢复，又节省了大量重复计算时间，保证了集群计算系统的并行性和可用性。

CRR技术不仅可以对系统瞬时/间歇性故障进行自动恢复，而且通过检查点文件镜像和进程迁移技术也可以容忍节点的永久故障。CRR技术也是恢复未知故障的重要手段，所谓未知故障是指在程序设计时未预料的故障。同时，检查点机制也是实现负载平衡、作业交换、并行调试和开发程序并行性的基础。

为了正确执行检查点设置和卷回恢复，CRR机制要求在检查点设置时保存进程状态中决定程序运行正确性的关键内容，并且各个进程检查点信息与当时的各个通信通道状态应能够保持一致的全局状态。卷回恢复时，CRR机制需要对丢失消息和重复消息进行处理，保证卷回恢复的正确性，避免多米诺骨牌效应和活锁现象。

# 7.6 数据容灾技术

数据信息除了需要容错技术的支持外，还需要满足一定的容灾要求。

## 7.6.1 数据容灾

真正的数据信息容灾是指要能在灾难发生时全面、及时地恢复整个系统。在系统遭受灾害时，使系统还能工作或尽快恢复工作的最基础的工作是数据备份。对于一个容灾系统，如果没有备份的数据，任何容灾方案都没有现实意义。

### 1. 容灾技术指标

从技术上看，衡量容灾系统有两个主要指标：RPO和RTO。

数据恢复点目标（recovery point objective，RPO）主要指的是业务系统所能容忍的数据丢失量，代表了当灾难发生时允许丢失的数据量。

恢复时间目标（recovery time objective，RTO）主要指的是所能容忍的业务停止服务的最长时间，代表了系统恢复的时间，也就是从灾难发生到业务系统恢复服务功能所需要的最短时间周期。

由此可见，RPO针对的是数据丢失，而RTO针对的是服务停止，二者没有必然的关联性。RPO和RTO的确定必须在进行风险分析和业务影响分析后根据不同的业务需求确定。对于不同企业的同一种业务，RTO和RPO的需求也会有所不同。

### 2. 容灾条件

容灾技术必须满足以下3个条件。

- 系统中的部件、数据都具有“冗余性”，即一个系统发生故障，另一个系统能够保持数据传送的顺畅。
- 具有“长距离性”。因为灾害总是在一定范围内发生，所以只有充分长的距离才能够保证数据不会被一个灾害全部破坏。
- 容灾系统要追求全方位的数据“备份”，也称为容灾性。

## 7.6.2 数据容灾的等级划分

国际标准SHARE78将容灾系统定义并简化成如下4个层次。

### 1. 第0级：没有备援中心

这一级容灾备份实际上没有灾难恢复能力，它只在本地进行数据备份，并且被备份的数据只在本地保存，没有备往异地。

### 2. 第1级：本地磁盘备份，异地保存

在本地将关键数据备份，在异地保存。灾难发生后，按照预定方式恢复程序、恢复系统和数据。这种方案成本低、易于配置。但当数据量增大时，存在存储介质难管理的问题，并且当灾难发生时存在大量数据难以及时恢复的问题。为了解决此问题，灾难发生时，应先恢复关键数据，后恢复非关键数据。

### 3. 第2级：热备份站点备份

在异地建立一个热备份点，通过网络进行数据备份，也就是通过网络以同步或异步方式，把主站点的数据备份到备份站点，备份站点一般只备份数据，不承担业务。当出现灾难时，备份站点接替主站点的业务，从而维持业务运行的连续性。

### 4. 第3级：活动备援中心

在相隔较远处分别建立两个数据中心，它们都处于工作状态，并进行相互数据备份。当某个数据中心发生灾难时，另一个数据中心接替其工作任务。这种级别的备份根据实际要求和投入资金的多少，又可分为两种。

（1）两个数据中心只限于关键数据的相互备份。

（2）两个数据中心互为镜像，即零数据丢失等。

零数据丢失是目前要求最高的一种容灾备份方式，它要求不管什么灾难发生，系统都能保证数据的安全。所以，它需要配置复杂的管理软件和专用的硬件设备，需要的投资相对而言是最多的，但恢复速度也是最快的。

## 7.6.3　常见的容灾方案

目前有很多种容灾技术，分类也比较复杂。但总体上可以区分为离线式容灾（冷容灾）和在线式容灾（热容灾）两种类型。

### 1. 离线式容灾（冷容灾）

离线式容灾主要依靠备份技术来实现，其重要步骤是：将数据通过备份系统备份到磁带中，之后将磁带运送到异地保存管理。这种方式主要由备份软件来实现备份和磁带的管理，除了磁带的运送和存放外，其他步骤可实现自动化管理。整个方案的部署和管理比较简单，相应投入的成本也较少。但缺点也比较明显：由于采用磁带存放数据，所以数据恢复较慢，而且备份窗口内的数据都会丢失，实时性比较差。对于资金受限、对数据恢复的RTO和RPO要求较低的用户可以选择这种方式。

### 2. 在线式容灾（热容灾）

在线式容灾要求用户工作中心和灾备中心同时工作，用户工作中心和灾备中心之间有传输链路连接。数据自用户工作中心实时复制传送到灾备中心。在此基础上，可以在应用层进行集群管理，当用户工作中心遭受灾难、出现故障时，可由灾备中心自动接管并继续提供服务。应用层的管理一般由专门的软件来实现，可以代替管理员实现自动管理。由上述分析可见，实现在线式容灾的关键是数据的复制。

## 7.6.4　容灾数据复制

数据复制的技术有很多种，从实现复制功能的设备分布上可大体分为3层：服务器层、存储交换机层和存储层。

### 1. 服务器层

在用户工作中心和灾备中心的服务器上安装专用的数据复制软件，以实现远程复制功能。两中心之间必须有网络连接作为数据通道。可以在服务器层增加应用远程切换功能软件，从而构成完整的应用级容灾方案。这种数据复制方式相对投入较少，主要是软件的采购成本。另外，其兼容性较好，可以兼容不同品牌的服务器和存储设备，较适合硬件组成复杂的用户。但这种方式要在服务器上运行软件，不可避免地对服务器性能产生影响。

### 2. 存储交换机层

存储交换机技术的发展使交换机可以实现更多的功能，很多原来由服务器和存储设备实现的功能现在也可在交换机层实现，如存储虚拟化。由于交换机可以管理和复制的数据是存放在存储层的，因此用户需要将数据都存储在交换机所连接的存储设备中，这样就可以实现交换机对数据的管理和复制。目前采用这种方案的用户比较少。

### 3. 存储层

远程数据复制功能几乎是现有中高端产品的必备功能。要实现数据复制，需要在用户工作中心和灾备中心都部署一套这样的存储系统，数据复制功能由存储系统实现。距离比较近（几十千米之内）时，两中心之间的链路可由两中心的存储交换机通过光纤直接连接；距离在200 km内时，可通过增加DWDM等设备直接进行光纤连接；距离超过200 km时，则可增加存储路由器进行协议转换，途经WAN或因特网实现连接。因此，从理论上说可实现无限制连接。在存储层实现数据复制功能是很成熟的技术，而且对应用服务器的性能基本没有影响。在应用层增加远程集群软件后就可以实现自动灾难切换的整体容灾解决方案。这种容灾方案稳定性高，对服务器性能基本无影响，是目前容灾方案的主流选择。

## 7.6.5 容灾检测及数据迁移

对于一个容灾系统来讲，在灾难发生时，尽早地发现生产系统端的灾难，尽快地恢复生产系统的正常运行或者尽快地将业务迁移到备用系统上，都可以将灾难造成的损失降到最低。除了依靠人力来对灾难进行确定之外，对于系统意外停机等灾难，还需要容灾系统能自动地检测灾难的发生，目前容灾系统的检测技术一般采用“心跳”技术。

“心跳”技术的一种实现方法是：生产系统在空闲时每隔一段时间向外广播一下自身的状态，检测系统在收到这些“心跳信号”之后，便认为生产系统是正常的。若在设定的一段时间内没有收到“心跳信号”，检测系统便认为生产系统发生了灾难。“心跳”技术的另外一种实现方法是：每隔一段时间，检测系统就对生产系统进行一次检测，如果在设定的时间内，被检测的系统没有响应，则认为被检测的系统发生了灾难。“心跳”技术中的关键点是“心跳”检测的时间和时间间隔周期。如果间隔周期短，会给系统带来很大的开销。如果间隔周期长，则无法及时地发现故障。

## 课后作业

### 一、单选题

1. 计算机病毒可以通过（ ）进行传播。

A. 呼吸　B. 空气

C. 网络　D. 血液

2. 常见的数据备份形式不包括（ ）。

A. 完全备份　B. 最小备份

C. 增量备份　D. 差量备份

### 二、多选题

1. 常见的数据存储介质包括（ ）。

A. 磁盘　B. U盘

C. 光盘　D. 网络备份

2. 常见的RAID技术有（ ）。

A. RAID 0　B. RAID 1

C. RAID 5　D. RAID 0+1

3. 数据容灾方案分为（ ）。

A. 离线式容灾　B. 扩充式容灾

C. 最小化容灾　D. 在线式容灾

### 三、简答题

1. 简述数据备份的形式及区别。
2. 简述RAID几种技术的原理。
3. 简述服务器集群技术。
4. 简述数据容灾的等级划分。

# 第8章 无线局域网的安全管理

## 内容概要

局域网是读者接触最多的网络类型，由于无线技术的发展，局域网也升级为无线局域网，但两者的基本结构和协议大致相同。无线局域网的安全直接关系到用户的信息安全。本章着重介绍无线局域网的安全管理技术。

## 知识要点

无线局域网简介。

无线局域网的结构。

无线局域网的安全管理。

无线密码的安全。

# 8.1 无线局域网简介

无线局域网包括用户周边的家庭局域网、公司局域网，另外还包括商场、医院、学校等公共场所的局域网。

## 8.1.1 局域网

无线局域网是在局域网的基础上添加无线功能，让无线客户端可以方便地加入到局域网中，共享上网或共享局域网资源。

### 1. 局域网

局域网是在一个相对的小范围内，一般在10 km以内，通过局域网技术，将各种计算机、网络设备连接起来组建而成的网络，主要用于实现共享上网、共享文件、共享打印、远程管理等功能。

局域网的特点是分布距离近、范围较小、用户较少、传输速度快、组建费用较低、易于实现、维护方便，传输速度大约为100 Mbit/s～1 000 Mbit/s。

根据网络所覆盖的范围和采用的技术，范围较广的还有城域网以及范围最大的广域网。

### 2. 局域网的结构

局域网从逻辑拓扑结构上可以分为以下几种。

（1）总线型拓扑。

采用一根信号线（通常为同轴电缆）进行连接，所有的站点直接连接到该总线上。总线型拓扑上的所有设备都使用广播进行通信，每个时间点只有一台设备可以发送数据，其他节点都可以收到该数据，接收后发现不是自己的数据就丢弃。

（2）环形拓扑。

整个局域网呈环形状态，也就是常说的令牌环局域网。在同一时间，只有持有“令牌”的设备可以发送数据，发送完毕后，将“令牌”发给下一台设备。环形拓扑的特点有：不需要网络设备、实现较容易、投资少。在环形网络中，数据流是单方向传递的，每个收到数据包的站点都会向其下游传递数据包。和总线型结构类似，任何一个节点出现了故障，整个网络就处于瘫痪状态。环形网维护起来也非常困难，排除故障难度较高，而且电缆的连接并非像网线一样，容易产生接触不良。如果要添加设备，势必要造成网络中断。

（3）星形拓扑。

由中心节点的网络设备（一般是交换机）和周围节点的各种终端设备所组成，终端设备之间的通信需要通过中心节点的网络设备进行数据转发。星形拓扑的特点是容易实现，传输介质通常为双绞线（网线），较便宜；节点容易扩充，用网线连接新设备即可；如果某个节点发生故障，可以随时将该节点拆除。但星形拓扑对中心节点的依赖程度较高，中心节点的网络设备发生故障，整个网络就会瘫痪。

星形拓扑是现在主流的局域网拓扑结构，广泛应用在家庭、企业中。如果使用的是无线路由器，那么各无线终端与无线路由器之间的逻辑关系也类似于星形拓扑。

（4）树形拓扑。

树形拓扑结构从本质上来说，是一种多层次的星形结构，常见于一些大中型局域网中，设备较多，网络需求较高，业务多，用户多，需要进行分层管理的情况。树形拓扑结构组建成本较低，非常容易扩充，采用一些交换机技术后，可以进行线路的备份冗余，稳定性和安全性都非常高。其中节点损坏或者某网络设备出现故障后，可以快速定位故障点，排除故障较容易，如果出现问题也可将影响降到最低。相对于小型局域网环境，设备选择方面都需要企业级别，且需要对设备进行专业设置、部署、调试，需要专业的网络维护人员进行维护，会增加一定的企业成本。

### 3. 局域网的主要设备

局域网的主要设备包括路由器、交换机、服务器以及各种网络终端。

### 4. 局域网的主要技术

根据所使用的介质和拓扑结构，可以采用多种技术组建局域网。

（1）以太网技术。

以太网是最为常见的局域网技术，现在使用的绝大部分局域网都采用以太网技术。电气与电子工程协会在IEEE 802.3标准中，制定了以太网的技术标准，包括物理层的连线、电子信号和介质访问层协议的内容。现在的以太网分成两种，一种是经典以太网（总线型），另一种是交换式以太网。

（2）令牌环网技术。

令牌环网主要采用令牌环拓扑结构，最早用于IBM的网络系统中，现在比较少见了。令牌环网的网速也可以达到100 Mbit/s。介质可以是屏蔽双绞线、非屏蔽双绞线和光纤等。

（3）FDDI网技术。

光纤分布式数据接口（FDDI）是在光缆中发送数字信号的一组协议。FDDI使用双环令牌，传输速率可以达到100 Mbit/s。由于支持高宽带和远距离通信网络，FDDI通常用作骨干网，FDDI用得最多的是用作校园环境的主干网。这种环境的特点是站点分布在多个建筑物中，FDDI也常被用于城域网。

FDDI网络的抗干扰性和保密性较好，可靠性高，支持的范围较大，但造价较高。

（4）ATM网技术。

ATM是以信元为基础的一种分组交换和复用技术，适用于局域网和广域网。因其是一种为了多种业务设计的、通用的、面向连接的传输模式，具有高速数据传输速率和支持多种类型的数据通信，如声音、数据、传真、实时视频、图像等数据类型。ATM采用面向连接的传输方式，将数据分割成固定长度的信元，通过虚连接进行交换。ATM集交换、复用、传输为一体，在复用上采用的是异步时分复用方式，通过信息的首部或标头区分不同信道。

（5）无线局域网技术。

无线局域网技术是一种利用射频技术进行数据传输的系统。因为无线终端的大规模普及，无线技术也被大范围地应用。无线技术的优点就在于摆脱了有线通信的束缚，可以在无线覆盖范围内的任意位置添加或删除节点。而缺点是：一方面，无法达到有线网络的稳定性，发生丢包的可能性更大，而且延时、不稳定；另一方面，无线信号有衰减，尤其是在穿透墙壁时。

## ■8.1.2 无线局域网

无线局域网可以在局域网中添加无线技术，或者单纯使用无线技术组建无线局域网。下面介绍无线网络及无线局域网。

### 1. 无线局域网简介

无线局域网（wireless local area network，WLAN），指应用无线通信技术将计算机设备互联起来，构成可以互相通信和实现资源共享的网络体系。无线局域网本质的特点是不再使用通信电缆将计算机与网络连接起来，而是通过无线的方式连接，从而使网络的构建和终端的移动更加灵活。

目前无线局域网已经遍及社会生活的方方面面：家庭、学校、办公楼、体育场、图书馆、公司、大型企业等都有无线技术的身影。另外，无线网络还可以解决一些有线技术难以覆盖或者布置有线线路成本过高的地方，如山区、河流、湖泊以及一些危险区域。

### 2. 无线局域网与无线网络

无线局域网属于无线网络的一种，无线网络所采用的通信技术、覆盖规模和应用领域各不相同，因此存在多种分类方法。按照网络组织形式，可分为有结构网络和自组织网络。有结构网络具备固定的通信基础设施，负责无线终端的接入与认证，并提供网络服务，如无线蜂窝网和无线城域网等；自组织网络按照自发形式组网，不存在统一管理机制，各节点按照分布式策略协同提供服务，包括移动Ad Hoc网络和传感器网络。相比较而言，由于缺乏网络架构和统一管理机制的支持，自组织网络（尤其是传感器网络）面临着更大的安全与隐私风险。

按照覆盖范围、传输速率和用途的不同，无线网络又可以分为无线广域网、无线城域网、无线局域网和无线个人区域网。

- 无线广域网主要是指覆盖区域较大的蜂窝通信网络或卫星通信网络，可以实现远距离通信，代表技术有传统的GSM网络、GPRS网络、3G网络、4G网络和5G网络。
- 无线城域网是指在城市中通过移动电话或车载电台进行通信的无线网络，它的服务区范围高达50 km。IEEE为无线城域网推出了802.16标准。
- 无线局域网是相当便利的数据传输系统，利用射频技术取代双绞铜线所构成的局域网络。
- 无线个人区域网是一种小范围无线网，主要技术有IEEE 802.11和蓝牙，最大传输距离为0.1～10 m，最高数据传输速率为10 Mbit/s。

### 3. 无线局域网的设备

在家庭或企业的无线局域网中，无线设备包括以下几种。

（1）无线路由器。

无线路由器将无线功能加到路由器中，除了可以实现路由器的正常功能外，还可以为无线设备提供接入点。在家庭或小型企业中，无线路由器可以作为网络的中心和网关。

（2）无线网卡。

无线网卡是无线通信所必需的设备，用来将计算机的电信号转化为无线信号，在设备间传输数据。

（3）无线AP。

无线接入点（wireless access point，无线AP），是无线网与有线网之间沟通的桥梁，也是各种终端接入到无线的接入点，是组建无线局域网的核心设备。它主要用于宽带家庭、楼宇内部以及园区内部，典型覆盖距离在几十千米至上百千米，目前主要技术为802.11系列。大多数无线AP还带有接入点客户端模式，可以和其他AP进行无线连接，扩展了网络的覆盖范围。

（4）无线AC。

无线接入控制器（wireless access point controller，无线AC），主要用来集中化控制无线AP，是管理AP所必需使用的硬件。它负责把来自不同AP的数据进行汇聚并接入因特网，同时完成AP设备的配置管理、无线用户的认证、管理及宽带访问、安全等控制功能；另外，还提供DHCP功能、自动信道调整、WPA2安全机制、AP定时重启、AP自动统一升级、AP统一配置和管理、AP批量编辑、AP分组管理等，这些都是经常使用的功能。

（5）无线网桥。

无线网桥利用无线传输方式可实现在两个或多个网络之间通信桥梁的搭建，无线网桥从通信机制上分为电路型网桥和数据型网桥。无线网桥除了具备有线网桥的基本特点之外，无线网桥工作在2.4 GHz或5.8 GHz的免申请无线执照的频段，因而比其他有线网络设备更方便部署。一般在楼宇大厦顶部、信号塔上都可以发现无线网桥的身影。无线网桥根据不同的品牌和性能，可以实现几百米到几十千米的传输。很多监控都使用无线网桥进行视频传输。

## ■8.1.3 无线局域网技术的分类

无线局域网工作于2.5 GHz或5 GHz频段，是很便利的数据传输系统，它利用射频技术取代原有比较碍手的双绞线所构成的有线局域网络。WLAN是介于有线传输和移动数据通信网之间的一种技术，可提供给用户高速的无线数据通信。

WLAN用户通过一个或多个无线接入点接入无线局域网。WLAN最通用的标准是IEEE 802.11系列标准。由于WLAN是基于计算机网络与无线通信的技术，在计算机网络结构中，逻辑链路控制层及其之上的应用层对不同物理层的要求可以相同，也可以不同，因此物理层和媒介访问控制层是WLAN标准的主要针对对象。在WLAN高速发展的同时，众多厂商和运营商非常关注的一个问题便是WLAN的标准，究竟WLAN最终会采取哪种技术作为主流标准直接影响到企业今后的决策走向。目前的WLAN产品所采用的技术标准主要有蓝牙、HomeRF、HiperLAN、IEEE 802.11等。

### 1. 蓝牙

蓝牙是一个短距离的开放性无线通信标准，设计者的初衷是用隐形的连接线代替线缆，它的出现不是为了竞争而是为了互补。利用蓝牙技术能够有效地简化移动通信终端设备之间的通信，也能成功地简化设备与因特网之间的通信，从而使数据传输变得更加迅速高效，为无线通信拓宽道路。蓝牙的目标和宗旨是保持联系，不靠电缆，拒绝插头，并以此重塑人们的生活方式。在发射带宽为1 MHz时，其有效数据速率为721 kbit/s，最高数据速率可达1 Mbit/s。由于采用低功率时分复用方式工作发射，其有效传输距离约为10 m，加上功率放大器时，传输距离可扩大到100 m。蓝牙数据在某个载频的某个时隙内传输，不同类型数据占用不同的信道。蓝牙不仅采用了跳频扩谱的低功率传输，而且还使用鉴权和加密等方法提升通信的安全性。

### 2. HomeRF

HomeRF是专门为家庭用户设计的WLAN技术标准，是IEEE 802.11与DECT的结合，旨在降低语音数据成本。HomeRF采用跳频扩频方式，可以同时使4个高质量的语音信道通信，可以使用时分复用进行语音通信，也可以通过CSMA/CA协议进行数据通信业务。

目前，HomeRF标准工作频段为2.4 GHz，跳频带宽为1 MHz，最大传输速率为2 Mbit/s。HomeRF是对现在的无线通信标准的聚合和提升。数据通信时，使用IEEE 802.11标准中的TCP/IP传输协议；语音通信时，使用数字增强型无线通信标准。但是，HomeRF也存在一些问题，如该标准与802.11b相互不兼容，并且使用了802.11b与蓝牙相同的频率段，因此在使用范围上有较大的限制，常用于家庭网络。

### 3. HiperLAN

HiperLAN 1推出时，数据速率较低，没有被人们重视。2000年，HiperLAN 2标准制定完成，HiperLAN 2标准的最高数据速率为54 Mbit/s。HiperLAN 2标准详细定义了WLAN的检测功能和转换信令，用以支持更多无线网络，支持动态频率选择、无线信元转换、链路自适应、多束天线和功率控制等。该标准在WLAN性能、安全性、服务质量QoS等方面也给出了一些定义。

### 4. IEEE 802.11

IEEE 802.11无线局域网标准的制定是无线网络技术发展的一个里程碑。802.11标准的颁布，使得无线局域网在各种有移动要求的环境中被广泛接受。它是无线局域网目前最常用的传输协议，各生产制造商都有基于该标准的无线网卡产品。

## ■8.1.4 IEEE 802.11系列标准与Wi-Fi6

作为全球公认的局域网权威，IEEE 802工作组建立的标准在局域网领域内独领风骚。这些协议包括了802.3 Ethernet协议、802.5 Token Ring协议、802.3z 100BASE-T快速以太网协议。1997年，在历经7年的工作以后，IEEE 发布了802.11协议，这也是在无线局域网领域内的第1个国际上被认可的协议。

现在的WLAN主要以802.11为标准，它定义了物理层和MAC层规范，允许无线局域网内的设备根据协议互相协同工作。在IEEE 802.11系列的常见标准中，802.11a、802.11b、802.11g、802.11n、802.11ac和802.11ax最具代表性。各标准的有关数据参见表8-1所示。

表 8-1 IEEE 802.11系列标准的有关数据

| 协议 | 使用频率 | 兼容性 | 理论最高速率 | 实际速率 |
|---|---|---|---|---|
| 802.11a | 5 GHz | | 54 Mbit/s | 22 Mbit/s |
| 802.11b | 2.4 GHz | | 11 Mbit/s | 5 Mbit/s |
| 802.11g | 2.4G Hz | 兼容b | 54 Mbit/s | 22 Mbit/s |
| 802.11n | 2.4 GHz/5 GHz | 兼容a/b/g | 600 Mbit/s | 100 Mbit/s |
| 802.11ac W1 | 5 GHz | 兼容a/n | 1.3 Gbit/s | 800 Mbit/s |
| 802.11ac W2 | 5 GHz | 兼容a/b/g/n | 3.47 Gbit/s | 2.2 Gbit/s |
| 802.11ax | 2.4 GHz/5GHz | | 9.6 Gbit/s | |

Wi-Fi6即指第6代无线技术——IEEE 802.11ax。IEEE 802.11工作组从2014年开始制订新的无线接入标准802.11ax，并于2019年中正式发布，是IEEE 802.11无线局域网标准的最新版本，提供了对之前的网络标准的兼容，也包括现在主流使用的802.11 n/ac。电气电子工程师学会为其定义的名称为IEEE 802.11ax，负责商业认证的WiFi联盟为方便宣传而将其称为Wi-Fi6。其主要特点有：

- **速度**：Wi-Fi6在160 MHz信道宽度下，单流最快速率为1 201 Mbit/s，理论最大数据吞吐量为9.6 Gbit/s。
- **续航**：路由器可以统一调度无线终端休眠和数据传输的时间，增加睡眠时间，提高设备电池的寿命。
- **延迟**：Wi-Fi6平均延迟降低为20 ms，Wi-Fi5平均延迟是30 ms。

## 8.1.5 无线局域网结构

WLAN一般有两种网络类型：对等网络和基础结构网络，其主要区别是有无固定基站。

### 1. 对等网络

对等网络也叫ad-hoc，由一组安装有无线网卡的计算机组成。这些计算机以相同的工作组名、ESSID和密码等以对等的方式相互直接连接，在WLAN的覆盖范围之内，进行点对点或点对多点之间的通信。

这种组网模式不需要固定的设施，只需要在每台计算机中安装无线网卡就可以实现，因此非常适合用在一些临时网络的组建以及终端数量不多的网络中。

### 2. 基础结构网络

在基础结构网络中，安装有无线接口卡的无线终端，以无线接入点AP为中心，通过无线网桥AB、无线接入网关AG、无线接入控制器AC和无线接入服务器AS等将无线局域网与有线网络连接起来，组建多种复杂的无线局域网接入网络，实现无线移动办公的接入。任意站点之间的通信都需要使用AP转发，终端也要使用AP接入网络。

### 3. 桥接模式

桥接模式也可以叫做混合模式。在该种模式中，AP和节点1之间使用了基础结构的网络，而节点2通过节点1连接AP。

### 4. Mesh网络

Mesh网络，即“无线网格网络”，是一种“多跳”网络，由ad-hoc网络（对等网）发展而来。ad-hoc网络中的每一个节点都是可移动的，并且能以任意方式动态地保持与其他节点的连接。在网络演进的过程中，无线网络是不可缺少的技术，无线Mesh能够与其他网络协同通信，形成一个动态的可不断扩展的网络架构，并且在任意两个设备之间均可保持无线互联。Mesh组网的特点有：

- Mesh组网就是为了解决单一无线路由器无法覆盖到全部范围而采用的一种新型的组网技术，可以很轻松地实现无线覆盖。
- Mesh组网是一种多跳技术，可以实现用户的WiFi设备智能地跳到最合适的天线上。
- Mesh之间一般支持有线/无线组阵列。
- 采用Mesh之间无线回程的时候，会拿出专属信道做Mesh间的联络，极限情况会损失1/2的带宽提供给路由器做内部通信。所以当多个Mesh用无线回程级联几次以后，前后传输速度会相差非常大。
- Mesh和AC+AP，一个是多跳网络、一个是天线管理。

## ■8.1.6 无线局域网的优缺点

无线局域网的优缺点主要是相较于有线网络而言的。

### 1. 无线局域网的优点

- **灵活性和移动性：**在有线网络中，网络设备的安放位置受网络位置的限制，而无线局域网在无线信号覆盖区域内的任何一个位置都可以接入网络，而且在移动的同时能一直与网络保持连接。
- **安装便捷：**无线局域网可以最大程度地减少网络布线的工作量，一般只需要安装几个可以互联的无线接入点设备，就可建立覆盖整个区域的局域网络。
- **易于进行网络规划和调整：**对于有线网络来说，办公地点或网络拓扑的改变通常意味着重新建网。重新布线是一个昂贵、费时、浪费和琐碎的过程，无线局域网可以避免或减少以上情况的发生。
- **故障定位容易：**有线网络一旦出现物理故障，尤其是由于线路连接不良而造成的网络中断，往往很难查明，而且检修线路需要付出很大的代价。无线网络则很容易定位故障，只需更换故障设备，即可恢复网络连接。
- **易于扩展：**无线局域网可以快速地从只有几个用户的小型局域网扩展到上千用户的大型网络，并且能够提供节点间“漫游”等有线网络无法实现的特性。

### 2. 无线局域网的缺点

- **性能：**无线局域网是依靠无线电波进行传输的，电波通过无线发射装置发射，而建筑物、车辆、树木和其他障碍物都可能阻碍电磁波的传输，进而影响网络的性能。
- **速率：**无线信道的传输速率受很多因素影响，与有线信道相比要稍低，适合于个人终端和小规模网络应用。另外，延时和丢包一直是困扰无线网络的问题。
- **安全性：**本质上无线电波不要求建立物理的连接通道，无线信号是发散的。从理论上讲，很容易侦听到无线电波广播范围内的任何信号，造成通信信息外泄。

## 8.2 无线局域网的安全管理

无线局域网的安全关系着无线局域网中各种资源的安全以及数据传输设备的安全。在无线局域网的安全管理中，认证和加密技术是主要的安全手段。

### 8.2.1 无线局域网存在的安全隐患

由于无线信号传输的特殊性，无线局域网在数据传输时，数据信号容易被其他设备所侦听和截获。

#### 1. 假冒攻击

假冒攻击是计算机无线网络应用中存在的一大安全隐患。假冒攻击指的是某个实体假变成无线网络供另一个实体进行访问。假冒攻击是用来对某个安全防线入侵最常用的方法，会导致在无线信道中进行传输的身份信息随时遭受窃听的危险。

#### 2. 无线窃听

由于计算机无线网络中所有的通信内容都是由无线信道传送出去的，所有配备相应设备的人都能从无线网络的无线信道所传送的信息中获取自己所需的信息，因此造成无线网络存在可能遭受无线窃听的隐患。

#### 3. 信息篡改

信息篡改是无线网络应用中最主要的安全隐患之一。所谓信息篡改，指的是攻击者把自己所窃听到的全部信息或部分信息进行修改或删除等行为，另外，信息篡改者还可能会把篡改过的信息发送给原本该接收此信息的人。进行信息篡改只有两个目的：一是恶意破坏合法用户间的通信，阻止合法用户间建立通信连接；二是攻击者把自己篡改过的信息发送给原本的信息接收者，从而致使接收者受骗上当。

#### 4. 重传攻击

重传攻击指的是计算机无线网络的攻击者在窃听到信息的一段时间后才把窃听到的信息发送给原本该接收此信息的接收方。重传攻击的主要目的是对曾经的有效信息在失效的情况下加以利用，从而达到攻击的目的。

### 5. 非法用户接入

所有的Windows操作系统大多具备自动查找无线网络的功能，因此对于那些安全级别低或是不设防的无线网络，只要黑客或未经授权用户对无线网络有一般的基本认识，就能利用最普通的攻击或借助一些攻击工具发现和接入到无线网络。一旦有非法用户接入网络，不仅会占用其他合法用户的带宽，而且有些非法用户还会恶意更改无线网络的路由器设置，从而造成合法用户无法接入无线网络的情况，更有甚者还会入侵他人计算机窃取合法用户的相关信息。

### 6.非法接入点

由于无线局域网具有配置简单和访问便捷的特点，因此导致任何用户的计算机都能利用自己的AP不经授权地接入网络。例如，为了使用方便，有些员工会自己购买AP，不经允许就接入无线网络，这就是非法接入点，并且这些非法接入点只要是在无线信号覆盖的范围内，都能进入或连接企业网络，从而给企业带来巨大的安全风险。

## ■8.2.2 无线局域网安全的关键技术

无线网络技术在实际使用时涉及多个学科，包括密钥管理、路由安全、入侵检测等。本节介绍保障无线局域网安全的关键技术。

### 1. 机密性保护

无线网络在实际应用过程中面临着严重的信息泄露或被篡改的风险。例如，在移动通信领域，手机通信信息可能被泄露；在军事领域，无线传感器被部署在重要区域进行监测，其收集的数据往往携带重要情报信息，如果数据泄露或被篡改将带来严重威胁或造成决策失误；在医疗检测领域，使用无线传感器对病人的心率、血压等重要特征数据进行收集分析时，这些敏感信息可能被泄露。无线网络中数据泄露的威胁将严重影响无线网络的应用发展，因此，研究和解决机密性保护问题对无线网络的大规模应用具有重要意义。保证数据的机密性可以通过有线等效保密（wired eguvalent privacy，WEP）协议、时限密钥完整性协议（temporal key integrity protocol，TKIP）或VPN实现。WEP提供了机密性，但是这种算法很容易被破解。TKIP使用了更强的加密规则，可提供更好的机密性。

### 2. 安全重编程

完全重编程指的是通过无线信道对整个网络进行代码镜像分发并完成代码安装，这是解决无线网络管理和维护的有效途径。因为无线网络通常布置在开阔并且环境恶劣的地方，攻击方可以利用重编程机制的漏洞发起一系列的攻击。例如，攻击方可以通过注入伪造的代码镜像获取整个网络的控制权。安全重编程技术主要解决无线网络中代码更新的验证问题，其目的在于防止恶意代码的传播和安装。安全重编程一直是一个研究热点。

### 3. 用户认证

为了让具有合法身份的用户加入网络并获取其预订的服务，同时能够阻止非法用户获取网络数据，确保无线网络的外部安全，要求网络必须采用用户认证机制以检验用户身份的合法性。用户认证是一种最重要的安全业务，在某种程度上所有其他安全业务均依赖于它。

对于无线网络的认证可以是基于设备的，通过共享的WEP密钥来实现。它也可以是基于用户的，使用可扩展身份验证协议（extensible authentication protocol，EAP）实现。无线EAP认证可以通过多种方式来实现，如EAP-TLS、EAP-TTLS、LEAP和PEAP。在无线网络中，设备认证和用户认证都应该实行，以确保最有效的网络安全性。用户认证信息应该通过安全隧道传输，从而保证用户认证信息交换是加密的。因此，对于所有的网络环境，如果设备支持，最好使用EAP-TTLS或PEAP。

#### 4. 信任管理

作为对基于密码技术的安全手段的重要补充，信任管理在抵御无线网络中的内部攻击，鉴别恶意节点和自私节点，提高系统安全性、公平性、可靠性等方面有着显著的优势。以信任计算模型为核心的信任管理，尤其对于没有构建网络基础设施的自组织网络，提供了一种新的、有效的安全解决方案。

#### 5. 网络安全通信架构

网络通信架构包括网络接入协议及多种网络通信协议。无线网络应用领域的多样性决定了其构成的复杂性。建设安全的无线网络离不开安全的网络通信架构。

### 8.2.3 无线局域网的访问控制技术

无线局域网的访问控制是无线局域网安全的重要组成部分，无线局域网的访问控制技术可以基于以下技术来实现。

#### 1. SSID

服务集标识符（service set identifier，SSID）技术可将一个WLAN分为若干子网，这些子网必须经过独立的不同的身份验证，只有通过身份验证的用户才有接入目标子网的权限。SSID是相邻的AP（无线接入点）的区分标识，无线接入用户必须设定服务集标识符才能和AP通信。尝试连接到无线网络的系统在被允许进入之前必须提供SSID，这是唯一标识网络的字符串。如果出示的SSID与AP的SSID不同，则AP将拒绝其通过本服务器上网。因此，SSID是一个简单的口令，采用提供口令认证机制，实现一定的安全保障。但是，SSID对于网络中的所有用户都是相同的字符串，可以从每个数据包的明文中窃取到它，因此存在一定的安全漏洞。

#### 2. MAC

媒体访问控制（media access control，MAC）用于标识网络中独一无二的物理地址。在WLAN中，可以将其当作客户访问控制的源地址使用。因为每个网卡都有唯一的物理地址与其对应，使用媒体访问控制技术可在无线局域网的每个接入点加入一张有接入权限的用户的MAC地址列表。在请求接入目标网络时，如果MAC地址不属于列表清单，接入点将不允许其接入。虽然没有在802.11标准中得到定义，大多数无线设备制造商都给它们的产品增加了基于MAC地址的访问控制机制，以弥补802.11与生俱来的安全弱点。在使用这类机制的时候，网络管理员需要定义一个允许接入的客户MAC地址表，只有MAC地址被列在这个表中的客户，系统才允许与相应的接入点建立连接。这对小型无线网络来说还算是一种灵活的访问控制机制，但因为它需要网络管理员追踪所有无线客户的MAC地址，在大型网络上就会是一种负担了。

MAC地址并不能提供一种良好的安防机制，因为它很容易被探测和复制。攻击者只需简单地监控目标网络并等到某位合法用户成功地与接入点建立连接，就可以把他自己的MAC地址修改成与那位合法用户相匹配的MAC地址。

### 3. 端口

端口访问控制技术（802.1x）是由IEEE定义的，用于以太网和无线局域网中的端口访问与控制。802.1x引入了点对点协议定义的可扩展身份验证协议，这些协议增强了网络的安全性。当无线工作站与接入点关联后，802.1x的认证结果决定了可否使用接入点提供的服务。如果认证通过，该用户可以接入网络；如果认证失败，则不允许用户接入网络。802.1x不仅具有端口访问控制能力，还具有基于用户的计费和认证系统功能，比较适用于无线接入解决方案。但是，802.1x只使用用户名和口令作为用户认证参考，而用户名和口令在使用或认证过程中可能会外泄，有不安全隐患，而且无线接入点与服务器中间采用共享密钥进行认证，这些共享密钥属于静态手工管理，这种情况使它的安全隐患更为严重。

## ■8.2.4 无线局域网的数据加密技术

在无线局域网中，常见的数据加密技术有WEP、WPA和WAPI等。

### 1. WEP

有线等效保密协议（WEP）可以保护无线局域网链路层的数据安全。WEP使用64位或128位密钥，使用RC4对称加密算法对链路层数据进行加密，从而防止非授权用户的监听和非法用户的访问。有线等效保密协议加密时采用的密钥是静态的，各无线局域网终端接入网络时使用的密钥是一样的。有线等效保密协议具有认证功能，当WEP加密启用后，客户端要连接到AP时，AP会发出一个Challenge Packet给客户端，客户端再利用共享密钥将此值加密后送回存取点以进行认证比对，只有正确无误才能获准存取网络的资源。无线对等保密是802.11标准下定义的一种安全机制，设计用于保护无线局域网接入点和网卡之间通过空气进行的传输。虽然WEP提供了64位或128位密钥，但是它仍然具有很多漏洞，因为用户共享密钥，当有一个用户泄露密钥，将对整个网络的安全性构成很大的威胁。而且由于WEP加密被发现有安全缺陷，可以在几分钟内被破解，因此现在的WEP已经不再是WLAN加密的主流方式。

### 2. WPA

WiFi保护性接入（WiFi protected access，WPA）是在继承了WEP基本原理的同时又克服了WEP缺点的一种新技术。WPA的核心是IEEE 802.1x和TKIP，它属于IEEE 802.11i的一个子集。WPA协议使用新的加密算法和用户认证机制，强化了生成密钥的算法，即使有不法分子对采集到的分组信息深入分析也无济于事，WPA协议在一定程度上解决了WEP破解容易的缺陷问题。而WPA2是Wi-Fi联盟发布的第2代WPA标准。WPA2与后来发布的802.11i具有类似的特性，它们最主要的共性是预验证，即在用户对延迟毫无察觉的情况下实现安全快速漫游。同时采用CCMP加密包代替TKIP，WPA2实现了完整的标准，但不能用在某些陈旧的老网卡上。这两个协议都提供优良的安全能力，但也都有两个明显的问题。

- WPA或WPA2一定要启动并且被选来代替WEP才有用，但是大部分的安装指引都把WEP列为第一选择。
- 在家中和小型办公室中选用“个人”模式时，为了安全的完整性，所用的密钥一定要多于6～8个字符。

WPA加密方式目前有4种认证方式：WPA、WPA-PSK、WPA2和WPA2-PSK。采用的加密算法有两种：AES和TKIP。

- **WPA**：WPA加强了生成加密密钥的算法，因此即便收集到分组信息并对其进行解析，也几乎无法计算出通用密钥。WPA中还增加了防止数据中途被篡改的功能和认证功能。
- **WPA-PSK**：WPA-PSK适用于个人或普通家庭网络，使用预先共享密钥，密钥设置的密码越长，安全性越高。WPA-PSK只能使用TKIP加密方式。
- **WPA2**：WPA2是WPA的增强型版本，与WPA相比，WPA2新增支持AES的加密方式，取代了以往的RC4算法。
- **WPA2-PSK**：与WPA-PSK类似，适用于个人或普通家庭网络，使用预先共享密钥，支持TKIP和AES两种加密方式。

一般在家庭无线路由器设置页面上选择使用WPA-PSK或WPA2-PSK认证类型即可，对应设置的共享密码尽可能长些，并且在用过一段时间之后更换共享密码，可确保家庭无线网络的安全。

### 3. WPA3

WPA3（WiFi protected access 3），是Wi-Fi联盟组织于2018年1月8日发布的WiFi新加密协议，是WiFi身份验证标准WPA2技术的后续版本。

WPA3标准将加密公共WiFi网络上的所有数据，可以进一步保护不安全的WiFi网络。特别是当用户使用酒店或旅游WiFi热点等公共网络时，借助WPA 3创建更安全的连接，让黑客无法窥探用户的流量，难以获得私人信息。尽管如此，黑客仍然可以通过专门的、主动的攻击来窃取数据。但是，WPA3至少可以阻止强力攻击。

WPA3主要有4项新功能。

- 对使用弱密码的人采取“强有力的保护”。如果密码多次输错，将锁定攻击行为，屏蔽WiFi身份验证过程，防止暴力攻击。
- WPA3将简化显示接口受限，能够使用附近WiFi设备作为其他设备的配置面板，为物联网设备提供更好的安全性。
- 在接入开放性网络时，可通过个性化数据加密增强用户隐私的安全性，它是对每个设备与路由器或接入点之间的连接进行加密的一个特征。
- WPA3的密码算法提升至192位的CNSA等级算法，与之前的128位加密算法相比，增加了字典法暴力密码破解的难度，并使用新的握手重传方法。

### 4. WAPI

无线局域网鉴别与保密基础结构（wireless authentication and privacy infrastructure，WAPI）是于2003年在我国WLAN国家标准GB 15629.11—2003中提出的针对有线等效保密协议安全问题的无线局域网安全处理方案。这个方案已经经过IEEE严格审核，并最终取得IEEE的认证，分配了用于WAPI协议的以太类型字段，这也是我国目前在该领域唯一获得批准的协议，同时也是中国无线局域网安全强制性标准。

与WiFi的单向加密认证不同，WAPI是双向都认证，以保证传输的安全性。WAPI安全系统采用公钥密码技术，鉴权服务器负责证书的颁发、验证与吊销等，无线客户端与无线接入点上都安装有AS颁发的公钥证书作为自己的数字身份凭证。当无线客户端登录至无线接入点时，在访问网络之前必须通过AS对双方进行身份验证。根据验证的结果，持有合法证书的移动终端才能接入持有合法证书的无线接入点。

对于个人用户，WAPI的出现最大的好处就是让自己的无线设备从此更加安全。无线局域网传输速度快，覆盖范围广，因此它在安全方面非常脆弱。因为数据在传输的过程中都暴露在空中，很容易被别有用心的人截取数据包。虽然3COM、安奈特等国外厂商都针对802.11制定了一系列的安全解决方案，但总的来说并不尽人意。

WiFi加密技术经历了WEP、WPA、WPA2的演化，每次演化都极大地提高了安全性和被破解难度，然而由于其单向认证的缺陷，这些加密技术均已经被破解并公布。WPA于2008年被破解，WPA2则于2010年上半年被黑客破解并在网上公布。

而WAPI由于采用了更加合理的双向认证加密技术，比802.11更为先进，WAPI采用国家密码管理局批准的公开密钥体制的椭圆曲线密码算法和对称密钥体制的分组密码算法，实现了设备的身份鉴别、链路验证、访问控制和用户信息在无线传输状态下的加密保护。此外，WAPI从应用模式上分为单点式和集中式两种，可以彻底扭转目前WLAN采用多种安全机制共存且互不兼容的现状，从根本上解决了安全问题和兼容性问题。所以，我国强制性地要求相关商业机构执行WAPI标准，以便更有效地保护用户的数据安全。

## 8.2.5 提高无线局域网安全的主要方法

提高无线网络安全的方法有多种，针对不同的情况采用不同的方法，也可以多种方法相结合。

### 1. 使用高级的无线加密协议

不要使用WEP，大多数没有经验的黑客都能够迅速和轻松地突破WEP加密。若使用WEP，则应立即升级到具有802.1x身份识别功能的802.11i的WPA2协议，有条件的用户也可以使用更高级的WPA3协议。有不支持WPA2的老式设备和接入点，要设法进行固件升级，或者直接更换设备。要破解WPA2协议需要很长的时间，破解工具也需要复杂的参数配置，成功率也低很多。再结合其他的安全设置，即可以提高网络的安全性。在设置加密方式时，可以使用WPA2-PSK加密，设置PSK可以降低拒绝服务攻击和防止外部探测。然而，传统的PSK是共享给每位用户的，没法跟踪或对单独的用户取消跟踪。但有些产品提供动态PSK给每位用户，如Ruckus DPSK和Aerohive PPSK可以解决这类问题。

### 2. 禁止非授权的用户联网

无线网络和有线网络虽然都是计算机网络，但有很大的区别。无线网络是放射状的，不存在专有线路连接，比有线网络更容易识别和连接。因此，保证无线网络的安全比有线网络更加困难。保证无线连接安全的关键是禁止非授权用户访问无线网络，即安全的接入点对非授权用户是关闭的，非授权用户将无法接入网络。

### 3. 禁用动态主机配置协议

动态主机配置协议（DHCP）在很多网络中被普遍使用，给网络管理提供了便利条件，但也会给网络带来安全风险，因此应该禁用动态主机配置协议。采用这个策略后，即使黑客能使用你的无线接入点，但因为不知道IP地址等信息，会增加黑客破解无线网络的难度，因此即可提高无线网络的安全性。

### 4. 禁止使用或修改SNMP的默认设置

SNMP是简单网络管理协议，如果无线接入点支持这个协议，那么应该禁用此协议或修改初始配置，否则黑客可以利用这个协议获取无线网络的重要信息并进行攻击。

### 5. 尽量使用访问列表

为了更好地保护无线网络，可以设置一个访问列表，使无线路由器只允许在规则内的MAC地址设备进行通信，或者禁止黑名单中的MAC地址访问。启用MAC地址过滤，无线路由器会拦截禁止访问的设备所发送的数据包，将这些数据包丢弃。因此，对于恶意攻击的主机，即使变换IP地址也无法进行访问。但这项功能并不是所有无线接入点都会支持，并且需要输入过滤的MAC地址，工作量很大。支持访问列表功能的接入点设备可以利用简单文件传输协议（TFTP）定期自动地下载更新访问列表，从而减少管理人员的工作量。

### 6. 改变SSID号并且禁止SSID广播

SSID是无线接入的身份标识，是无线网络用于无线服务连接的一项功能，用户通过它连接到无线网络。为了能够连接成功并进行通信，无线路由器和访问设备必须使用相同的SSID。这个身份标识是由通信设备制造企业出厂时设置的，都有其默认值。在使用出厂设置的默认值的情况下，在设备使用中无线路由器广播其SSID号，任何在此设备覆盖范围内的无线访问设备都可以获得SSID信息，使用此SSID对接入设备进行配置后，可以实现与无线路由器进行通信。黑客可以未经授权轻松连接无线网络。虽然大部分无线路由器都有禁用SSID广播的功能，但仍需要将每个无线接入点设置一个唯一且难以推测的SSID，同时禁止SSID广播。这样，无线网络就可以限制未授权的连接，只有知道SSID的用户才能进行连接，而且功能使用正常，只是它不会出现在搜索到的名单中，需要手动设置来连接到无线网络。

### 7. 修改无线网络的管理账户和密码

有很多用户在使用无线网络的时候自己修改了相关的安全设置，但是忽略了对管理账户和密码的修改，这给网络安全带来了隐患。因此，在对无线网络进行安全设置时，先要对管理账号和密码进行修改。

### 8. 将IP地址和MAC地址绑定

在设置安全策略时，可以使用静态IP，并给MAC地址指定IP值进行绑定。如果IP地址和MAC地址不完全相同，设备会禁止访问，如此可以降低安全风险。

### 9. 修改接入点设备的接入IP地址

路由器厂商在生产设备时会设置默认的LAN接入IP地址，很多设备的LAN接入IP地址为192.168.1.1或192.168.0.1，这样的接入IP地址如果不进行修改很容易被攻击者利用，通过嗅探和扫描很容易发现网络的漏洞。因此，在设置无线网络安全时，可以将这个IP地址修改为其他值，如192.168.50.1，攻击者将无法获取接入IP地址，攻击无线网络的难度也增加了。

### 10. 保护网络组件的物理安全

计算机安全并不仅仅涉及最新的技术和加密，保护网络组件的物理安全同样重要。要保证接入点设置在平常接触不到的地方，如吊顶上方，或考虑把接入点放置在一个隐秘的地方，然后在一个最佳地点使用一个天线。如果放置在不安全的地点，就有可能被别有用心的人接触到，产生设备损坏、重置、入侵的风险。

有了以上这些策略，无线网络便可以放心地提供给用户、合作伙伴、客户以及其他授权的用户使用，而不用过多担心安全问题了。

## ■8.2.6 接入无线局域网的安全注意事项

除了提高无线局域网本身的安全性外，作为个人来说，接入公开的无线信号时也要注意安全，因为有可能此时的无线设备已经被黑客控制，用来获取接入者的信息。

### 1. 谨慎使用WiFi

官方机构提供的而且有验证机制的WiFi，可以找工作人员确认后连接使用。其他可以直接连接且不需要验证密码的公共WiFi风险较高，背后有可能是钓鱼陷阱，尽量不要使用。

### 2. 避免使用网银

除非能确认所处网络非常安全，千万不要发送银行卡号及密码、机密电子邮件或其他比较敏感的数据。如果在浏览器的状态栏右侧看到有一个“锁”的图标，以及地址栏中的URL是以“https”开头，这样就能确定这些站点已经加密。使用公共场合的WiFi热点时，尽量不要进行网络购物和网银的操作，避免重要的个人敏感信息遭到泄露，甚至被黑客攻击。

### 3. 养成良好习惯

手机会把使用过的WiFi热点都记录下来，如果WiFi开关处于打开状态，手机就会不断向周边进行搜寻，一旦遇到同名的热点就会自动进行连接，存在被钓鱼的风险。因此，当进入公共区域后，尽量不要打开WiFi开关，或者把WiFi调成锁屏后不再自动连接，避免在自己不知道的情况下连接上恶意WiFi。

### 4. 警惕钓鱼网站

有不少账户被盗的案例其实是因为访问了钓鱼网站。这些网站伪装成正规的银行页面或支付页面，骗取用户输入的账户名和密码，而这未必一定需要通过WiFi热点这种方式实现，任何上网的方式都有可能上当。不过，公共的WiFi确实提供了植入钓鱼网站的机会，利用ARP欺骗可以在用户浏览网站时植入一段HTML代码，使其自动跳转到钓鱼网站。从这个角度说，公共WiFi网络提供了一个便利的钓鱼环境。

避免被钓要注意使用安全。一方面，需要对别人发来的网络地址多留心，因为这个地址可能非常接近如淘宝、网上银行域名地址，打开的页面也几乎和真实页面完全一致，但实际用户进入的是一个伪装的钓鱼网站；另一方面，尽量选择具有安全认证功能的浏览器，有些浏览器能够自动提示打开的页面是否安全，避免进入钓鱼网站。对于智能手机用户，在下载和交易有关的客户端软件时尽量选择官方下载，不要安装来历不明的客户端。

## 8.3 无线密码的安全

无线密码的安全关系到无线局域网的安全，了解常见的密码破解方法，可及时发现并防范安全风险。

### 8.3.1 暴力破解

WEP这种加密方式，属于明文密码，很容易读取到，所以已经被淘汰了。而WPA-PSK/WPA2-PSK加密方式传输的密码是经过加密的，只能通过暴力破解。而暴力破解，一般基于密码字典，通过运算后进行比对。

大部分的无线密码破解，都是基于无线握手包的暴力破解，所谓握手包是终端与无线设备（无线路由器）之间进行连接及验证所使用的数据包。所以黑客在使用工具侦听整个过程捕获到双方的数据后，再通过暴力破解，计算出PSK，也就是密码。

破解的过程并不是单纯地使用密码尝试连接，而是在本地对整个握手过程中需要的PSK进行运算。前提是在终端在侦听过程中，有客户端进行连接也就是有握手的过程，才能捕获握手包。如果此时没有突发的连接，破解工具还可以强制连接的某终端断开连接，然后其会重新连接，这样就能抓取到握手包了。

将握手包抓取后在本地破解有很多优势，这是由于虽然现在路由器没有验证码，但是考虑到路由器策略，如有些路由器可以设置拒绝这种高频连接。最重要的是效率问题，在本地进行模拟破解，只要硬件够强，每秒可以比对相当多的字典条目，这是在线破解远远不能比拟的。

暴力破解经常使用的工具是Aircrack -ng，一款用于破解无线802.11 WEP及WPA-PSK加密的工具，是一个包含了多款工具的无线攻击审计套装。整个破解过程如下：

#### 1. 启动网卡的侦听模式

启动网卡的侦听后，可以对无线信号进行扫描，获取无线路由器的MAC地址、信道、验证方式等，如图8-1所示。

```
CH 14 ][ Elapsed: 36 s ][ 2021-06-18 11:29

BSSID              PWR  Beacons    #Data, #/s  CH   MB   ENC CIPHER  AUTH ESSID

F8:8C:21:06:78:70  -40       17        1    0  11  540   WPA2 CCMP   PSK  FAST_310
78:02:F8:30:F0:53  -40       13        0    0  11  180   WPA2 CCMP   PSK  mytest
3C:F5:CC:1F:8E:45  -52       13        0    0   1  270   OPN              <length:  0>
AC:9E:17:A7:31:40  -59       12        5    0   4  195   WPA2 CCMP   PSK  lanxinhaibim
A8:E5:44:A7:AD:81  -59       15        0    0  11  130   WPA2 CCMP   PSK  <length:  0>
A8:E5:44:A7:AD:7D  -59       11        0    0  11  130   WPA2 CCMP   PSK  <length:  0>
A8:E5:44:A7:AD:7C  -59       15        2    0  11  130   WPA2 CCMP   PSK  BIM
3C:F5:CC:1F:8E:47  -63       13        1    0   1  270   WPA2 CCMP   PSK  qvit-wireless
E8:A1:F8:45:7A:28  -64       10        0    0   4  130   WPA2 CCMP   PSK  ChinaNet-UYaY
74:B7:B3:41:D2:B4  -63       14        0    0   2  130   WPA2 CCMP   PSK  ChinaNet-zxdA
D8:38:0D:4B:EB:61  -62       20        9    0   3  270   WPA2 CCMP   PSK  qvkj257
B8:DD:71:28:DE:E7  -66        2        0    0   4  360   WPA2 CCMP   PSK  yunxuntong1
0C:83:9A:27:EE:75  -66        2        0    0   6  360   WPA2 CCMP   PSK  <length:  0>
DC:71:37:D8:67:28  -66        9        0    0   9  130   WPA2 CCMP   PSK  ChinaNet-LVLb
```

图 8-1 侦听网卡

## 2. 抓取握手包

通过命令让网卡侦听并从新连接的设备的连接验证中，抓取到握手包，存储在本地，如图8-2所示。

```
└─# airodump-ng -c 11 --bssid 78:02:F8:30:F0:53 -w /home wlan0
13:38:02  Created capture file "/home-01.cap".

 CH 11 ][ Elapsed: 4 mins ][ 2021-06-18 13:42 ][ WPA handshake: 78:02:F8:30:F0:53

 BSSID              PWR RXQ  Beacons    #Data, #/s  CH   MB   ENC CIPHER  AUTH ESSID

 78:02:F8:30:F0:53  -34  43     1254      219    1  11  180   WPA2 CCMP   PSK  mytest

 BSSID              STATION            PWR   Rate    Lost    Frames  Notes  Probes

 78:02:F8:30:F0:53  98:FA:E3:F0:5A:B9  -32    1e- 6   296      221  EAPOL  mytest
Quitting...
```

图 8-2 抓取握手包

如果此时没有新加入设备，可以通过命令查看到该路由器接入的设备，并可以踢掉该设备，让其重新连接从而获取到握手包，如图8-3所示。

```
CH 11 ][ Elapsed: 10 mins ][ 2021-06-18 14:30 ][ WPA handshake: A8:E5:44:A7:AD:7C

BSSID              PWR RXQ  Beacons    #Data, #/s  CH   MB   ENC CIPHER  AUTH ESSID

A8:E5:44:A7:AD:7C  -61  13     2718     1627    3  11  130   WPA2 CCMP   PSK  BIM

BSSID              STATION            PWR   Rate    Lost    Frames  Notes  Probes

A8:E5:44:A7:AD:7C  30:B4:9E:EA:CE:DF  -62   1e- 1e     0      452
A8:E5:44:A7:AD:7C  F8:E7:A0:93:40:11  -68   1e- 1      0     3574
A8:E5:44:A7:AD:7C  28:33:34:F4:FC:75  -68   1e- 1      0      370
A8:E5:44:A7:AD:7C  04:79:70:96:45:A9  -72   1e- 1e     0      308
A8:E5:44:A7:AD:7C  A8:9C:ED:27:6D:E3  -72   1e- 6e     0       51
A8:E5:44:A7:AD:7C  1C:CC:D6:CA:63:80  -70   1e- 1e     8        8
A8:E5:44:A7:AD:7C  1C:CC:D6:CA:5D:D2  -76   1e- 1e     0      265
A8:E5:44:A7:AD:7C  84:0D:8E:08:DE:48  -76   0 - 1e     0        5
```

图 8-3 重新连接并获取握手包

使用该功能也可以让某些无线终端无法正常联网。如果你的无线信号被莫名其妙地踢掉，经常反复连接路由器，此时就需要小心是否是有人在恶意破解了。

### 3. 暴力破解

握手包被抓取并保存到本地后，就可以使用暴力破解工具和有效字典的组合来破解密码了。因为没有验证码也不存在在线破解的响应问题，所以破解效率极高。如果密码字典正好有该密码，则会显示出来，如图8-4所示。

```
                              Aircrack-ng 1.6

[00:00:00] 4/8 keys tested (43.33 k/s)

Time left: 0 seconds                                          50.00%

                        KEY FOUND! [ 87654321 ]


Master Key     : E4 7B 98 1C EF 3F 80 D6 08 25 0D 0F CA 63 15 21
                 5D 1B 31 1D A8 08 C0 61 30 EA C3 91 72 BE 5F E8

Transient Key  : 85 65 48 4A A1 B5 E8 8E D2 1D 5C D1 AC EF 08 1F
                 EE FC 47 56 3E 29 5B B9 D8 D9 9F E6 12 37 10 03
                 27 69 BD FF 87 7E 5F 18 47 60 00 00 00 00 00 00
                 00 00 00 00 00 00 00 00 00 00 00 00 00 00 00 00

EAPOL HMAC     : E5 10 2B 54 26 BD 81 4A C0 0E 54 D1 CC E9 07 15
```

图 8-4　暴力破解

由以上过程可以推出，即使被获取到握手包，但如果密码非常复杂，也会很难破解，或者说破解时间需要非常久。

## ■8.3.2　伪装及钓鱼

这种方式不牵扯暴力破解，而是诱导用户自己填写并获取密码，常用的软件是Fluxion。Fluxion是一个无线破解工具，原理及步骤如下：

步骤 01 扫描WiFi信号。

步骤 02 抓取握手包。

步骤 03 使用WEB接口。

步骤 04 模拟成一个假的AP来模拟正常的接入点，如图8-5所示。

```
[-----------------------------------------------------------------]
[                                                                 ]
[            FLUXION 6.9     < Fluxion Is The Future >            ]
[                                                                 ]
[-----------------------------------------------------------------]


[*] 请选择一个攻击方式

                     ESSID: "[N/A]" / [N/A]
                   Channel:  [N/A]
                     BSSID:  [N/A] ([N/A])

      [1] 专属门户 创建一个"邪恶的双胞胎"接入点。
      [2] Handshake Snooper 检索WPA/WPA2加密散列。
      [3] 返回

[fluxion@kali]-[~]
```

图 8-5　模拟接入点

**步骤05** 生成一个MDK 3进程。如果普通用户已经连接到这个WiFi，也会被重新要求输入WiFi密码。

**步骤06** 随后启动一个模拟的DNS服务器并且抓取所有的DNS请求，会把请求重新定向到一个含有恶意脚本的主机地址，如图8-6所示。

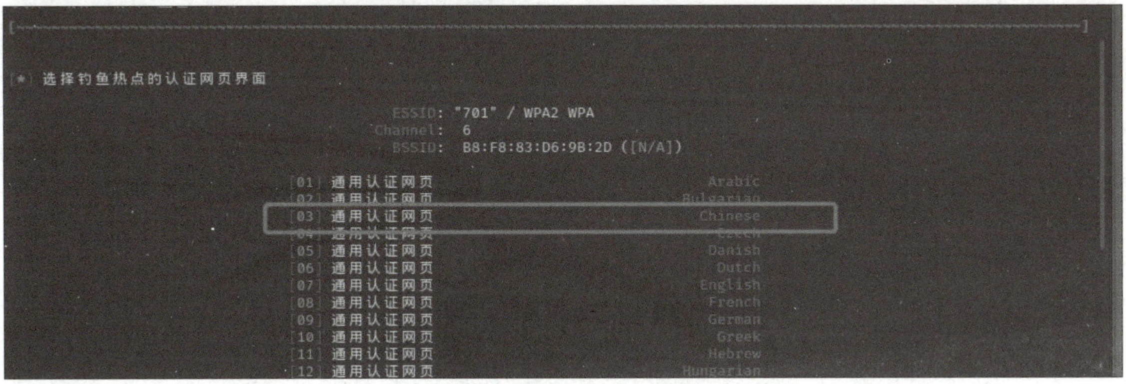

```
[*] 选择钓鱼热点的认证网页界面

          ESSID: "701" / WPA2 WPA
        Channel:  6
          BSSID:  B8:F8:83:D6:9B:2D ([N/A])

    [01] 通用认证网页                    Arabic
    [02] 通用认证网页                 Bulgarian
    [03] 通用认证网页                   Chinese
    [04] 通用认证网页                     Czech
    [05] 通用认证网页                    Danish
    [06] 通用认证网页                     Dutch
    [07] 通用认证网页                   English
    [08] 通用认证网页                    French
    [09] 通用认证网页                    German
    [10] 通用认证网页                     Greek
    [11] 通用认证网页                    Hebrew
    [12] 通用认证网页                 Hungarian
```

图 8-6　重新定向 HOST 地址

**步骤07** 随后会弹出一个窗口提示用户输入正确的WiFi密码。

**步骤08** 用户输入的密码将和第2步抓取到的握手包做比较，以核实密码是否正确。

如果用户输入的密码是错误的，那么当Fluxion验证之后还是不能上网；当输入正确的密码的时候，Fluxion会自动结束程序并显示密码以及生成破解日志。程序结束后制作的虚假AP自然就不见了，这时提交了真实密码的机器会自动连上真实的AP了。作为不知情的人来说，可能只是感觉信号不太好，不过之后又可以上网了，一般也就没有人去追究了，孰不知WiFi密码已经落入他人之手。

除了破解以外，该软件通过攻击还可以使所有无线终端无法上网。

## 8.3.3　无线密码保护

以上介绍的是无线密码的破解过程及原理分析，但在实际操作中，由于各种条件限制，实现的可能性很小。用户在实际使用中，为了防止以上的情况发生，除了结合之前介绍的数据加密技术和路由器安全设置外，可以为WiFi增加强密码支持，使用数字、大小写字母、符号混合组成的8位及以上的强密码。这样就可以有效地抵御暴力破解的风险，增加破解的时间和成本，理论上达到几年到十几年才能破解出来，就可以说非常安全了。如果依靠密码字典破解，这种非常复杂且无规律的密码组合一般是字典中没有的，无论破解多久都不可能成功，也可以达到保护无线密码的目的。伪装及钓鱼的防范，可以使用安全浏览器、手动指定DNS、不在陌生网页界面输入密码、在路由器上绑定手机、做好安全策略，就可以防范钓鱼破解了。

**拓展阅读**

完善相关法律法规和技术标准，规范各类数据资源采集、管理和使用，避免重要敏感信息泄露。强化新技术应用安全风险动态评估，逐步探索建立人工智能、区块链等新技术的治理原则和标准，确保新技术始终朝着有利于社会的方向发展。

——《“十四五”国家信息化规划》

## 课后作业

### 一、单选题

1. 局域网的结构不包括（　　）。

A. 星形　　B. 总线型

C. 环形　　D. 直连型

2. 无线局域网技术不包括（　　）。

A. 蓝牙　　B. HomeRF

C. HiperLAN　　D. WCDMA

### 二、多选题

1. 无线网络分为（　　）。

A. 无线广域网　　B. 无线城域网

C. 无线局域网　　D. 无线个人区域网

2. 无线局域网的安全隐患主要有（　　）。

A. 无线窃听　　B. 假冒攻击

C. 信息篡改　　D. 非法接入

3. 无线访问控制主要基于（　　）。

A. SSID　　B. 拓展

C. 用户名　　D. 端口

### 三、简答题

1. 简述无线局域网的主要安全隐患。
2. 简述无线局域网的数据加密技术。
3. 简述如何提高无线局域网的安全性。
4. 简述无线密码暴力破解的主要步骤。

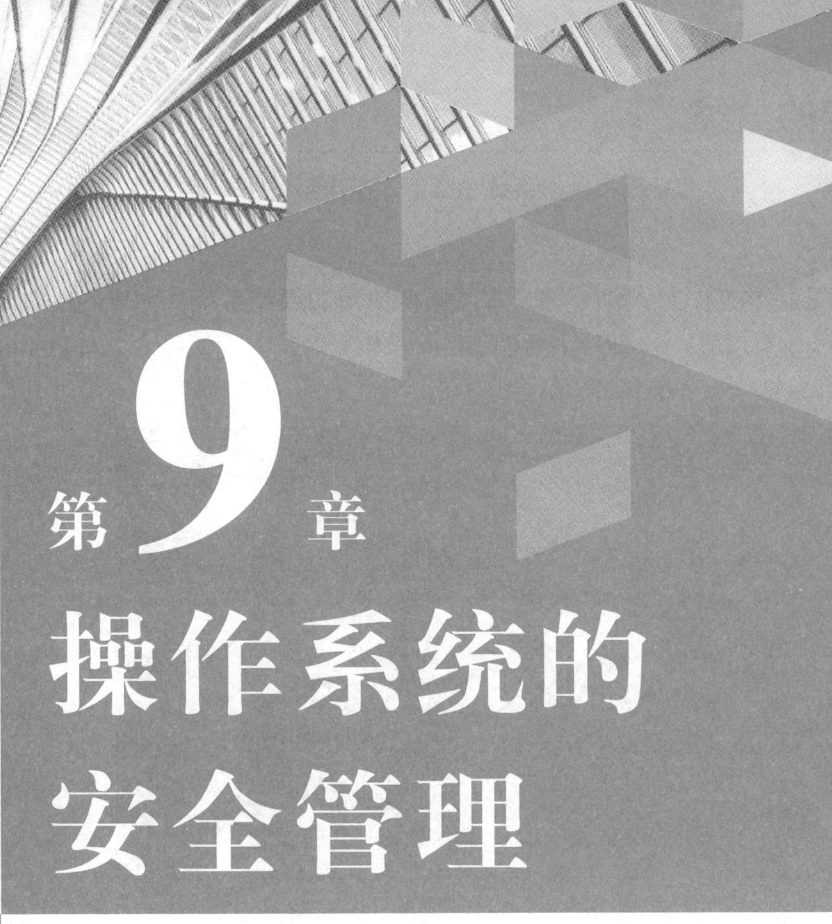

# 第9章 操作系统的安全管理

## 内容概要

在日常工作和生活中，当使用各种网络设备时，最常使用的就是各种设备的操作系统，包括Windows系列、Linux系列、Android系列等。这些操作系统通过各种安全策略和功能保障系统的安全。本章介绍这些操作系统受到的安全威胁和安全管理方法。

## 知识要点

操作系统的分类及特点。
操作系统的主要威胁。
操作系统的安全基础。
Windows系统安全管理。
提高Windows系统安全性。
Android系统安全应用。

# 9.1 操作系统的分类

操作系统发展至今，可以分为桌面级操作系统和服务器操作系统两大类。

## 1. 桌面级操作系统

桌面级操作系统是指常见的台式机、笔记本电脑所使用的操作系统，如Windows系列的Windows 10、Windows 11等，如图9-1所示；Linux操作系统的桌面版系列，如Fedora、Debian、CentOS、UBUNTU等，如图9-2所示。

图 9-1 Windows 操作系统

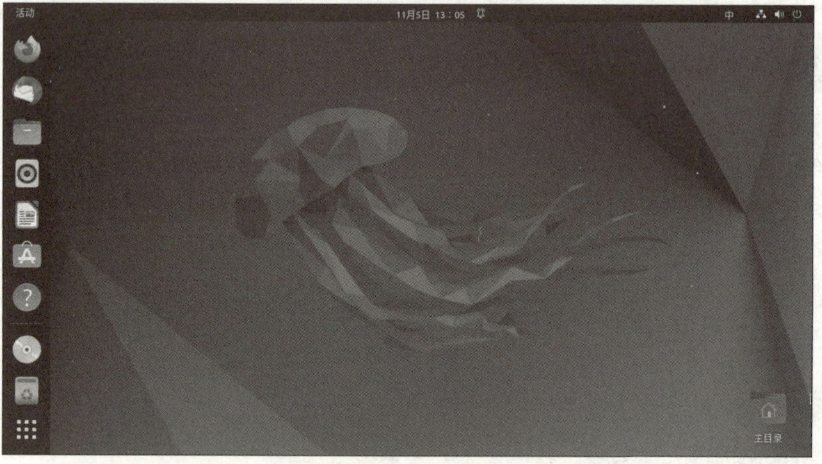


图 9-2 Linux 操作系统

## 2. 服务器操作系统

服务器操作系统是专门为服务器打造的专业级别操作系统。在软件功能和界面美观度方面或许比不上桌面级操作系统，但在稳定性、网络响应速度和服务器功能组建方面，却是桌面级操作系统所不能比拟的。常见的服务器操作系统有Windows Server系列（如图9-3所示）和Linux的企业级发行版（如图9-4所示）。

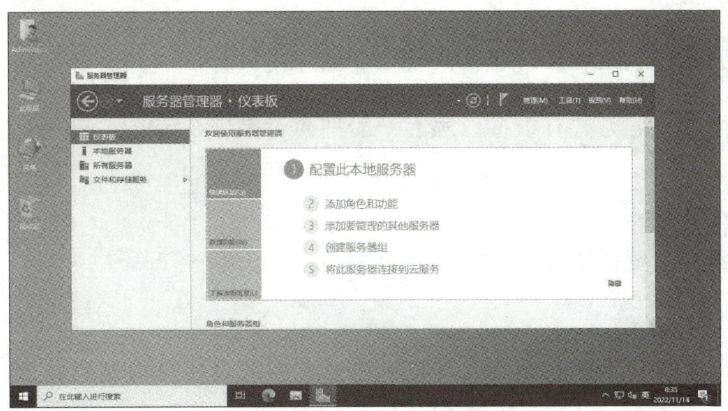


图 9-3　Windows Server

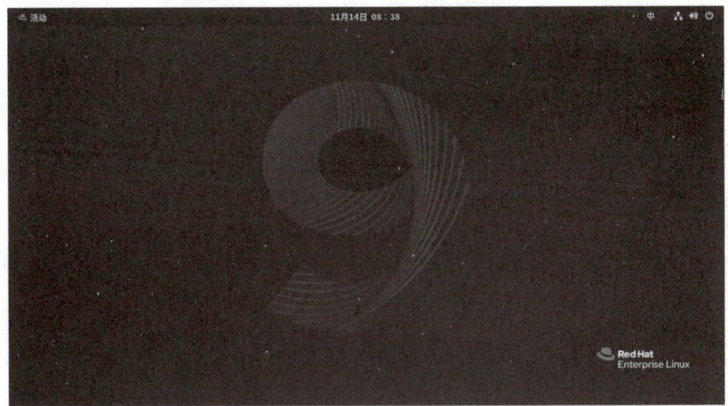


图 9-4　Linux 企业级发行版

### 3. 移动端操作系统

网络移动终端的操作系统，主要有苹果手机使用的iOS系统（如图9-5所示）、常见的安卓手机使用的Android系统（如图9-6所示）和华为的鸿蒙系统（如图9-7所示）。

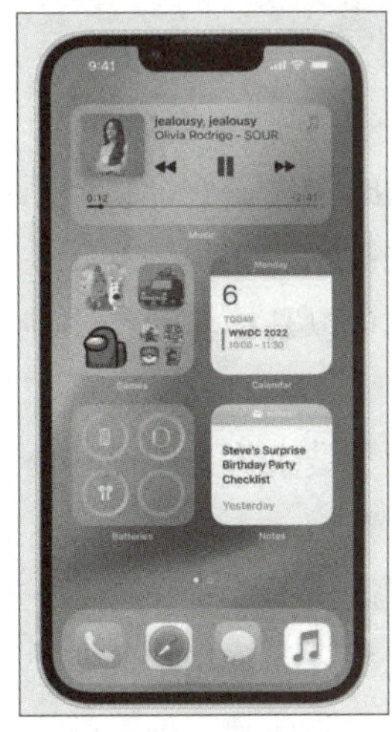


图 9-5　iOS 系统

图 9-6　Android 系统

图 9-7　华为鸿蒙系统

# 9.2 操作系统的主要威胁与安全基础

威胁操作系统安全的方式有很多，黑客一般都会对操作系统的漏洞下手，发动入侵。

## 9.2.1 威胁形式

操作系统受到的主要威胁表现在以下几个方面。

### 1. 账户密码的破解

登录Windows系统时主要的安全保护措施就是密码，通过字典密码猜测和认证欺骗的方法都可以实现对系统的攻击，从而获取管理员权限。

### 2. 漏洞攻击

黑客不仅是利用了操作系统的漏洞，各应用软件以及Windows启动的各种功能本身也有漏洞，有些操作系统还有一些固有的漏洞。攻击者会扫描并密切监视目标，发现其中的漏洞，并伺机直接入侵，非法访问用户数据。

### 3. 病毒和木马

前面介绍了病毒和木马的威胁，它们主要就是发生在操作系统中。通过病毒和木马，威胁及破坏用户的操作系统及其中的文件，并通过木马反向连接到攻击者的设备，使用户的机器成为攻击者的“肉鸡”。

### 4. 恶意欺骗

前面介绍过局域网的各种网络欺骗，如ARP欺骗、DHCP欺骗、DNS欺骗等，黑客利用这些手段，除了获取用户信息外，还为入侵用户的系统做好了准备。

## 9.2.2 操作系统安全基础

首先介绍一些和操作系统安全相关的基本概念。

### 1. 主体及客体

操作系统中的每一个实体都可以归为主体和客体。主体指那些主动的实体，它会访问系统中的各种资源和服务，如用户、用户组、进程等都是主体。客体指那些被动的实体，接受主体的各种访问。客体可以是文件这样的保存在存储介质上的数据信息，也可以是操作系统中能够提供某种服务或信息的进程。

在操作系统中，一个实体必然是一个主体或是一个客体。如果它既不是主体也不是客体就意味着它不会与任何实体相互作用，在与操作系统相关的讨论中就没有意义。

操作系统中某些实体既是主体又是客体。如操作系统中的进程就有这样的双重身份：一个进程必定为某一用户服务，直接或间接地处理该用户的各种要求，该进程成为该用户的客体，或者是某个直接为用户服务的进程的客体；进程在为用户服务过程中都需要访问其他客体，如此它又是主体。

系统中最基本的主体是用户，系统中的所有事件要求几乎全是由用户激发的。系统中的每个用户必须是能够唯一标识的，并能够被鉴别为真实的。进程是系统中最活跃的实体，用户的所有事件要求都要通过进程的运行来处理。

### 2. 访问控制矩阵

明确了主体和客体，要在操作系统层面讨论信息安全，就要保证操作系统中任何主体对客体的访问都是合法的。访问控制矩阵就是一个记录主体对客体访问合法性的数据结构。访问控制矩阵可以视为一个二维表，一维是全部主体，另一维是全部客体，表中的每一个单元格则标记了特定主体可以对特定客体的访问权限。

当然，访问控制矩阵只是一个概念性的数据结构，在操作系统中并没有这样一个表格的实体。访问控制矩阵的内容在不同操作系统中以不同方式被组织起来。例如，在Unix或Linux操作系统中，用户可以看到每个作为客体的文件都会有自己的权限字符串，而文件都属于某个特定的用户，用户又属于某一个用户组，对文件的访问权限分别为读、写、执行等。

### 3. 自主访问控制和强制访问控制

主体对客体的访问权限记录在访问控制矩阵中。在很多操作系统中，访问控制矩阵的数据来源有自主访问控制和强制访问控制两部分。

自主访问控制就是由资源的所有者自己来决定其他主体可以用什么样的方式访问自己的特定资源。

强制访问控制则是由系统强制规定主体与客体之间的访问规则。例如，在一些操作系统中，不同的主体设置有不同的安全级别。系统强制规定，低级别的主体不能读取属于高级别主体的客体，而高级别的主体可以读取低级别的客体。

在访问控制矩阵中，强制访问控制的约束是不可修改的，而自主访问控制只能在强制访问控制允许的范围内进行。

### 4. 基于角色的访问控制

访问控制矩阵中的数据量是比较大的，当系统中主体、客体过多时，合理适度地管理主体对客体的访问权限是一件非常麻烦和困难的事情。

基于角色的访问控制就是一种方便访问权限管理的解决方法。

在基于角色的访问控制模式中，用户被赋予一定的角色，对客体的访问权限被赋予不同的角色。一个主体可以同时被赋予多个角色。

查看一个主体对特定客体的访问权限，要看主体拥有哪些角色，这些角色对该客体有什么访问权限。通过改变角色的访问权限或改变主体所担任的角色，可以调整主体对客体的访问权限。通过合适的角色设置，利用角色的不同搭配授权来减少访问权限管理的工作量。在Windows或Unix、Linux中，用户属于不同的组，可以视为一种基于角色或近似基于角色的访问控制管理方式。

除了基于角色的访问控制，还有基于域类型增强（domain and type enforcement，DTE）模型的访问控制。在这样的模型中主体被分为不同的域，客体被分为不同的类型，不同的域对不同类型的客体有不同的访问权限。如此处理，即可适应更大规模系统中访问权限的管理方便性需求。

### 5. 用户的表示与鉴别

用户是所有主体访问行为的源头。为了明确各种访问行为的主体所具有的权限，在操作系统中都有明确访问主体的机制，即明确访问主体的请求最终是来源于哪个用户的。

操作系统必须向用户提供充分的标识与鉴别。凡需进入操作系统的用户，应先进行标识，即建立账号。特定账号的用户如果要进入系统，必须通过操作系统的鉴别机制，最简单的鉴别就是口令鉴别。

用户开启的进程需要与所有者相关联，进程行为可追溯到进程的所有者。当进程发起访问行为时，操作系统的服务进程可追溯到服务要求的用户。

### 6. 访问控制器

操作系统中记录主体对客体访问依据的是访问控制矩阵。要让操作系统中主体对客体的访问切实依据访问控制矩阵的内容来进行，就需要访问控制器，也称为访问监控器。

在操作系统中，任何主体对客体的访问都需要经过访问控制器的管理。访问控制器首先要对主体身份进行鉴别。然后，访问控制器将根据访问控制矩阵中设定的规则对访问某资源的行为进行控制，只有规则允许时才同意访问，违反预定规则的访问行为将被拒绝。无论访问是否成功，访问控制器都要记录访问请求的情况：哪种主体在什么时间对哪种客体进行什么形式的访问，成功还是被拒绝。访问控制器是操作系统非常核心的安全机制，其具体实现是操作系统中的核心功能之一。

### 7. 安全内核

安全内核是实现访问监控器概念的一种技术，在操作系统中有类似访问监控器这样的关键部分，它们本身的安全对于操作系统的安全至关重要。所以在设计、实现操作系统的过程中，类似的内核功能必须予以足够强的保护，保证其完整性、可用性，这便是操作系统的安全内核。很多安全要求比较高的系统中，安全内核都要有硬件支持，由硬件和介于硬件与操作系统其他部分之间的一层软件组成。

### 8. 最小特权管理

在常见的操作系统中都有超级用户，如Unix和Linux的root用户、Windows系统的administrator用户。超级用户具有访问操作系统任何资源的特权，可以对操作系统做任何的配置和管理。这种特权管理方式便于系统维护和配置，但不利于系统的安全性。如果超级用户的口令泄露或身份被恶意冒充，或者用户本身进行了误操作，将会对系统造成极大的损失。因此，在一些对安全要求比较高的系统中经常采用最小特权管理的机制，即系统中不设置超级用户，必要的管理工作分配给几个管理员账号进行。超级用户的权限被进行细粒度的划分，分配给几个管理员账号，系统的配置需要几个不同的管理员用户协作处理才能进行，每个管理员只具有完成其任务所需的特权，从而减少了由于超级用户口令丢失、错误软件、恶意软件、误操作所引起的损失。

# 9.3 Windows系统中的安全管理

Windows系统在所有操作系统中的占比是较高的，同时也是安全隐患最多、最容易受到攻击的系统。下面介绍Windows系统中的安全功能组件以及安全管理的注意事项。

## 9.3.1 Windows安全中心

Windows系统中的各种安全组件互相配合，成为保障Windows系统安全性的重要一环。Windows 10将各种安全管理功能放置在了安全中心中，如图9-8所示，安全中心是查看和管理设备安全性和运行状况的界面。

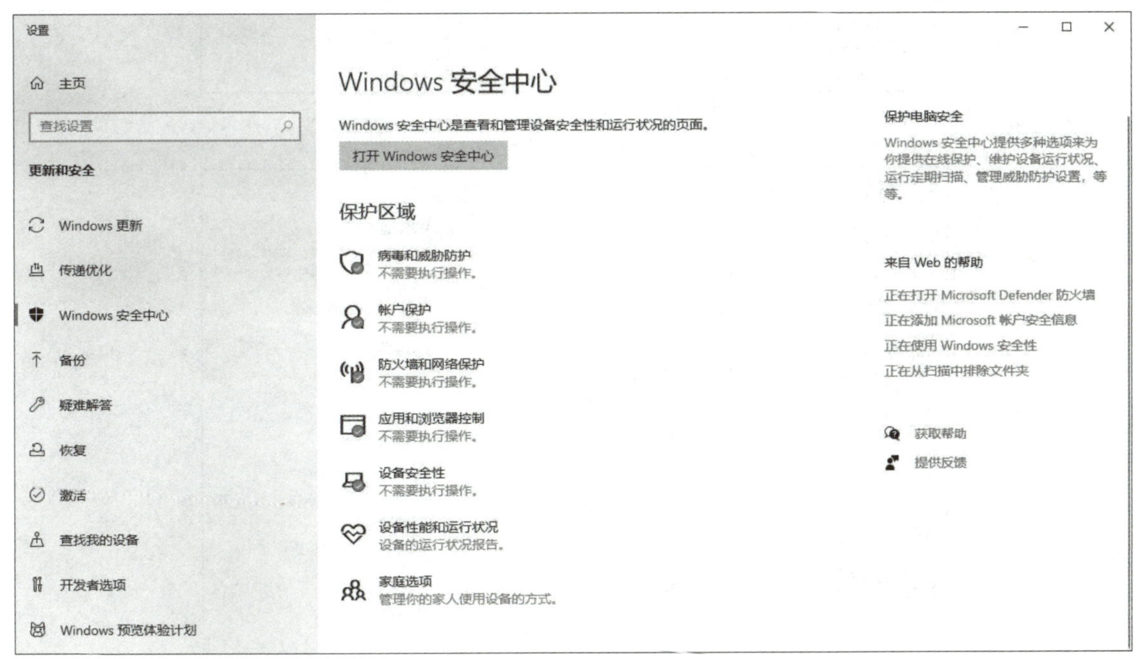


图 9-8 Windows 安全中心

### 1. Windows 病毒和威胁防护

Windows安全中心界面中的“病毒和威胁防护”是Windows系统自带的，它集合了病毒查杀、实时监控等常见功能，如图9-9所示。如果下载了其他杀毒软件，如电脑管家、360、火绒等，Windows病毒和威胁防护会自动关闭，由这些应用接管系统的病毒查杀工作。

### 2. Windows 账户保护

用来对当前登录的账号进行保护，包括可以设置登录选项，如设置人脸识别、指纹识别、PIN码、USB安全密钥、修改当前密码、设置图片密码、动态锁等，如图9-10所示。

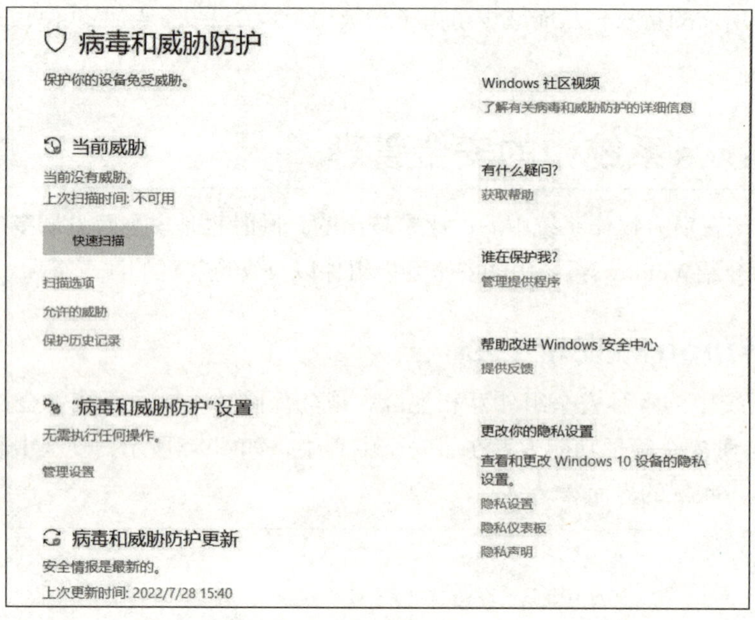


图 9-9 病毒和威胁防护

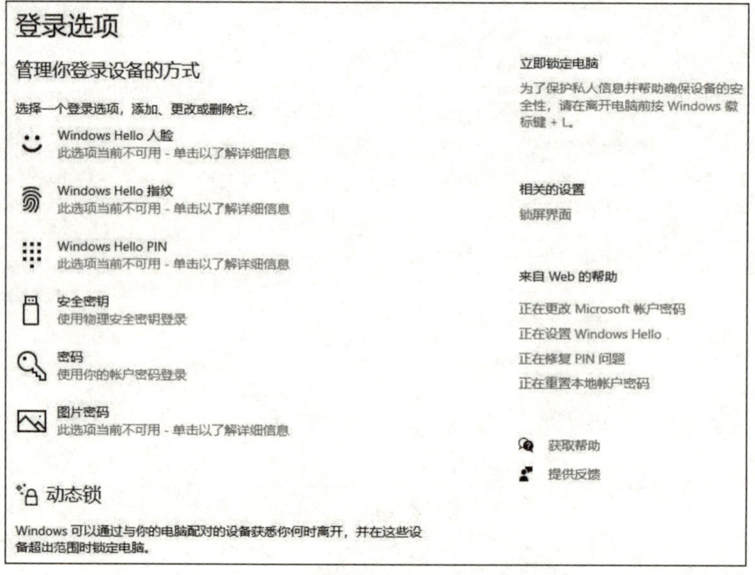


图 9-10 登录选项

### 3. 防火墙和网络保护

Windows中，默认防火墙开启了域、专用、公用网络3道防火墙，可以在这里设置启用和禁用防火墙，如图9-11所示。另外，可以设置禁止某些应用通过防火墙，如图9-12所示。

如果用户对防火墙规则比较精通，还可以在“高级安全Windows Defender防火墙”中设置更详细的出入站规则和ACL条目，如图9-13所示。

图 9-11　防火墙和网络保护

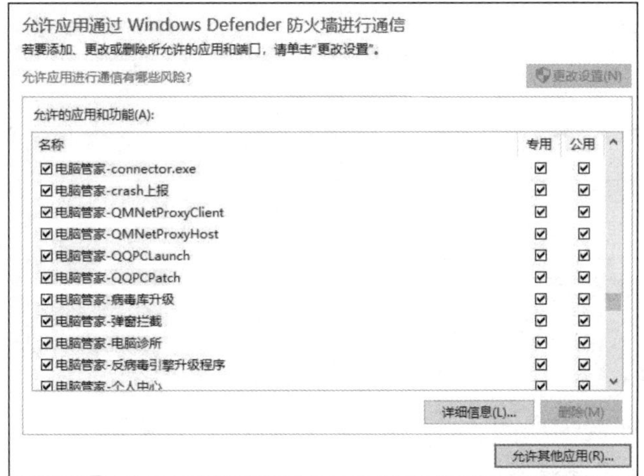


图 9-12　Windows Defender 防火墙高级设置

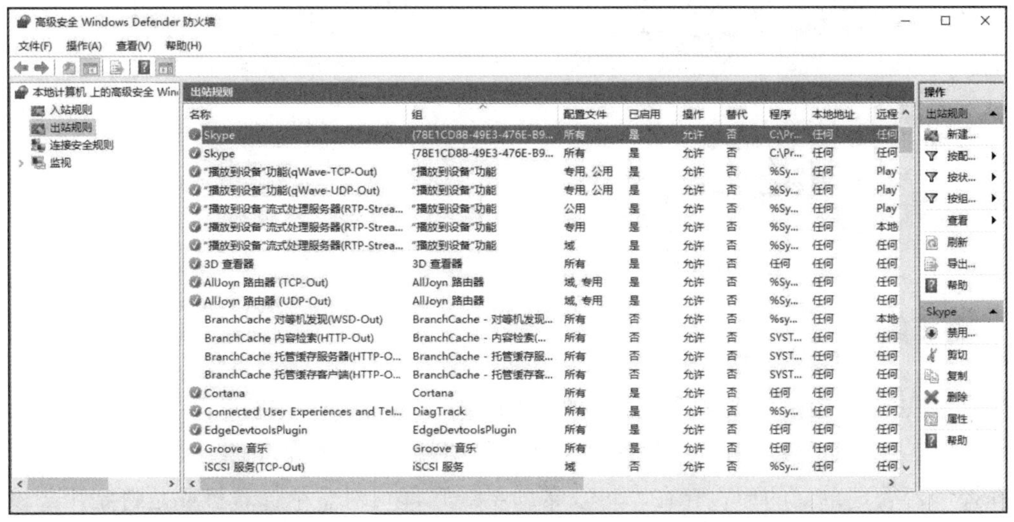


图 9-13　防火墙规则

### 4. 其他功能

除了以上3项比较常用的功能外，Windows安全中心还提供了“应用和浏览器控制”用来保护Edge浏览器；“设备安全性”可以实现内核隔离、管理安全处理器、安全启动等功能，如图9-14所示；“设备性能和运行状况”可以提醒用户设备异常；“家庭选项”可以通过微软账号控制其他的设备，如图9-15所示。

设备安全性
设备内置的安全性。
内核隔离
基于虚拟化的安全性可保护设备的核心部分。
内核隔离详细信息
安全处理器
被称为受信任的平台模块(TPM)安全处理器为设备提供额外的加密选项。
安全处理器详细信息
安全启动
安全启动已开启，可以防止恶意软件在设备启动时加载。
了解更多信息
你的设备符合标准硬件安全要求。
了解更多信息
Windows 社区视频
了解有关设备安全性的详细信息
有什么疑问?
获取帮助
帮助改进 Windows 安全中心
提供反馈
更改你的隐私设置
查看和更改 Windows 10 设备的隐私设置。
隐私设置
隐私仪表板
隐私声明

图 9-14 设备安全性

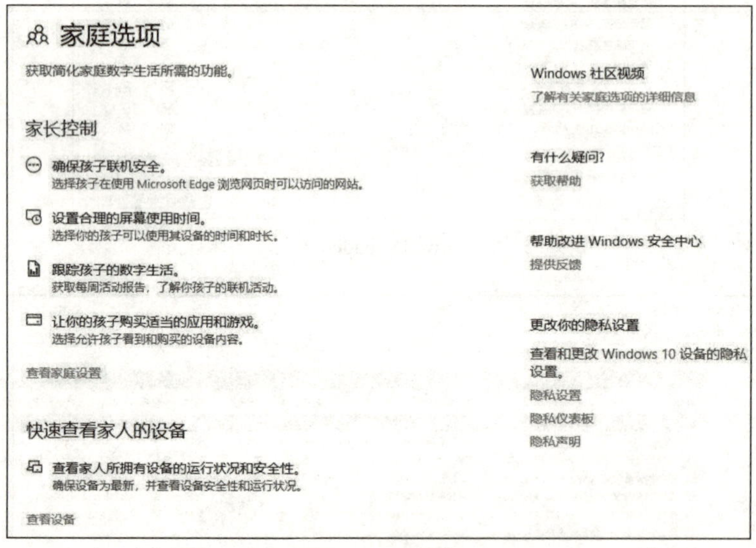


图 9-15 家庭选项

## ■9.3.2 Windows组策略

要想管理一个很大的计算机群组，则需要组策略。Windows中提供了一个功能非常强大的组策略管理工具，如图9-16所示。顾名思义，组策略就是基于组的策略。它以Windows中的一个管理控制台管理单元的形式存在，可以帮助系统管理员对整个计算机或是特定用户设置多种配置，包括桌面配置和安全配置。组策略是Windows中的一套系统更改和配置管理工具的集合。组策略修改的是注册表中的配置，它使用自己更完善的管理组织方法，可以对各种对象中的设置进行管理和配置，远比手工修改注册表方便、灵活，功能也更加强大。

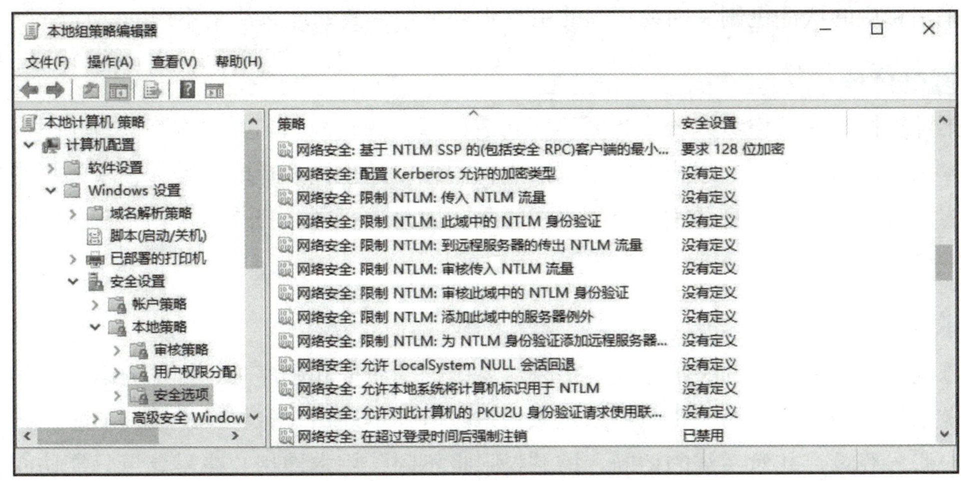


图 9-16　本地组策略编辑器

## ■9.3.3　本地安全策略

Windows系统自带的“本地安全策略”是一个很不错的系统安全管理工具，它可以对本机的许多属性（如用户、密码、审核、用户权限分配等）进行设置，这些设置只影响本计算机的安全设置。

本地安全策略会对登录到计算机上的账户进行一些安全设置。本地管理员也必须为计算机进行设置以确保其安全。具体的安全措施包括：

- 设置密码的相关参数（如密码复杂性、长度、使用期限等）。
- 通过账户策略设置账户安全性。
- 通过锁定账户策略（锁住账户的条件、锁定时间等）避免他人登录计算机。
- 通过审核策略的配置，在日志中就可以查看到相应审核记录的内容。
- 通过用户权限分配，可以赋予或拒绝一些权限。
- 通过安全选项，可以设置系统安全相关功能。

## ■9.3.4　Windows认证机制

用户在使用Windows时要先进行登录。Windows的登录认证机制严格，原理复杂，理解并掌握Windows的登录认证机制和原理对用户来说很重要，能增强对系统安全的认识，并能够有效预防和应对黑客和病毒的入侵。常见的Windows登录类型如下：

### 1. 交互式登录

交互式登录是最常见的登录方式，就是用户通过相应的用户账号和密码在本机进行登录。有人认为“交互式登录”就是“本地登录”，这其实是错误的。“交互式登录”还包括“域账号登录”，而“本地登录”仅限于“本地账号登录”。这里有必要提及的是，通过终端服务和远程桌面登录主机可以看作“交互式登录”，其验证原理是一样的。

在交互式登录时，系统会首先检验登录的用户账号类型，是本地用户账号还是域用户账号，再采用相应的认证机制，因为不同的用户账号类型，其处理方法是不同的。

### 2. 网络登录

如果计算机加入工作组或域，当要访问其他计算机的资源时就需要网络登录了。当要登录主机时，需要输入该主机的用户名和密码后进行验证。这里需要提醒的是，输入的用户账号必须是对方主机上的，而非自己主机上的用户账号。因为进行网络登录时，用户账号的有效性是由对方主机验证的。

### 3. 服务登录

服务登录是一种特殊的登录方式。平时，系统启动服务和程序时，都是先以某些用户账号进行登录后运行的，这些用户账号可以是域用户账号、本地用户账号或SYSTEM账号。采用不同的用户账号登录，其对系统的访问、控制权限也不同，用本地用户账号登录只能访问具有访问权限的本地资源，不能访问其他计算机上的资源，这点和“交互式登录”类似。

从任务管理器中可以看到，系统进程所使用的账号是不同的。运行services.msc可以设置这些服务。正是因为系统服务有着举足轻重的地位，它们一般都以SYSTEM账号登录，对系统有绝对的控制权限，所以很多病毒和木马也争着加入这个账号。除了SYSTEM账号外，有些服务还以Local Service和Network Service这两个账号登录。而在系统初始化后，用户运行的一切程序都是以用户本身账号登录的。

由此不难看出，平时使用计算机时要以Users组的用户登录，因为即使运行了病毒、木马程序，由于受到登录用户账号相应的权限限制，最多也只能破坏属于用户本身的资源，而对维护系统安全和稳定性的重要信息无破坏性。

## 9.3.5 Windows文件系统安全

文件系统安全是操作系统安全的核心。Windows文件系统控制着谁能访问信息以及能做些什么。即使外层账号安全被突破，攻击者也还得破解文件系统根据文件拥有权和访问权限精心设置的防御措施。当建立文件的权限时，必须先确定文件系统格式为Windows新技术文件系统NTFS，当然也可以使用文件分配表格式FAT，但是它并不支持文件级的权限。一旦使用了NTFS的文件系统格式，就可通过Windows资源管理器直接管理文件的安全。

NTFS权限及使用有以下几个原则。

（1）权限最大原则。当一个用户同时属于多个组，而这些组又有可能被赋予了对某种资源的不同访问权限，则用户对该资源最终有效权限是在这些组中最宽松的权限，即加权权限，将所有的权限加在一起即为该用户的权限。“完全控制”权限为所有权限的总和。

（2）文件权限超越文件夹权限原则。当用户或组对某个文件夹及该文件夹下的文件有不同的访问权限时，用户对文件的最终权限是访问该文件的权限，即文件权限超越文件的上级文件夹的权限，用户访问该文件夹下的文件不受文件夹权限的限制，只受被赋予的文件权限的限制。

（3）拒绝权限超越其他权限原则。当用户对某个资源有拒绝权限时，该权限覆盖其他任何权限，即在访问该资源的时候只有拒绝权限是有效的。当有拒绝权限时权限最大法则无效，因此对于拒绝权限的授予应该慎重考虑。

在同一个NTFS分区内或不同的NTFS分区之间移动或复制一个文件或文件夹时，该文件或文件夹的NTFS权限会发生不同的变化，这时NTFS权限的继承性就起到了作用。关于NTFS权限的继承性有以下几方面内容。

（1）在同一个NTFS分区内移动文件或文件夹。在同一分区内的移动实质就是在目的位置将原位置上的文件或文件夹“搬”过来，因此文件和文件夹仍然保留有在原位置的一切NTFS权限。准确地讲，就是该文件或文件夹的权限不变。

（2）在不同NTFS分区之间移动文件或文件夹。这种情况的文件和文件夹会继承目的分区中文件夹的权限ACL，实质就是在原位置删除该文件或文件夹，并且在目的位置新建该文件或文件夹。要从NTFS分区中移动文件或文件夹，操作者必须具有相应的权限：在原位置上必须有“修改”的权限，在目的位置上必须有“写”权限。

（3）在同一个NTFS分区内复制文件或文件夹。这种情况的复制文件或文件夹将继承目的位置中文件夹的权限。

（4）在不同NTFS分区之间复制文件或文件夹。这种情况的复制文件或文件夹将继承目的位置中文件夹的权限。从NTFS分区向FAT分区中复制或移动文件或文件夹时都将导致文件或文件夹的权限丢失，因为FAT分区不支持NTFS权限。

## 9.4 提高Windows系统安全性

可以通过多种方法提高Windows系统安全性，下面介绍常见的提高系统安全性的方法。

### 9.4.1 关闭可疑端口

端口，是计算机之间通信的接口。从广义上来说，只要该通信使用了某种服务，而这种服务使用了传输层的TCP/UDP协议，就必然有端口号。通过协议的协商，双方均通过指定的端口号进行通信。端口可以理解成一扇门，只有通信双方的门都打开，才能进行通信。

#### 1. 常见端口

例如，FTP服务常用21端口；SSH服务常用22端口；Telnet服务常用23端口；SMTP服务常用25端口；http服务常用80端口；https服务常用443端口，等等。

#### 2. 查看当前端口

启动命令提示符界面，使用命令“netstat /ano”，可以查看当前开放的端口和对应的进程号，在最后一列就是进程号（PID），如图9-17所示。

### 3. 关闭可疑端口

在任务管理器中调出进程号PID，找到可疑端口所对应的PID号，结束该进程就可以关闭该可疑端口了，如图9-18所示。

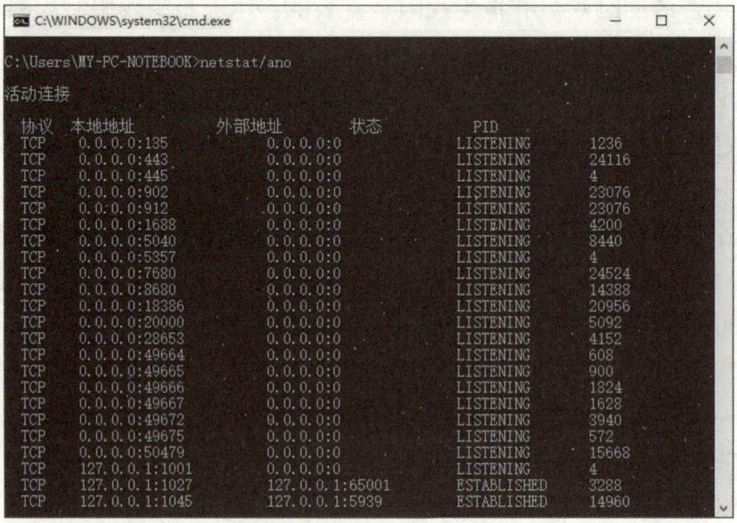

```
C:\WINDOWS\system32\cmd.exe

C:\Users\MY-PC-NOTEBOOK>netstat/ano

活动连接

  协议  本地地址          外部地址        状态           PID
  TCP    0.0.0.0:135       0.0.0.0:0       LISTENING       1236
  TCP    0.0.0.0:443       0.0.0.0:0       LISTENING       24116
  TCP    0.0.0.0:445       0.0.0.0:0       LISTENING       4
  TCP    0.0.0.0:902       0.0.0.0:0       LISTENING       23076
  TCP    0.0.0.0:912       0.0.0.0:0       LISTENING       23076
  TCP    0.0.0.0:1688      0.0.0.0:0       LISTENING       4200
  TCP    0.0.0.0:5040      0.0.0.0:0       LISTENING       8440
  TCP    0.0.0.0:5357      0.0.0.0:0       LISTENING       4
  TCP    0.0.0.0:7680      0.0.0.0:0       LISTENING       24524
  TCP    0.0.0.0:8680      0.0.0.0:0       LISTENING       14388
  TCP    0.0.0.0:18386     0.0.0.0:0       LISTENING       20956
  TCP    0.0.0.0:20000     0.0.0.0:0       LISTENING       5092
  TCP    0.0.0.0:28653     0.0.0.0:0       LISTENING       4152
  TCP    0.0.0.0:49664     0.0.0.0:0       LISTENING       608
  TCP    0.0.0.0:49665     0.0.0.0:0       LISTENING       900
  TCP    0.0.0.0:49666     0.0.0.0:0       LISTENING       1824
  TCP    0.0.0.0:49667     0.0.0.0:0       LISTENING       1628
  TCP    0.0.0.0:49672     0.0.0.0:0       LISTENING       3940
  TCP    0.0.0.0:49675     0.0.0.0:0       LISTENING       572
  TCP    0.0.0.0:50479     0.0.0.0:0       LISTENING       15668
  TCP    127.0.0.1:1001    0.0.0.0:0       LISTENING       4
  TCP    127.0.0.1:1027    127.0.0.1:65001 ESTABLISHED     3288
  TCP    127.0.0.1:1045    127.0.0.1:5939  ESTABLISHED     14960
```

图 9-17 查看端口和进程

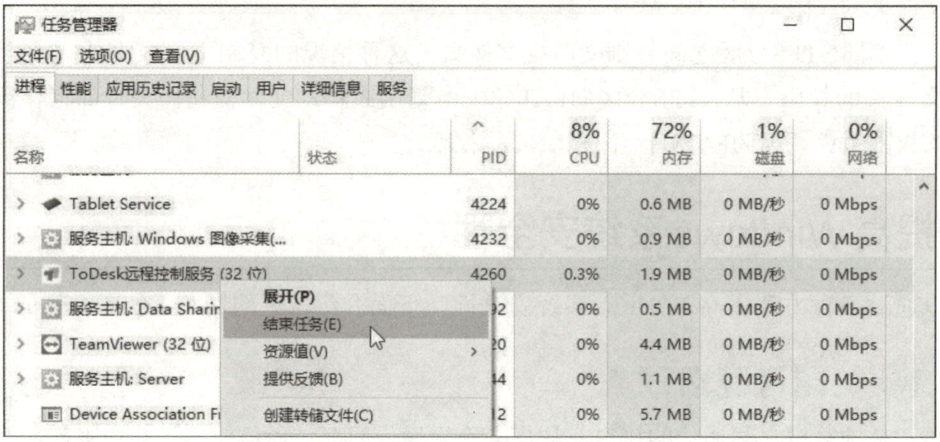

任务管理器

文件(F) 选项(O) 查看(V)

进程 性能 应用历史记录 启动 用户 详细信息 服务

| 名称 | 状态 | PID | 8% CPU | 72% 内存 | 1% 磁盘 | 0% 网络 |
|---|---|---|---|---|---|---|
| Tablet Service | | 4224 | 0% | 0.6 MB | 0 MB/秒 | 0 Mbps |
| 服务主机: Windows 图像采集(... | | 4232 | 0% | 0.9 MB | 0 MB/秒 | 0 Mbps |
| ToDesk远程控制服务 (32 位) | | 4260 | 0.3% | 1.9 MB | 0 MB/秒 | 0 Mbps |
| 服务主机: Data Sharir | | 32 | 0% | 0.5 MB | 0 MB/秒 | 0 Mbps |
| TeamViewer (32 位) | | 20 | 0% | 4.4 MB | 0 MB/秒 | 0 Mbps |
| 服务主机: Server | | 44 | 0% | 1.1 MB | 0 MB/秒 | 0 Mbps |
| Device Association Fi | | 12 | 0% | 5.7 MB | 0 MB/秒 | 0 Mbps |

展开(P)
结束任务(E)
资源值(V)
提供反馈(B)
创建转储文件(C)

图 9-18 关闭可疑端口

## 9.4.2 关闭可疑进程

进程是计算机程序中关于某数据集合的一次运行活动，是系统进行资源分配和调度的基本单位，是操作系统结构的基础。在早期面向进程设计的计算机结构中，进程是程序的基本执行实体；在当代面向线程设计的计算机结构中，进程是线程的容器，程序是指令、数据及其组织形式的描述，进程是程序的实体。

简单来说，进程就是正在运行的程序或程序组，因为现在的操作系统都是多任务，可以同时运行多个相同或不同的程序，而程序需要使用一部分系统资源，所以以进程的方式存在，这也是计算机程序管理的基本单位。一个进程可以只有一个程序，也可以包含有多个程序。一个程序可以只有一个进程，也可以有多个进程。

PID就是进程号，是Windows为每个进程分配的编号，以方便管理。

### 1. 使用第三方工具查看进程

如前所述，可以使用任务管理器查看进程，也可以使用第三方工具（如Process Explorer）查看进程。Process Explorer软件的使用很简单，双击该软件就可以打开使用了，在主界面中可以查看到当前系统中所有的进程信息，如图9-19所示。

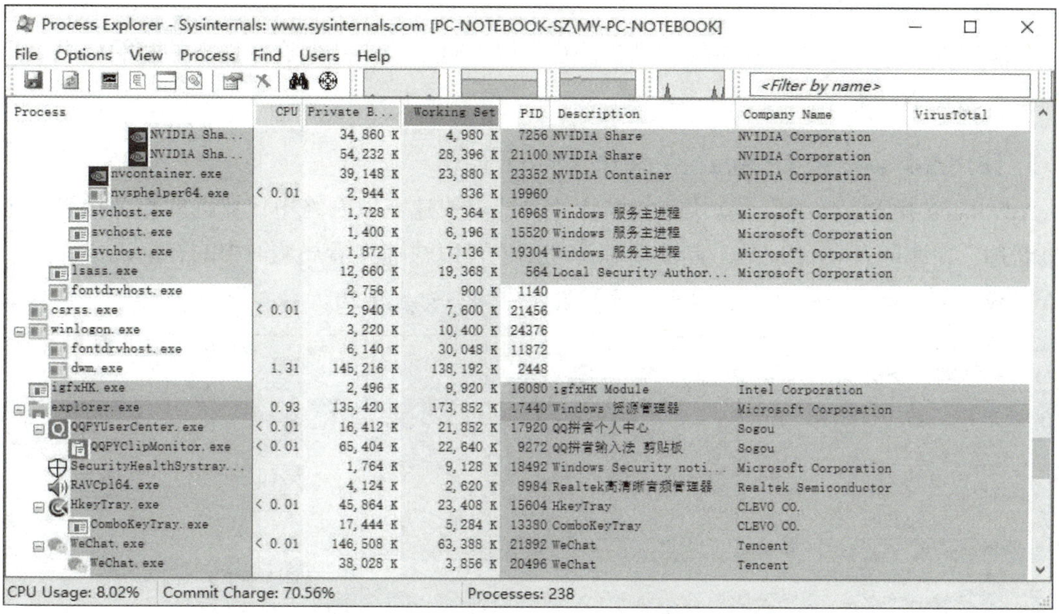

图 9-19 Process Explorer 软件查看进程

### 2. 使用第三方工具关闭可疑进程

除了使用任务管理器管理进程外，还可以在第三方工具软件Process Explorer的主界面中，在可疑程序上单击鼠标右键，选择“Kill Process”选项，即可关闭该进程。

## 9.4.3 后门程序

黑客入侵离开后，往往会在系统中留下后门程序。

### 1. 后门程序简介

后门程序一般是指那些绕过安全软件而获取对程序或系统访问权的方法。在一些软件的开发阶段，程序员常常会在软件内创建后门程序，以便可以远程修改程序设计中的缺陷。有些网络设备也会设置远程管理的端口，方便网络管理员远程调试设备。但如果这些后门被其他人知道，或是在发布软件之前没有删除后门程序，那么它就成了安全风险，容易被黑客当成漏洞进行渗透。

和木马程序不同之处在于，后门程序体积更小，且功能没有木马那么多，主要作用是潜伏在计算机中，用来搜集资料并方便黑客与之连接。因为体积更小，功能单一，所以更容易隐藏，也不易察觉。与病毒不同之处在于后门程序没有自我复制的动作，不会感染其他计算机。它可以主动连接黑客设置的服务器或者其他终端，便于黑客使用。

### 2. 后门程序的分类

计算机后门按照使用条件和使用环境以及编写的方式，可以分为网页后门、扩展后门、线程插入后门、C/S后门、账号后门等。

## 9.4.4 局域网扫描

局域网扫描可以发现一些潜伏的设备，也可以通过扫描来获取这些设备的相关信息，用来判断是否为安全设备等。

### 1. 使用Advanced IP Scanner扫描IP

Advanced IP Scanner是一款快速扫描软件，能够快速获取网络中计算机的相关信息，包括主机名称、IP地址、MAC地址、制造商等。利用它可以快速查看局域网中的存活机器。

下载安装并运行该软件，会自动扫描并显示结果，如图9-20所示。

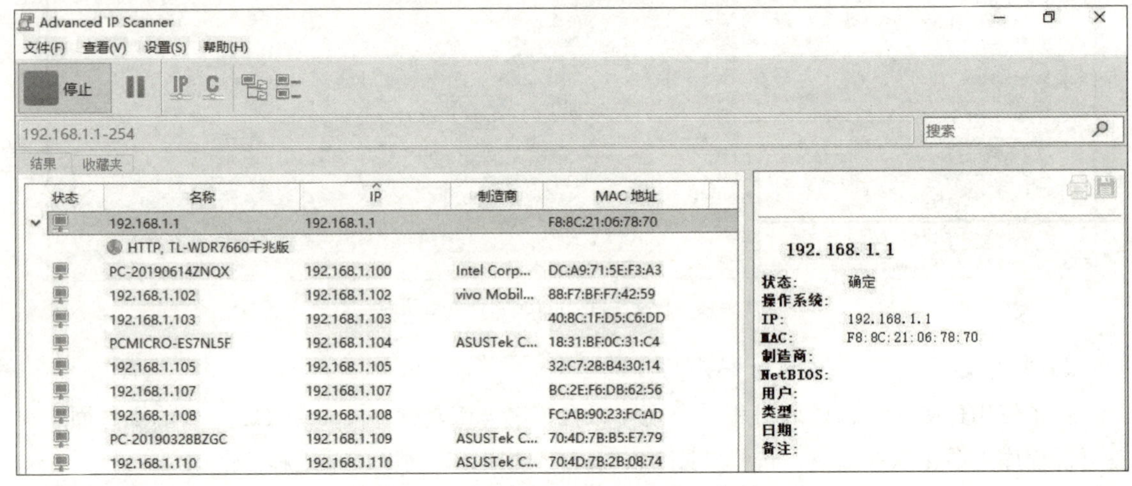


图 9-20 使用 Advanced IP Scanner 扫描 IP

### 2. 使用Nmap扫描局域网

Nmap（network mapper）是一款开放源代码的网络探测和安全审核工具。它的设计目标是快速扫描大型网络，当然用它扫描单个主机也没有问题。Nmap以新颖的方式使用原始IP报文发现网络上有哪些主机，主机提供什么服务（应用程序名和版本），服务运行什么操作系统(包括版本信息)，它们使用什么类型的报文过滤器/防火墙，以及一些其他功能。虽然Nmap通常用于安全审核，许多系统管理员和网络管理员也用它来做一些日常的工作，选择查看整个网络的信息，管理服务升级计划，以及监视主机和服务的运行等。Nmap在Windows中的版本叫作Zenmap，有中文操作界面，可以实现的功能非常多。启动后，设置扫描的地址，即可扫描到包括该主机开放的端口、协议、状态、服务、版本等信息，非常详细，如图9-21所示。另外还可以自动生成拓扑图等。

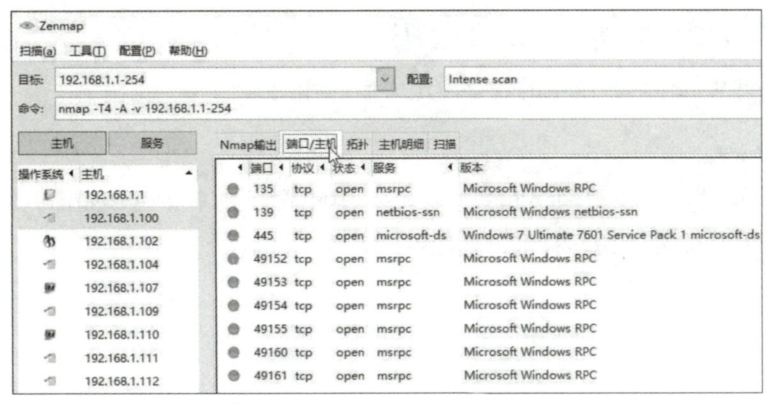


图 9-21　使用 Nmap 扫描局域网

## ■9.4.5　Windows账户控制

用户在使用Windows时，必须使用Windows中存在的账户进行登录，才能操作系统。

### 1. Windows账户的分类

按照存储方式可以分为本地账户和Microsoft账户。本地账户指账户的信息只保存在本地硬盘中，在重装系统或删除账户时，会完全消失。本地账户在创建时也不需要联网，在安装操作系统时，取消Microsoft账户登录，就可以创建本地账户了。登录微软账户后，可以同步Windows旗下的所有消费者服务，包括Windows桌面、日历、密码、电子邮件、联系人、使用环境、设置、音乐、文档、微软商店的应用、Office、Xbox、OneDrive等。

按照权限来划分，Windows中有标准用户和管理员账户，标准用户就是普通用户。而管理员账户对计算机具有完全控制权。

### 2. Windows账户的破解

有时忘记了密码，无法登录系统，可以使用第三方工具清空账号密码，这样就可以登录了。SAM文件是Windows的用户账户数据库，所有用户的登录名及口令等相关信息都会保存在这个文件中，但保存的不是明文，而是加密后的信息。通过对SAM文件的修改，可以清空账号密码或者解除账号禁用状态，但是无法获取到该账号的明文密码。

用户需要准备可以启动计算机的U盘，以及一个功能比较多的PE系统。PE是Windows的预安装环境，被提取出后，加入第三方的工具，可在安装及维护操作系统时使用。因为PE不同，清空账号密码工具的位置和名称也不同。用户需要根据自己的PE进行查找。启动软件会自动识别到SAM文件，可以进行解锁和更改密码的操作，如图9-22和图9-23所示。

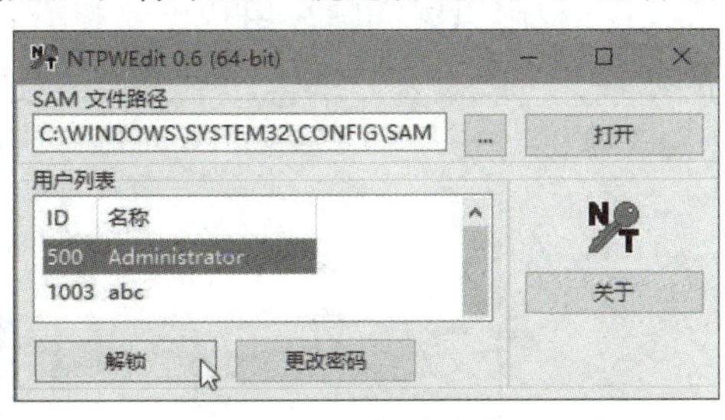


图 9-22　解锁密码

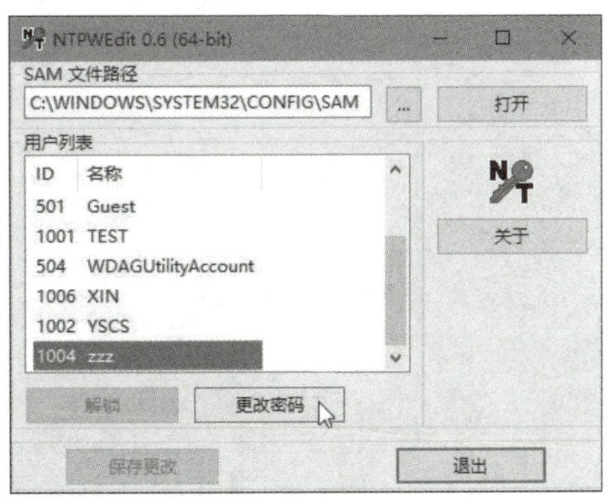


图 9-23　更改密码

## ■9.4.6 Windows系统安全应用

下面介绍一些Windows系统中的安全应用方面的知识。

### 1. 局域网共享

在局域网共享时，可在“网络和共享中心”中配置好共享环境，如图9-24所示；在共享时，还需要给予对应账号的访问权限，如图9-25所示。

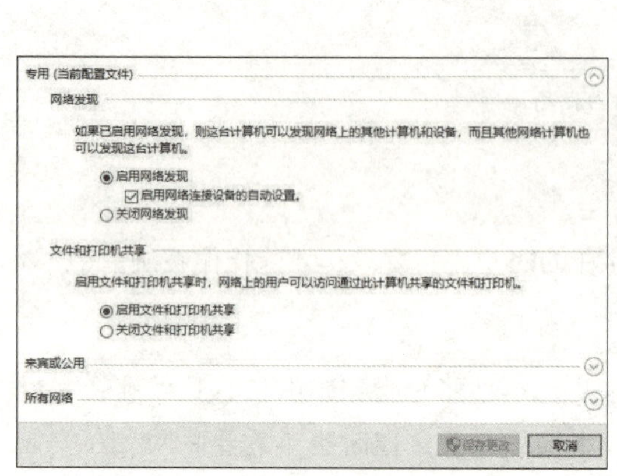


图 9-24　配置共享环境

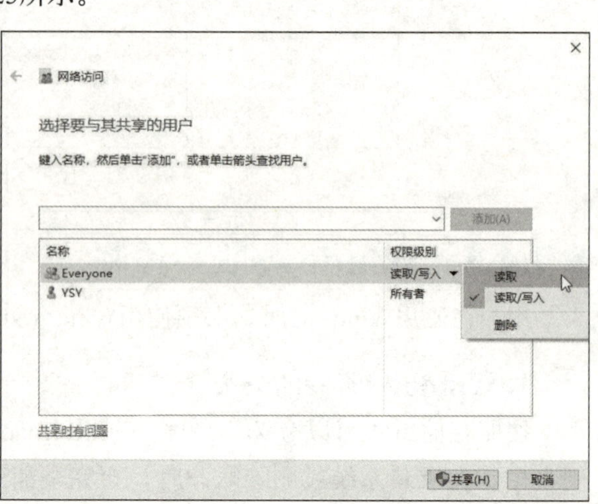


图 9-25　设置访问权限

### 2. NTFS权限设置

对局域网的共享或对其他文件进行访问，即使输入账号，仍然被拒绝，绝大多数原因是因为NTFS权限设置问题。用户需要查看共享文件夹的NTFS权限，如图9-26所示。如果没有对应的账户，可以进入“编辑”中去添加对应的账户并赋予其特定的权限，如图9-27所示。

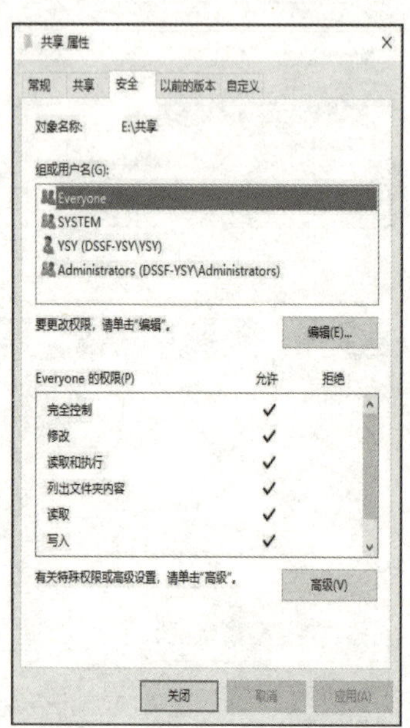


图 9-26　查看 NTFS 权限

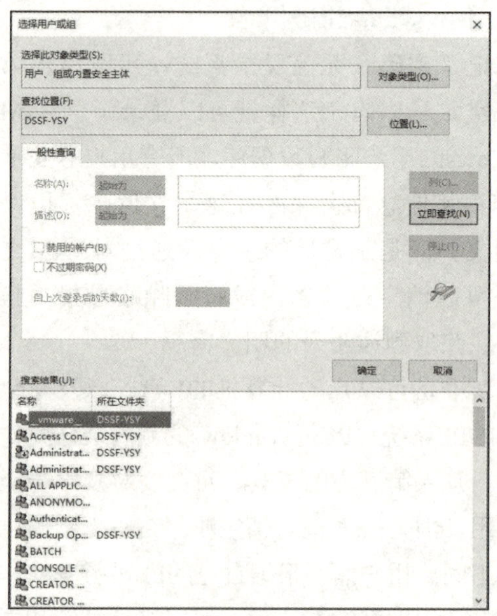


图 9-27　添加用户或组及其权限

### 3. 获取文件所有权

一般来说，Windows账户对应着Windows中的操作权限，例如，标准用户A创建的文件夹，标准用户B无法修改其权限，因为权限为标准用户A的权限。但是对于管理员来说，可以通过夺取文件夹的账户控制权，将文件的所有人变为自己，这样就可以进行管理了，如图9-28所示。

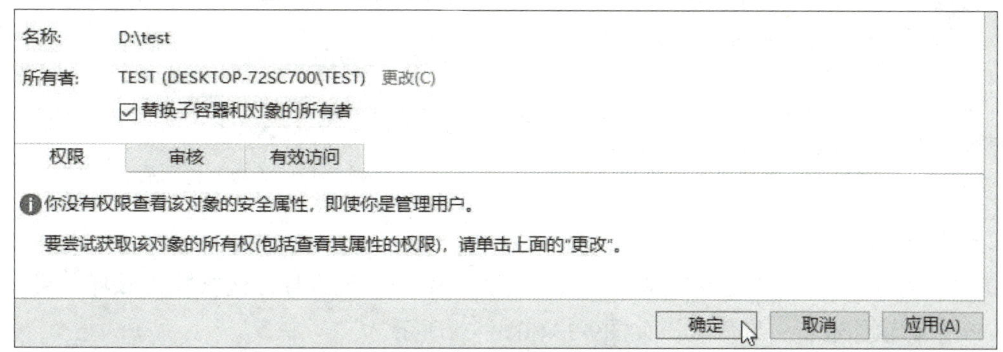


图 9-28　获取文件所有权

### 4. 设置权限与隐私

和手机应用的权限设置类似，在Windows中也可以根据应用设置权限，也可以根据权限设置允许的应用程序，让应用在安全的范围内运行。常见的应用权限包括了位置、摄像头、麦克风、账户、联系人等，如图9-29和图9-30所示。

图 9-29　设置位置权限

图 9-30　设置应用程序的位置权限

用户可以在“Windows设置”界面中进入到“隐私”设置界面，从中可关闭系统的隐私收集、语音、诊断和反馈以及活动历史记录等，如图9-31和图9-32所示。

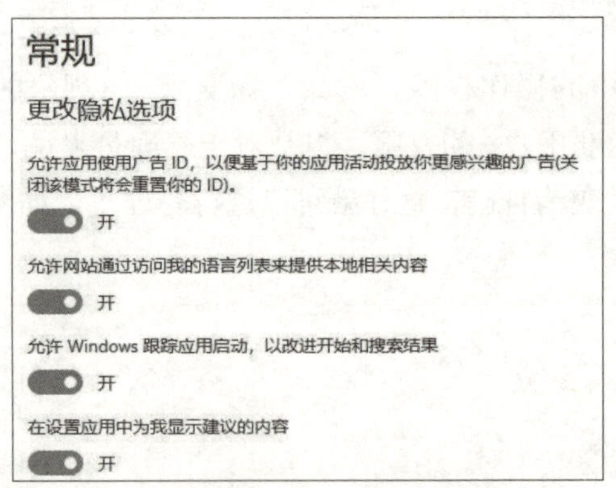


图 9-31　更改隐私选项

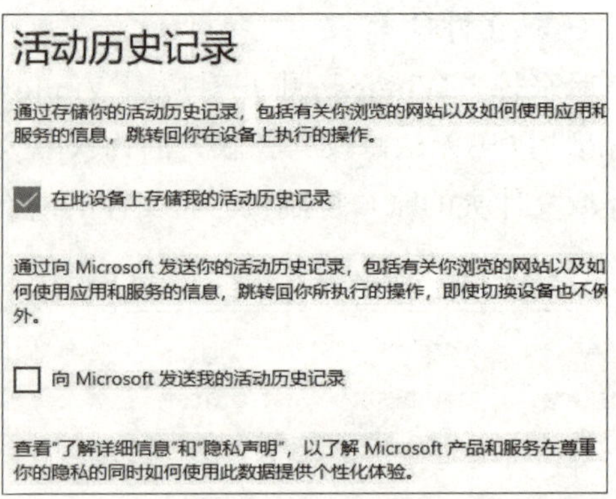


图 9-32　活动历史记录

## 5. 引导修复

UEFI启动+GPT分区表是现在流行的启动方式。如果系统引导分区被病毒破坏，可以通过命令或PE中的软件进行引导修复，如图9-33和图9-34所示。

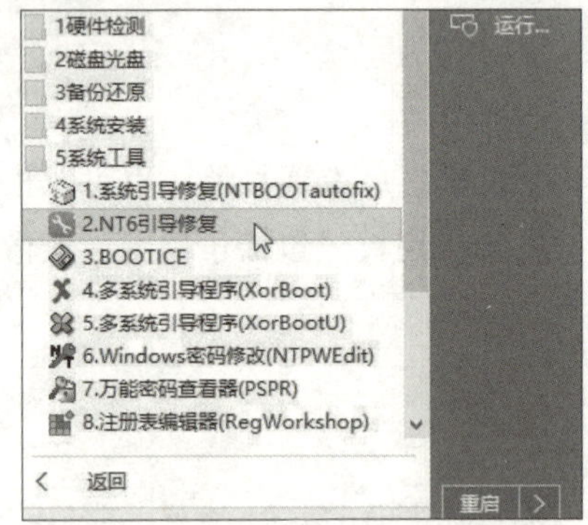


图 9-33　引导修复

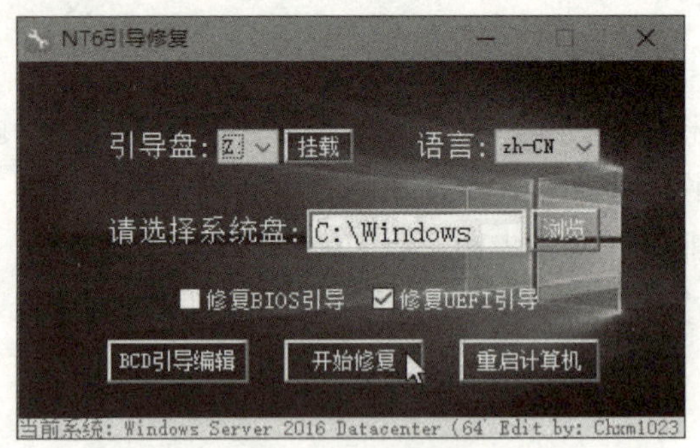


图 9-34　开始修复

## 6. 备份还原

Windows 10中提供了很多自带的备份恢复工具，如还原点备份还原、系统备份还原、Windows 7备份还原、系统镜像备份还原（如图9-35所示）、系统重置、保留软件和用户文件升级等。用户也可以使用第三方工具，如Dism++进行备份还原，如图9-36所示。

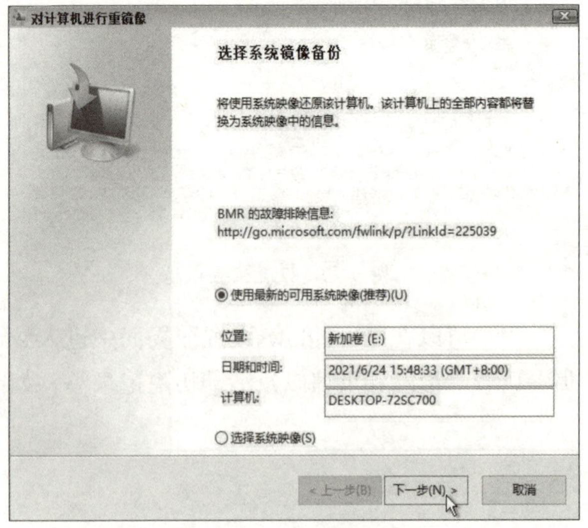


图 9-35　系统镜像备份

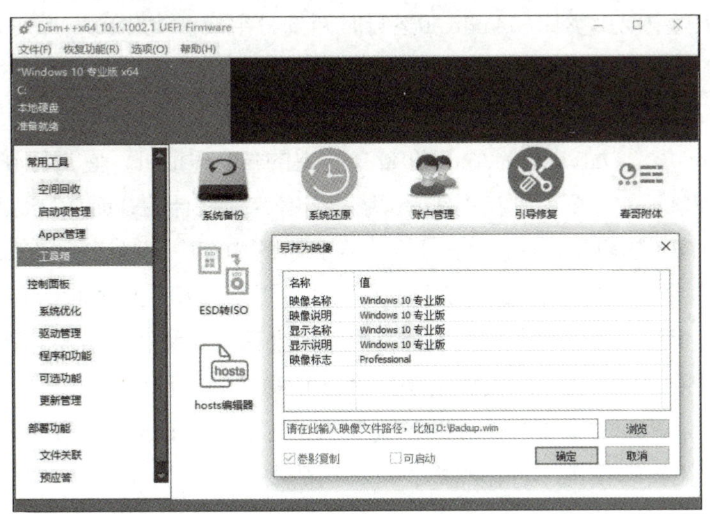


图 9-36 另存为映像

## 9.5 Android系统安全应用

Android是一个开放的移动设备操作系统。根据IDC 2020年的数据统计，Android手机的市场份额为84.1%。丰富的Android应用程序极大地方便了人们的生活，与此同时，系统的安全性也越来越引起用户的关注。Android应用可以操作设备上的各种硬件、软件，以及本地数据和服务器数据并能够访问网络。因此，Android操作系统为了保护数据、程序、设备、网络等资源，必须为程序提供一个安全的运行环境。

### 9.5.1 Android安全体系结构

移动设备操作系统的安全性目的就是保护移动设备软件、硬件资源，包括CPU、内存、外部设备、文件系统和网络等。Android系统提出了关于系统安全性的主要特征：操作系统严格的分层结构、应用沙盒、安全进程通信、授权和签名等。Android作为开放平台，它的设计和实现细节完全公开，因此对安全性要求更加严格，设计时首先要重点考虑的就是平台结构设计问题。Android操作系统的安全体系结构设计为多层结构，这种结构在给用户提供安全保护的同时还保持了开放平台的灵活性。

Android系统结构由4层组成，从上到下分别是应用层、应用框架层、系统运行类库层和Linux内核层。

应用层由运行在Android设备上的所有应用构成，包括预装的系统应用和用户自己安装的第三方应用。大部分应用是由Java语言编写并运行在Dalvik虚拟机中的；另一部分应用是通过C/C++语言编写的本地应用。不论采用何种编程语言，两类应用运行的安全环境相同，都在应用沙盒中运行。

应用框架层集中体现了Android系统的组件设计思想，框架层由多个系统服务组成。Android应用由若干个组件构成，组件和组件之间的通信是通过框架层提供的服务集中调度和传递消息实现的，而不是组件之间直接进行的。框架层协调应用层的应用工作，提升了系统的整体安全性。

系统运行类库层主要由类库和Android运行时两部分组成。类库由一系列的二进制动态库构成，大部分来源于优秀的第三方类库，另一部分是系统原生类库，通常使用C/C++语言开发。Android运行时由Java核心类库和Android虚拟机Dalvik共同构成。Java核心类库包括框架层和应用层所用到的基本Java库。Dalvik是为Android量身打造的Java虚拟机，它与标准Java虚拟机（java virtual machine，JVM）的主要差别在于Dalvik是基于寄存器设计的，而JVM是基于数据栈的，前者能够更快地编译较大的应用程序。Dalvik允许在有限的内存中同时运行多个虚拟机的实例，每个Dalvik应用作为一个独立的Linux进程执行，可防止在某一虚拟机崩溃时所有应用都被关闭。

Linux内核层提供核心系统服务包括安全、内存、进程、网络和设备驱动等功能。Android平台的核心其实是Linux内核。Linux操作系统经过多年的发展，已经成为一个稳定、安全且被众多企业和安全专家信任的安全平台。作为移动平台的基础，Linux内核为Android提供了如下安全功能：基于用户授权的模式、进程隔离、可扩展的安全进程间通信和移除不必要的不安全的内核代码。作为多用户操作系统，Linux内核提供了相互隔离用户资源的功能，即通过隔离功能，一个用户不能使用另一个用户的文件、内存、CPU和设备等。

## ■9.5.2 文件系统许可/加密

在Linux环境中，文件系统许可可以保证一个用户不能修改或读取另一个用户的文件。Android系统中为每个应用都分配一个用户ID，应用作为一个用户存在。因此，除非开发者明确指定某文件可以供其他应用访问，否则一个应用创建的文件，其他应用不能读取或修改。文件系统加密功能可以对整个文件系统进行加密。内核利用dm-crypt技术创建加密文件系统。device-mapper是在实际的块设备之上添加虚拟层，以方便开发人员实现镜像、快照、级联和加密等操作。为了防止系统口令攻击（如彩虹表或暴力破解等方法），口令采用SHA-1加密算法进行保存。为了防止口令字典攻击，系统提供口令复杂性规则，规则由设备管理员制定，由操作系统实施。

## ■9.5.3 Android应用安全

Android系统为移动设备提供了一个开源的平台和应用程序开发环境。程序安装包以.apk为扩展名。一个应用程序通常由配置文件、活动、服务、广播接收器等组成。

### 1. Android权限模式

所有的应用程序都运行在应用沙盒中，默认情况下，应用只能存取受限的系统资源。这种受限机制的实现方式有多种，包括不提供获取敏感功能的应用程序接口（application programming interface，API）函数、采用角色分离技术和采用权限模式。权限模式最常用，通过这种方式把用于存取敏感资源的API函数只授权给值得信任的应用程序，这些函数主要涉及的功能包括摄像头、全球定位系统GPS、蓝牙、电话、短信、网络等。应用程序为了能够存取这些敏感资源，必须在它的配置文件中声明存取所需资源的能力。当用户安装这种程序时，系统会显示对话框提示程序需要的权限并询问用户是否需要继续安装。如果用户继续安装，系统就把这些权限授予对应的程序。安装过程中，针对用户只想授权其中的某些权限的情况，系统是不支持的。安装完毕后，用户可以通过系统设置功能允许或拒绝某些权限。对于系统自带的应用程序，系统不会提示请求用户授权。如果程序的配置文件中没有指定受保护资源的授权，但程序中调用了资源对应的API函数，则系统会抛出安全异常。程序的配置文件中还可以定义安全级别属性，这个属性告诉系统其他哪些应用可以访问此应用。

#### 2. 安全进程通信

尽管Linux内核提供了IPC机制，包括管道、信号、报文、信号量、共享内存和套接字等，但出于安全性考虑，Android增加了新的安全IPC机制，主要包括Binder、Service、Intent和ContentProvider。Binder是一个轻量级的远程过程调用机制，它可以高效安全地实现进程内和进程间的调用。Service运行在后台并通过Binder向外提供接口服务，通常设有可见的用户界面。Intent是一个简单的消息对象，此对象表示想要做某事的“意向”。ContentProvider是一个数据仓库，通过它可以向外提供数据。例如，一个应用可以获取另一个应用通过ContentProvider向外公布的数据。在编写程序时如果需要进程通信，虽然可以使用Linux提供的传统方式，但还是推荐使用Android提供的安全IPC框架。

#### 3. 应用程序安装包签名

所有的Android应用程序安装包，即APK文件，必须进行签名，否则程序不能安装在Android设备或模拟器中。签名的目的用于标识程序作者、升级应用程序。当没有签名的应用在安装时，包管理器就会拒绝安装。签名的应用在安装时，包管理器首先验证APK文件中的签名证书是否正确，如果正确，就将应用放置在应用沙盒中，然后系统为它分配一个UID，不同的应用有不同的UID；如果证书签名与设备中其他签名的应用相同，表示是同一个应用，则提示用户是否用新的应用更新旧的应用。该签名证书可以由开发者自己设定，称之为自签名证书，也可以由第三方的认证机构授权。系统提供自签名证书功能使开发者不用再借助外部的帮助或授权，即可以自己进行签名。

### 9.5.4 Android设备的锁

Android设备（如手机），使用最多的安全验证机制就是各种锁，包括：

（1）屏幕锁。解锁屏幕锁才能进入手机桌面，主要用于防止手机丢失后对方直接进入桌面，包括数字密码、图案密码和指纹锁几种。

（2）BL（Bootload）锁。BL锁是正规手机厂商在手机出厂时设置好的，在未解锁的情况下，无法刷入第三方的ROM。有些BL锁也控制着Root模式，必须解锁后才能Root。如果要解锁BL锁，需要按照官方公布的流程进行申请，并下载专门的解锁工具进行解锁。

（3）账号锁。现在很多手机系统需要用户注册成为对应厂商的用户，并通过注册的账户和密码才能登录系统。就算被强行刷机后，只要联网就需要登录账号锁才能激活设备。如果没有解锁账号锁，是无法进行“三清”和刷机的。

**拓展阅读**

提升教育信息化基础设施建设水平，构建高质量教育支撑体系。完善国家数字教育资源公共服务体系，扩大优质资源覆盖面。推进信息技术、智能技术与教育教学融合的教育教学变革。发挥在线教育、虚拟仿真实训等优势，深化教育领域大数据分析应用，不断拓展优化各级各类教育和终身学习服务。

——《“十四五”国家信息化规划》

## 课后作业

### 一、单选题

1. Windows Server系列系统属于（　　）。

A. 桌面操作系统　　B. 服务器操作系统

C. 移动端操作系统　　D. 开源操作系统

2. 具有访问操作系统任何资源的特权，并可以做任何的配置和管理的账户是（　　）。

A. 超级用户账户　　B. 系统账户

C. 来宾账户　　D. 用户账户

### 二、多选题

1. 操作系统常见的威胁形式包括（　　）。

A. 账户密码破解　　B. 漏洞攻击

C. 病毒和木马　　D. 恶意欺骗

2. 在Windows安全中心中，可以设置（　　）。

A. 病毒和威胁防护　　B. 账户保护

C. 防火墙和网络保护　　D. 设备安全性

### 三、简答题

1. 简述NTFS权限的使用原则。

2. 简述提高Windows系统安全性的几种常见方法。

3. 简述常见的Android设备的“锁”及其具体功能。

# 附录　专业名词英汉对照表

| 专业名词 | 英文（缩写） |
| --- | --- |
| 机密性 | confidentiality |
| 完整性 | integrity |
| 可用性 | availability |
| 可控性 | controllability |
| 不可否认性 | non–repudiation |
| 保护 | protect |
| 检测 | detect |
| 反应 | react |
| 恢复 | restore |
| 状态 | state |
| 转换 | transition |
| 主体 | subject |
| 客体 | object |
| 信息安全管理体系 | Information Security Management System（ISMS） |
| 密钥 | key |
| 明文 | plaintext |
| 密文 | ciphertext |
| 加密 | encryption |
| 加密算法 | encryption algorithm |
| 解密 | decryption |
| 解密算法 | decryption algorithm |
| 密码分析 | cryptanalysis |
| 被动攻击 | passive attack |
| 主动攻击 | active attack |
| 密码系统 | cryptosystem |
| 公开密钥 | public key |
| 私有密钥 | private key |
| 内容篡改 | content modification |
| 序列篡改 | sequence modification |

（续表）

| 专业名词 | 英文（缩写） |
|---|---|
| 时间篡改 | timing modification |
| 消息认证 | message authentication |
| 报文摘要 | message digest |
| 信息标记算法 | message-digest algorithm |
| 字节长度 | byte length |
| 字节 | byte |
| 链接变量 | chaining variable |
| 身份认证 | identity authentication |
| 访问控制 | access control |
| 授权 | authorization |
| 一次性口令 | one-time password（OTP） |
| 挑战/应答 | challenge/response |
| 时间戳 | timestamp |
| 注册机构 | registration authority（RA） |
| 证书吊销名单列表 | certificate revocation list（CRL） |
| 权力级别 | authority level |
| 集合 | set |
| 秘密级 | confidential |
| 机密级 | secret |
| 绝密级 | top secret |
| 域 | domain |
| 域控制器 | domain controller |
| 管理员 | administrator |
| 用户组 | group |
| 身份认证请求 | authenticate request |
| 身份确认 | authenticate-acknowledgement |
| 身份否定 | authentication-nak |
| 挑战包 | challenge packet |
| 随机数 | nonce |
| 微软点对点加密技术 | Microsoft Point-to-Point encryption（MPPE） |

（续表）

| 专业名词 | 英文（缩写） |
| --- | --- |
| 安全策略 | security policy（SP） |
| 安全策略数据库 | security policy database（SPD） |
| 安全套接层 | secure socket layer（SSL） |
| 密钥指纹 | key fingerprint |
| Internet控制报文协议 | internet control message protocol（ICMP） |
| 域名系统 | domain name system（DNS） |
| 包头 | header |
| 堡垒主机 | bastion host |
| 多属主机 | multi-homed host |
| 屏蔽主机 | screened host |
| 特征检测 | signature-based detection |
| 异常检测 | anomaly detection |
| 壳代码利用 | exploit shellcode |
| 检查点与卷回恢复 | checkpointing and rollback recovery（CRR） |
| 无线广域网 | wireless wide area network（WWAN） |
| 无线城域网 | wireless metropolitan area network（WMAN） |
| 无线局域网 | wireless local area network（WLAN） |
| 无线个人区域网 | wireless personal area network（WPAN） |
| 射频 | radio frequency（RF） |
| 蓝牙 | bluetooth |
| 跳频扩频 | frequency hopping spread spectrum（FHSS） |
| 时分复用 | time-division multiplexing（TDM） |
| 多跳 | multi-hop |
| 有线等效保密 | wired equivalent privacy（WEP） |
| 时限密钥完整性协议 | temporal key integrity protocol（TKIP） |
| WiFi保护性接入 | WiFi protected access（WPA） |
| 微软管理控制台 | Microsoft management console（MMC） |
| 新技术文件系统 | new technology file system（NTFS） |
| 文件分配表 | file allocation table（FAT） |
| 进程间通信 | interprocess communication（IPC） |

# 附录 课后作业参考答案

## 第1章

### 一、单选题

1. B　2. A

### 二、多选题

1. ABCD　2. ABC　3. ABCDE

### 三、简答题

1. 参考1.2节中的内容
2. 参考1.4.3节中的内容
3. 参考1.4.5节中的内容

## 第2章

### 一、单选题

1. B　2. C

### 二、多选题

1. ABCD　2. ABD　3. BCD

### 三、简答题

1. 参考2.4中的内容
2. 参考2.2中的内容

### 四、动手练

1. 参考2.4.5-3节中的内容
2. 参考2.6.3-3节中的内容

## 第3章

### 一、单选题

1. B　2. C

### 二、多选题

1. AD　2. ABCD　3. ABCD

### 三、简答题

1. 参考3.3.2节中的内容
2. 参考3.4.1节中的内容
3. 参考3.4.2节和3.4.3节中的内容
4. 参考3.5.1节中的内容
5. 参考3.6.5节中的内容

## 第4章

### 一、单选题

1. B　2. A

### 二、多选题

1. AB　2. ABC　3. BCD

### 三、简答题

1. 参考4.1.4节中的内容
2. 参考4.2.1节中的内容
3. 参考4.3.1节中的内容
4. 参考4.4.2节中的内容
5. 参考4.5.2-2节中的内容

## 第5章

### 一、单选题

1. C　2. C

### 二、多选题

1. ABCD　2. ABCD　3. AD

### 三、简答题

1. 参考5.2.4节中的内容
2. 参考5.2.5节中的内容
3. 参考5.2.6节中的内容
4. 参考5.3.2节中的内容

## 第6章

### 一、单选题

1. D　2. B

### 二、多选题

1. ABC　2. ABCD　3. ACD

### 三、简答题

1. 参考6.1.5节中的内容
2. 参考6.2.2节中的内容
3. 参考6.2.4节中的内容
4. 参考6.2.6-1节中的内容

## 第7章

### 一、单选题

1. C　2. B

### 二、多选题

1. ABCD　2. ABCD　3. AD

### 三、简答题

1. 参考7.3.3节中的内容
2. 参考7.4.2节中的内容
3. 参考7.5.1节中的内容
4. 参考7.6.2节中的内容

## 第8章

### 一、单选题

1. D　2. D

### 二、多选题

1. ABCD　2. ABCD　3. ACD

### 三、简答题

1. 参考8.2.1节中的内容
2. 参考8.2.4节中的内容
3. 参考8.2.5节中的内容
4. 参考8.3.1节中的内容

## 第9章

### 一、单选题

1. B　2. A

### 二、多选题

1. ABCD　2. ABCD

### 三、简答题

1. 参考9.3.5节中的内容
2. 参考9.4节中的内容
3. 参考9.5.4节中的内容

# 参考文献


[1] 杨文虎 , 刘志杰 . 网络安全技术与实训 : 微课版 [M]. 5 版 . 北京 : 人民邮电出版社 , 2022.

[2] 刘峰波 . 计算机网络技术 [M]. 北京 : 电子工业出版社 , 2019.

[3] 史律 , 钱亮 , 陈永 . 交换与路由技术 [M]. 北京 : 高等教育出版社 , 2022.

[4] 沈洋 . 信息安全技术与应用 [M]. 大连 : 大连理工大学出版社 , 2020.

[5] 张家超 , 李桂青 . 网络管理与维护项目教程 [M]. 北京 : 中国电力出版社 , 2017.

[6] 刘永华 , 张秀洁 . 局域网组建、管理与维护 [M]. 3 版 . 北京 : 清华大学出版社 , 2018.

[7] 苗春雨 , 杜廷龙 , 孙伟峰 . 云计算安全 [M]. 北京 : 机械工业出版社 , 2022.